Alexander Schnell · Was ist Phänomenologie?

Alexander Schnell

Was ist Phänomenologie?

KlostermannRoteReihe

Bibliografische Information der Deutschen Nationalbibliothek

Die Deutsche Nationalbibliothek verzeichnet diese Publikation in der
Deutschen Nationalbibliografie; detaillierte bibliografische Daten sind
im Internet über *http://dnb.dnb.de* abrufbar.

Originalausgabe

© 2019 · Vittorio Klostermann GmbH · Frankfurt am Main
Alle Rechte vorbehalten, insbesondere die des Nachdrucks und der
Übersetzung. Ohne Genehmigung des Verlages ist es nicht gestattet,
dieses Werk oder Teile in einem photomechanischen oder sonstigen
Reproduktionsverfahren oder unter Verwendung elektronischer
Systeme zu verarbeiten, zu vervielfältigen und zu verbreiten.
Gedruckt auf Eos Werkdruck von Salzer,
alterungsbeständig ⊗ ISO 9706 und PEFC-zertifiziert.
Satz: post scriptum, www.post-scriptum.biz
Druck und Bindung: docupoint GmbH, Barleben
Printed in Germany
ISSN 1865-7095
ISBN 978-3-465-04377-5

Für meine Tochter Adalgisa Annaé

Inhalt

Analytisches Inhaltsverzeichnis 9

Vorwort 21

Einleitung
Was heißt, phänomenologisch zu philosophieren? 27

Zur Methode der Phänomenologie

Kapitel I
Die phänomenologische Methode 41

Kapitel II
Phänomenologische Ansätze einer Theorie des Verstehens ... 65

Phänomenologie als transzendentaler Idealismus

Kapitel III
Transzendentale Phänomenologie im Ausgang vom
nachkantischen Idealismus 83

Kapitel IV
Transzendentale Phänomenologie im Ausgang von der
Lebenswelt 109

Die Phänomenologie und die Frage nach der Realität

Kapitel V
Die transzendentale Phänomenologie der Sinnbildung
und der »spekulative Realismus« 137

Kapitel VI
Der Sinn der Realität 163

Analytisches Inhaltsverzeichnis

Vorwort

Die Unabgeschlossenheit der Phänomenologie und die Aufgabe einer Verwirklichung der »phänomenologischen Grundlegungsidee« (Eugen Fink). Die beiden hierfür zu beantwortenden Grundfragen: Wie lässt sich phänomenologische Erkenntnis *radikal* verständlich machen? Wie kann die für die transzendentale Phänomenologie charakteristische Rückleitung auf »transzendentale Subjektivität« mit der Grundlegung eines starken Seins- bzw. Realitätsbegriffs in Einklang gebracht werden?

Drei mögliche Wege in die Phänomenologie: 1.) Darstellung der phänomenologischen Methode; 2.) Historisch-systematischer Rückbezug der Phänomenologie auf Grundmotive der abendländischen philosophischen Tradition (hier: der Klassischen Deutschen Philosophie und des angelsächsischen Empirismus); 3.) Einbettung der Phänomenologie in einen zeitgenössischen Kontext (hier: die Debatte mit dem »spekulativen Realismus«).

Die Behandlung der »Grundlegungsidee« und die Frage nach der Einheit der als transzendentaler Idealismus verstandenen Phänomenologie.

Einleitung.
Was heißt, phänomenologisch zu philosophieren?

Phänomenologie und Philosophie. Phänomenologie und Kritik. »Die Sachen selbst«. Der Phänomenbegriff in der Phänomenologie. Abgrenzung des phänomenologischen Phänomenbegriffs vom Kantischen »Phänomenismus«. Phänomen und Korrelativität. Kurzer Hinweis auf den phänomenologischen Schreibstil.

Das Grundanliegen des phänomenologischen transzendentalen Idealismus: die Selbsterschaffung eines genuinen Seins- und Erkenntnisbodens.

Die Phänomenologie im Licht einer kritischen Stellungnahme Ernst Tugendhats. Tugendhats These, wonach die Phänomenologie zwei »semantischen Voraussetzungen« unterliege. Die Antwort der Phänomenologie auf Tugendhats Kritik.

Vier Thesen des phänomenologischen Philosophierens: 1.) These der zweifachen Voraussetzungslosigkeit; 2.) These der genetisierten Gegebenheit; 3.) These der Korrelativität; 4.) These der Intelligibilisierung.

I. Zur Methode der Phänomenologie

Kapitel I: Die phänomenologische Methode

Charakterisierung der Phänomenologie als eine durch die Probleme geforderte philosophische Methode; zugleich Aufweisung der Unmöglichkeit, der phänomenologischen Arbeit einen »Bericht über die Methode« voranzustellen.

Der »Grundhorizont« der Phänomenologie: der – auf absoluter »Voraussetzungslosigkeit« basierende – transzendentale und spezifisch ontologische Rahmen. Vier Fluchtpunkte der Sinnbildung: 1.) *Transzendentalität*. Kants und Fichtes Auffassung des Transzendentalen. Husserls Begriff der »transzendentalen Erfahrung«. 2.) *Sinnhaftigkeit*. Sinn und Verstehen. 3.) *Eidetik*. Der Begriff des »Wesens« bzw. »Eidos«. Husserls Kritik des Psychologismus. 4.) *Korrelationalität*. Drei Stufen der phänomenologischen Analyse und ihre jeweilige spezifische Korrelativität.

Die Grundbegriffe der phänomenologischen Methode. Die phänomenologische *Epoché*. Die transzendentale *Reduktion*. Richirs Radikalisierung der Husserl'schen Epoché.

Die *eidetische Variation*. Die Rolle der Phantasie in der eidetischen Variation. Die »Ideation«. Eidos und Faktum. Abgrenzung der Ideation von der Begriffsabstraktion. Die Rolle der »passiven Vorkonstitution« für die Konstitution des Eidos. Die »Zwittereinheit«. Die ontologische Relevanz der eidetischen Variation. Abgrenzung vom »Platonismus«.

Die phänomenologische *Deskription*. Die »kritische Dimension« der Phänomenologie. Die »transzendentale Naivität«. Der Status der intentionalen Implikationen. Die Horizontintentionalität. Die anschauliche Evidenz als »Prinzip aller Prinzipien« der Phänomenologie.

Die phänomenologische *Konstruktion*. Abbaureduktion und phänomenologische Konstruktion. Die »konstruktive Anschauung«. Die phänomenologische Konstruktion und das phänomenologische »Zickzack«.

Kapitel II: Phänomenologische Ansätze einer Theorie des Verstehens

Verstehen als weiterer Grundbegriff der phänomenologischen Methode. Zwei eigentümliche Spannungsverhältnisse innerhalb des Verstehensbegriffs; die Rolle des »Selbst« in diesen Spannungsverhältnissen. Rechtfertigung der Behandlung der Verstehensproblematik gegenüber den Geistes- und Kulturwissenschaften und innerhalb der Philosophie selbst. Zwei zu vermeidende Klippen in der Untersuchung über den Verstehensbegriff.

Heideggers Verstehensauffassung. Verstehen als Sich-Entwerfen auf Sinn, in ein Verständnisfeld. Der »hermeneutische Zirkel«. Sinn als Sich-Auslegen des Selbst (und die Rolle der »ontologischen Beschaffenheit des Daseins« in diesem Sich-Auslegen).

Fichtes Verstehensauffassung. Verstehen und Einsehen (Einsicht). Die verschiedenen Züge des Einsichts-Begriffs. Fichtes Verstehenstheorie und seine Bildlehre. Verstehen und Einleuchten. Die Überschneidungen in Heideggers und Fichtes Verstehensauffassungen.

Verstehen und Zum-Stehen-Bringen. Der positive Beitrag der »Veranderung« zur Verstehensproblematik.

Der Bezug von »Verständlichem« (bzw. »Selbstverständlichem«) und »Nicht-Selbst-Verständlichem«. Das »Unverständliche« als Hintergrund des zu Verstehenden. Verstehen als Verständnis*erweiterung*, als »Horizonteröffnung von Synthetizität a priori«. Die Rolle der phänomenologischen »Konstruktion«, bzw. »Genetisierung« in dieser Verstehensauffassung. Losung einer so verstandenen Phänomenologie: nicht »zurück« zu den Sachen, sondern »hinaus«. »Nicht-Reduzierbarkeit« und »Gegebenheit«. Die »Positivität« des Nicht-Reduzierbaren.

II. Phänomenologie als transzendentaler Idealismus

*Kapitel III: Transzendentale Phänomenologie
im Ausgang vom nachkantischen Idealismus*

Die erkenntnistheoretische und die ontologische Grundlage der Phänomenologie. Kants Vorläuferschaft der transzendentalen Phänomenologie. Die Neuorientierung der Phänomenologie bezgl. des Begriffs des Transzendentalen.

Das Bezeugen der Einheit der als transzendentaler Idealismus verstandenen Phänomenologie auf der Grundlage dreier bedeutender Zitate Husserls, Heideggers und Levinas'. Notwendigkeit des Rückgangs auf die Klassische Deutsche Philosophie für die Begründung dieser Einheit der transzendental-idealistischen Phänomenologie.

Erkenntnistheoretische Ebene. Vertiefte Analyse von Husserls »Prinzip aller Prinzipien«. Der Fichteanische Hintergrund dieses höchsten Prinzips der Phänomenologie.

Die zwei Schritte der Legitimation der Erkenntnis durch die anschauliche Evidenz. Erste Stufe: Aufweisung der »intentionalen Implikationen«. Zweite Stufe: Vollzug von »phänomenologischen Konstruktionen«. Bezug von phänomenologischer Konstruktion zu Fichtes genetischer Konstruktion.

Heideggers Begriff der »Ermöglichung«. Bezug zu Fichtes Begriff der ermöglichenden »Verdoppelung«.

Ontologische Ebene. Die Frage nach dem »letzten Seinssinn« des phänomenologischen Phänomens. Fichtes Auseinandersetzung mit Schelling in Bezug auf den Status des transzendentalen Idealismus. Levinas' Anschluss an Schellings Position.

Vertiefte Analyse des Bezugs des Bewusstseins auf den Gegenstand und Eröffnung einer »neuen Ontologie«. Drei Hauptmomente dieser Untersuchung: 1.) die Funktion des phänomenologischen Wahrheitsbegriffs (Husserl); 2.) die »Seinsfundierung« innerhalb des wechselseitigen Bedingungsverhältnisses zwischen dem Konstituierenden und dem Konstituierten (Levinas); 3.) die Genetisierung dieses wechselseitigen Bedingungsverhältnisses (Levinas).

Die Folgen der auf jenen beiden Ebenen erworbenen Erkenntnisse für den Status der Subjekt-Objekt-Korrelation. Die Frage nach der Einheit der immanenten und der präimmanenten Bewusstseinssphäre. Die Frage nach der möglichen Vereinbarung von erkennt-

nistheoretischer und ontologischer Perspektive. Fichtes Antwort auf diese Frage mit dem Begriff der »Ermöglichung«. Vertiefte Analyse dieses Begriffs der »Ermöglichung« in Heideggers *Grundbegriffen der Metaphysik*. Der Begriff des »Grundgeschehens« und dessen drei Momente.
Zusammenfassung der Ergebnisse dieses Kapitels.

Kapitel IV: Transzendentale Phänomenologie im Ausgang von der Lebenswelt

Das Grundmotiv der neuzeitlichen Philosophie: der Objektivismus. Die Unterschiebung eines mathematischen Substrats als Hauptcharakteristikum desselben. Humes tiefgreifende »Erschütterung« dieses Objektivismus: die Bildung »fiktionaler Erzeugnisse«. Wegweisende Aufgabe der transzendentalen Phänomenologie: Radikalisierung und Vollendung dieser Einsicht Humes, indem 1.) die *Bildhaftigkeit* des phänomenal Seienden, 2.) die reale *Objektivität* und 3.) die *Erkenntnisverständlichmachung* zusammengedacht werden müssen.

Husserls Auslegung des Hume'schen Problems: Verständlichmachung der Weltgewissheit. Hierzu ist der Rückgang auf subjektiv zu leistende »Sinngebilde« und deren »bildhaften« Charakter notwendig.

Husserls Definition des Begriffs des »Transzendentalen« und ihr grundlegender Bezug zur Sinn-Bildung.

Die Rolle der »Lebenswelt« für jene Verständlichmachung der Weltgewissheit. Erste Bestimmung der Lebenswelt und ihrer Rolle für die Überwindung der Krise der neuzeitlichen Wissenschaft.

Der Zugang zur Lebenswelt dank der »lebensweltlichen Epoché«. Absonderung des universalen lebensweltlichen Apriori vom objektiv-logischen Apriori der Wissenschaften durch die Aufweisung der Rückbezogenheit von diesem auf jenes. Freimachung des Blicks von der Bindung an die *Vorgegebenheit* der Welt für die hierbei maßgebliche universale *Korrelation* von Welt und Weltbewusstsein.

Präzisierung und Ausgestaltung der Sinn- und Geltungsimplikationen des hierdurch aufgewiesenen neuen Korrelationsapriori: Erschließung des »Reich[s] des Subjektiven«, innerhalb dessen »Sinngestalten« als »Gestaltbildungen« konstituiert werden. Das »geistige Material« dieses Reichs des anonymen Subjektiven als »beseeltes

Leben« der transzendentalen Subjektivität. Die weltkonstituierende Leistung dieser anonymen Subjektivität.

Die Frage nach dem Zusammenhang von »Geltung« und »Sein«. Die traditionelle Unterscheidung zwischen »Genese« und »Geltung«. Die zweifache Überschreitung der dieser klassischen Ansicht entsprechenden Grenze bei Fichte (bezgl. des spezifischen Sinns des Seins des Transzendentalen) und bei Husserl (bezgl. der Gleichursprünglichkeit von Sein und Geltung im Begriff der »Seinsgeltung«).

Aufweisung der grundlegenden spezifischen Thematisierungsart der Lebenswelt: Notwendiges Richten des Blicks – in einer eigenartigen Umkehr desselben – auf die fungierenden Leistungen einer »synthetischen Totalität«, die das Zustandekommen der vorgegebenen Welt ermöglicht. Der Sinn dieser »Vorgegebenheit« der Welt. Herausstellung der ursprünglichen Zusammengehörigkeit von »Sein« und »Geltung«. Konkretisierung der Idee einer »Wissenschaft der Lebenswelt«.

Grundlegende Revision der phänomenologischen Methode durch die von Hume angestoßene Erschütterung des Objektivismus, die dem Ansatz der transzendentalen Phänomenologie zugrunde liegt. Fünf Hauptkritikpunkte innerhalb dieser Revision:

1.) Das *transzendentale Verständlichmachen*. Skizzierung der neuen Grundaufgabe der Phänomenologie: die Erkenntnis*verständlichmachung* an Stelle der Erkenntnis*legitimation*. Die entscheidende Rolle der Sinnbildung in diesem Neuentwurf. Die spezifische Funktion der »Intersubjektivität« (allerdings nicht im Sinne der »Vergemeinschaftung«) im hierin ausgewiesenen »Zusammenfungieren« der »Sinnbildung mit Sinnbildung«. Die notwendige (von Husserl freilich nicht geleistete) Unterscheidung von »phänomenologischer Reduktion« auf das Ego und »transzendentaler Induktion« auf die anonymen Prozesse der Sinnbildung. Bestätigung der Analyse durch Rückgang auf zeitliche Bestimmtheiten. Die Rolle der Sinnbildung für die teleologische Ausrichtung in Husserls Vernunftlehre.

2.) *Hinterfragung der anschaulichen Evidenz als »Prinzip aller Prinzipien«*. Die Rolle der *unanschaulichen* Bewusstseinsweisen für die Prozesse der Sinnbildung und die daraus resultierende Infragestellung der evidenten Anschauung als höchstem Prinzip der Phänomenologie. Die Umkehr des Verhältnisses von Ego – cogitatio – cogitatum im Weg von der Lebenswelt aus im Gegensatz zur Vorgehensweise innerhalb des cartesianischen Wegs. Die Neu-

Akzentuierung der Phänomenologie in der *Krisis*-Schrift gegenüber früheren Ansätzen.

3.) *Kritik an der vorherrschenden Rolle der gegenwärtigen Bewusstseinsmodi.* Jedes Bewusstsein impliziert »Darstellungen von«, die auf das »universale Korrelations-Apriori« verweisen. Diese Darstellungen implizieren Modi der *Vergegenwärtigung*, ohne die »Objekte und Welt nicht für uns da wären«. Das Beruhen des objektiven Daseins auf den verschiedenen Modi der *Vergegenwärtigung*.

4.) *Kritik der phänomenologischen Deskription.* Der Boden der »objektiven« Erkenntnis und der Boden der »transzendentalen« Erkenntnis. Das hieraus resultierende Problem einer »doppelten Wahrheit«. Zurückweisung des Gedankens, die *objektive* Wissenschaft stelle die *universale* Wissenschaft dar. Ablehnung der Auffassung, es gebe eine *deskriptive* Wissenschaft der ursprünglich konstituierenden transzendentalen Sphäre. Hervorhebung des genuinen »Erforschens«, das hier an die Stelle der Deskription treten muss. Das Ungenügen der Husserl'schen Ausführungen bezgl. der Alternative zur deskriptiven Methode.

5.) *Paradoxie der Bewusstseinsvernichtung.* Herausstellung der »Paradoxie« zwischen weltzugehöriger Subjektivität und Unmöglichkeit eines solchen Zugehörens innerhalb des radikalen Verständnisses der Weltkonstitution. Husserls Aufweisung der Spannung zwischen doxischer und transzendentaler Einstellung. Notwendigkeit einer Erschaffung des Erkenntnisbodens »aus eigener Kraft« und entsprechender Nichtigkeit des Subjekts. Unterscheidung zwischen zwei Reflexionsstufen und zwei entsprechenden Arten der Epoché. Die »einzigartige philosophische Einsamkeit« des weltlosen Ich qua methodische Grunderfordernis einer radikalen Philosophie. Die »innere Methode« der Phänomenologie. Die drei Schritte der »Auflösung der Paradoxie«: 1.) Konstitution der primordialen Sphäre, aus der alles auf andere Ichlichkeit Bezogene ausgeschlossen wird; 2.) Fremdwahrnehmung durch Ent-fremdung (in Analogie zur »Selbstzeitigung durch Ent-Gegenwärtigung«); 3.) Selbstobjektivation des transzendentalen Ich im Menschen. Verlagerung der Spannung von doxischer und nicht-doxischer (transzendentaler) Einstellung, von weltzugehörigem und nicht-weltzugehörigem transzendental-konstituierendem Ich, auf jene von absolut einzigem (Ur-)Ich und Intersubjektivität, die dann ihrerseits für Weltlichkeit und Objektivität konstitutiv ist.

Zweifache Entgegensetzung zwischen Husserl und Heidegger bezgl. des allgemeinen Denkansatzes und der Rolle der Intersubjektivität (wodurch Husserls Position sich gleichsam »avant la lettre« jener von Levinas annähert). Finale Grundbetrachtung über die phänomenologische Methode. Methodische Grunddifferenz zwischen der Phänomenologie und den Naturwissenschaften (transzendentales Verständlichmachen vs. jede Form des Erklärens). Phänomenologie stellt keine Erkenntnis*erweiterung* dar, sondern vollzieht ein *Rückfragen* hinsichtlich des *Sinns* und der *Seinsgeltung*. Die Grenzen des Husserl'schen Ansatzes aufgrund dessen Beschränkung auf das transzendentale Ego.

III. Die Phänomenologie und die Frage nach der Realität

Kapitel V: Die transzendentale Phänomenologie der Sinnbildung und der »spekulative Realismus«

Der Grund für die Konfrontation der Phänomenologie mit dem »spekulativen Realismus« Quentin Meillassouxs: die Herausforderung für die Phänomenologie, sich mit dem spekulativen Denken, also mit der Frage nach dem »Absoluten« und dem »Prinzip« auseinanderzusetzen. Gliederung des Kapitels.

Nachzeichnung des »Arguments der Anzestralität«. Erläuterung der korrelationistischen These, derzufolge die Anzestralität sich durch eine transzendentale »Retrojektion« erklären lässt. Zwei Einwände Meillassouxs und ihre Zurückweisung von Seiten des Korrelationismus.

Meillassouxs Grundargument gegen den Korrelationismus: die Unfähigkeit des Korrelationismus, »die notwendige Grundlage freizulegen«, um die »reziproke Relation von Subjekt und Welt jenseits der Instanziierung in einer Gemeinschaft sterblicher Individuen zu hypostasieren«. Seine Behauptung der Sinnlosigkeit einer Entkopplung von transzendentalem Bewusstsein und seiner empirischen Verkörperung. Meillassouxs Argumente zur Erhärtung dieser These: 1.) Behauptung der Unmöglichkeit, »subjektivierte« Vergangenheit und »anzestrale« Vergangenheit auf dieselbe Stufe zu stellen; 2.) These der Unhaltbarkeit des transzendentalphänomenologischen Standpunktes, da ein realistischer Standpunkt die *Bedingung* für den Sinn aller phänomenologischen Aussagen sei; 3.) Unterscheidung von der »lückenhaften Gegebenheit« und der »Lücke der Gegebenheit«. Meillassouxs Möglichkeitsbegriff. Gegenargument des Korrelationismus: die Unvereinbarkeit des Status des Subjekts in der Phänomenologie mit dem bei Meillassoux (da die Phänomenologie das Subjekt der phänomenologischen Epoché unterwirft, was von Meillassoux aber nicht anerkannt wird).

Meillassouxs »Antinomie der Anzestralität«. Seine Unterscheidung von Korrelationismus, Subjektivismus (subjektivistischer Metaphysik) und spekulativem Realismus, und die darin implizierte Unterscheidung von Kontingenz, Faktizität und Archi-Faktizität. These des Korrelationismus: die Entabsolutierung der Korrelation. These des Subjektivismus: die Verabsolutierung der Korrelation. These des spekulativen Realismus: die Verabsolutierung der Archi-Faktizität der Korrelation (= Faktualitätsprinzip) als Prinzip der Loslösung vom Korrelationismus. Kritische Anmerkung zur Methode: die Schöpfung der Sachproblematik aus dem phänomenalen Gehalt (= phänomenologische Verfahrensweise) vs. kombinatorische Verfahrensweise des spekulativen Realismus.

Meillassouxs Argument der Verabsolutierung: das notwendige, »tatsächliche Gedacht-Werden« des Absoluten. Skizzierung der Gegenposition eines phänomenologischen »spekulativen Idealismus«, der zufolge eine solche »Denkbarkeit« nur im Rahmen des Korrelationismus einen Sinn hat.

Grundlegung des »phänomenologischen spekulativen Idealismus« bzw. »spekulativen Transzendentalismus«. Die »transzendentale Matrix des Korrelationismus«. Drei Grundmotive der Herausarbeitung dieser Matrix: der gegenseitige Verweis von Korrelativität (Korrelation), Signifikativität (Sinn) (und damit zusammenhängend: Erscheinungshaftigkeit) und Reflexivität (Reflexion). Diese Matrix besteht – in einem selbstreflexiven Prozess – im jeweiligen Vollzug dreier qualitativ unterschiedlicher Selbstreflexionen. Nähere Erläuterung der »transzendentalen Induktion«.

Erste Selbstreflexion: Sie geht auf das In-den-Vorgriff-Nehmen a.) der Bewusstseinsstruktur; b.) des Entwurfs auf Sinn; c.) des Begriffs der Erkenntnisverständlichmachung. Hierbei bricht eine dreifache Dualität von Subjekt und Objekt, von entworfenem und sich gebendem Sinn und von Urbild und Abbild des Prinzips der Erkenntnisverständlichmachung auf.

Zweite Selbstreflexion: sie reflektiert diese drei Dualitäten. Hieraus ergeben sich: a.) das Selbstbewusstsein; b.) die hermeneutische

Wahrheit; c.) die »Plastizität« als entwerfendes Vernichten bzw. vernichtendes Entwerfen.
Dritte Selbstreflexion: Sie erschließt in einer *verinnerlichenden* Selbstreflexion: a.) die Präimmanenz bzw. Präphänomenalität als »choratische Sphäre der ›transzendentalen Induktion‹«; b.) Generativität; c.) transzendentale und transzendierende Reflexibilität. Verstehensermöglichung und Seinsermöglichung. Das transzendentale Reflexionsgesetz (»ermöglichende Verdoppelung«). Der »ontologische Überschuss« als »Träger der Realität«. Die Tafel der transzendentalen Matrix des Korrelationismus.
»Reflexibilität« als »*Prinzip*« des Korrelationismus bzw. des phänomenologischen spekulativen Idealismus. Die drei Grundbestimmungen des Seins als »*Absolutem*« des Korrelationismus bzw. des phänomenologischen spekulativen Idealismus: 1.) »Vor-Sein« bzw. »Vorgängigkeit«; 2.) Ontologischer »Überschuss«; 3.) »Seinsfundierung«. Sein als »vorgängige, fundierende Überschüssigkeit«.

Kapitel VI: Der Sinn der Realität

Die zwei Grundvoraussetzungen von »Realität«: Perspektivität und transsubjektive Überschüssigkeit. Die der Realität zugrundeliegende Frage nach der Möglichkeit von real Erscheinendem überhaupt. Zwei neue, hieraus resultierende Fragestellungen: Worin besteht jenes »Zwischen« zwischen der Perspektivität und der Überschüssigkeit? (Das ist die Frage nach dem ursprünglichen »Wohin« jedes Bewusstseinsbezugs.) Andererseits liegt der Perspektivität die »ontologische Beschaffenheit« des menschlichen Daseins (Heidegger) zugrunde. Wie hängen jenes »Zwischen« und diese Bestimmung, die jeden Weltbezug gleichsam »färbt«, zusammen?
Erneute Betrachtung des Begriffs des »Korrelationismus« (aus historiographischer Sicht). Der Korrelationismus und die Kantische »Kopernikanische Revolution«. Kants »Transzendentalismus«. Kants »Phänomenismus«. Der Bruch der Korrelations-Problematik im transzendentalen Ansatz Kants: die »ontologische Prekarität der Realität«. Heideggers Auseinandersetzung mit Descartes hinsichtlich der »Realität der Außenwelt«. Descartes »Gnoseologismus«. Heideggers dreifache Kritik an demselben. Vier Grundfiguren des Korrelationismus: 1.) Kants Anbindung der transzendentalen Apperzeption an seine Lehre des Urteilens; 2.) Fichtes nicht reduzier-

Analytisches Inhaltsverzeichnis 19

bare Sein-Denken-Korrelation als Antwort auf die dogmatischen Ontologien der vorkantischen philosophischen Tradition; 3.) Husserls Intentionalanalytik; 4.) Heideggers Daseinsanalytik.

»Sinnbildung« als zentraler Begriff des phänomenologischen Korrelationismus. »Konstitution« und »Genese« laut Husserl. »Statische« und »genetische« Phänomenologie. Auszeichnung der »genetischen« Perspektive durch das Zusammendenken von »Bedingung« und »Geschichte«.

Die drei Grundaspekte der Sinnbildung: 1.) bildend-erzeugende Genese; 2.) Einbildung; 3.) Bildlichkeit qua bildend-schematisierende Prozessualität. Richirs Beitrag zur Bestimmung der Genese. Richirs Auffassung von Einbildung (qua Phantasie).

Der Status der »Bildlichkeit« und der »bildend-schematisierenden« Prozesse in der Sinnbildung. Zweck dieser Ausführungen: Begründung der »Phänomenalität des Phänomens« und Vertiefung des Status der Realität.

Das »Urphänomen der Sinnbildung«. Die These von der Gleichsetzung von Realität und Bild. Die These von der Gleichsetzung von Phänomen und Bild. Sinnbildung und phänomenologische Konstruktion. Noch einmal zur »transzendentalen Induktion«. »Erstes Bild« des Urphänomens: der Entwurf eines *Abbildes* der Erkenntnisverständlichmachung. »Zweites Bild« des Urphänomens: die ausbildende Plastizität qua »entwerfendes Vernichten« bzw. »vernichtendes Entwerfen«. »Drittes Bild« des Urphänomens: Reflexibilität als verinnerlichendes Reflexionsgesetz. Verstehensermöglichung (transzendentale Reflexibilität) und Seinsermöglichung (transzendierende Reflexibilität). Das »dritte Bild« des Urphänomens als *einbildende* Prozessualität. Seinsüberschuss als »Träger der Realität«. Die Genese der Phänomenalität *als* Phänomenalität. Phänomenalität als »ausstehende Inständigkeit« (Heidegger). Realität als notwendiges Binden des Seins an »ausstehende Inständigkeit«. Realität als »Seins-inständig-Ausständigkeit«, »Onto-eis-ek-stasis« bzw. als »Seinsendoexogeneität«.

Vorwort

Die Beantwortung der Frage, »was Phänomenologie sei«, geht offenbar davon aus, dass die Phänomenologie bereits abgeschlossen – oder zumindest in ihrer durchaus noch immer voranschreitenden Dynamik – *vorliege*. Dass eine solche Annahme nicht unplausibel ist, lässt sich schon daran ablesen, dass Vertreter mehrerer Phänomenologen-Generationen seit über hundert Jahren umfangreiche Sachthemen bearbeitet und unzählige Werke verfasst haben, die dieser philosophischen Schule (oder müsste man nicht gar von »Schule*n*« in der Mehrzahl sprechen?) zugerechnet werden. Gerade diese Vielfalt macht es aber auch umso schwieriger, die Phänomenologie auf ihr Wesen einzugrenzen und den unterschiedlichen phänomenologischen Ansätzen im beschränkten Rahmen eines kurzen Bandes gerecht zu werden. Wenngleich diese Untersuchung es sich vornimmt, zumindest teilweise diese Anforderung zu erfüllen, muss doch von vornherein betont werden, dass es sich hierbei nicht um ein einführendes Handbuch in die Phänomenologie handelt – zumindest, wenn dabei der Erwartung entsprochen werden soll, Grundkenntnisse der Phänomenologie in historischer oder systematischer Hinsicht zu vermitteln. Solche sehr nützlichen Lehrbücher gibt es glücklicherweise, und sie sind leicht zugänglich. Der hier verfolgte Ansatz geht vielmehr davon aus, dass die Phänomenologie gerade nicht geschlossen vorliegt, sondern eine Aufgabe vorzeichnet, die z. T. von den Phänomenologinnen und Phänomenologen selbst noch erschlossen werden muss und auch für das zeitgenössische Denken über den Rahmen der Phänomenologie hinaus nutzbar gemacht werden kann.

Diese Aufgabe besteht in der erläuternden Ausführung dessen, was Eugen Fink, der bedeutendste Schüler der beiden Gründerväter der Phänomenologie (Edmund Husserl und Martin Heidegger), mit gutem Recht die »phänomenologische Grundlegungsidee«[1] genannt

---

1 E. Fink, »Was will die Phänomenologie Edmund Husserls?« (1934),

hat. Darin spricht sich eine »konsequente Selbstbesinnung« aus, die – sofern sie, durch einen Gestus der Radikalisierung, auf die »transzendentale Subjektivität« zurückgeleitet wird – als »Geltungsträger aller Weltgeltungen« aufgefasst werden muss. Die Idee der Grundlegung der Phänomenologie lässt sich somit nur dann verwirklichen, wenn auf zwei Grundfragen befriedigende Antworten geliefert werden können, nämlich: Wie lässt sich phänomenologische *Erkenntnis radikal* verständlich machen? Und: Wie kann die Rückleitung auf »transzendentale Subjektivität« mit der Grundlegung eines starken *Seins-* bzw. *Realitäts*begriffs, welcher der »Transzendenz der Welt« Rechnung zu tragen vermag, in Einklang gebracht werden? Dabei können diese Antworten aber nicht getrennt und unabhängig voneinander ausgearbeitet werden, sondern es muss immer im Blick behalten werden, dass und wie der Ansatz einer – *erkenntnistheoretisch* geprägten und als *transzendentaler Idealismus* verstandenen – Phänomenologie bei *Husserl* mit *Heideggers* Ansatz einer phänomenologischen *Ontologie* zusammengedacht werden kann, wenn denn die Phänomenologie tatsächlich einen systematisch einheitlichen Entwurf darstellen soll. Die Befriedigung eines solchen Anliegens – und die Herausstellung des notwendigen Zusammenhangs zwischen der Verwirklichung eines solchen Entwurfs und der Realisierung jener angesprochenen Grundlegung der Phänomenologie – scheint in der bisherigen phänomenologischen Literatur noch nicht erreicht bzw. bewerkstelligt worden zu sein.

Just diesem Anliegen verschreibt sich nun dieser Essay. Er versteht sich näherhin als eine Wegbeschreibung, als anfängliches Beschreiten unterschiedlicher Wege *in* die Phänomenologie. Von den verschiedenen möglichen Wegen sollen drei ausführlicher in den Blick genommen werden. Der erste taucht in die phänomenologische *Methode* ein. Diese müsste eigentlich erst zum Abschluss der

in *Studien zur Phänomenologie. 1930–1939*, Den Haag, M. Nijhoff, 1966, S. 157 ff. Daher gibt dieses Buch vielleicht nicht nur auf die Frage, was Phänomenologie *sei*, sondern insbesondere auch auf jene, was Phänomenologie *sein könne* (im Hinblick auf das, was sie selbst *ermögliche*), eine Antwort. Auch wird dadurch klar – der Anschluss an Fink, der ja einen sehr bedeutenden Teil seines Werkes mit einer Reflexion *über* die Phänomenologie verbracht hat, bezeugt dies bereits –, dass diese ganze Reflexion in Wirklichkeit ein gewisses Vertrautsein mit der Phänomenologie zur Voraussetzung hat und sich somit vor allem (aber bei Weitem *nicht nur*) an Leser wendet, die sich ihrerseits schon mit der Phänomenologie auseinandergesetzt haben.

Abhandlung Thema einer solchen Untersuchung werden (und also am Ende stehen), sofern in der Phänomenologie die Methode niemals *preskriptiv* sein kann, sondern in der methodischen Reflexion immer der »*Sache*« entnommen werden muss. Da aber die Phänomenologie gemeinhin nicht zu Unrecht eben als eine »Methode« bestimmt wird und in den ersten beiden Kapiteln die vielleicht bekanntesten Lehrstücke der Phänomenologie vorgestellt bzw. die für das Folgende maßgeblichen Grundlagen geliefert werden, stehen hier also doch Methodenreflexionen im Mittelpunkt des ersten Wegs in die Phänomenologie. Der zweite Weg besteht in einer *historisch-systematischen Auseinandersetzung* mit zwei Meilensteinen der Philosophiegeschichte – genauer: mit zwei entscheidenden *Grundmotiven* der Ausarbeitung der Phänomenologie, die einerseits im Deutschen Idealismus und andererseits im angelsächsischen Empirismus zum Tragen gekommen sind. Dies bietet die Gelegenheit, in die Grundgedanken einiger bedeutender programmatischer phänomenologischer Schriften (wie etwa in Husserls *Krisis*-Schrift) einzuführen. Der dritte Weg sucht die Auseinandersetzung der Phänomenologie mit einer *zeitgenössischen* Position – nämlich dem »spekulativen Realismus« –, wodurch der Anlass geliefert wird, einen »phänomenologischen spekulativen Idealismus« zu entwerfen und den fundamentalen Begriff der *Realität* von einer transzendentalphänomenologischen Perspektive aus zu beleuchten.[2] Ein vierter Weg, welcher der naheliegendste und vielleicht sachlich auch angemessenste wäre, muss (mit einer wichtigen Ausnahme)[3] parado-

---

[2] Man könnte die hier vorgelegten Analysen allerdings auch anders auslegen und darin *zwei* Wege in die Phänomenologie erkennen. Der erste Weg würde hierbei – Heideggers und Husserls Entwürfe zusammenführend – die Betonung auf einen phänomenologisch-*hermeneutischen* Ansatz legen, der in der Auffassung gipfelte, Phänomenologie leiste ein »transzendentales *Verständlichmachen*« (was also durchaus eine transzendentale Dimension innerhalb dieser phänomenologischen Verstehensweise stark machte). Der zweite Weg würde dann eher den transzendental-*idealistischen* Ansatz der Phänomenologie hervorheben, wobei allerdings nicht die Zurückführung auf eine egologische Instanz, sondern die Einführung in die anonyme Sphäre der *Sinnbildung* im Vordergrund stünde, was Husserls späte Arbeiten an die neuere (insbesondere französischsprachige) Phänomenologie anzubinden gestattete.
[3] Diese Ausnahme besteht in der phänomenologischen Analyse der »transzendentalen Matrix des Korrelationismus« (Kapitel V) sowie des darin enthaltenen »Urphänomens der Sinnbildung« (Kapitel V und VI).

xerweise ausgespart bleiben – ein Weg, der danach verlangt hätte, sich in präzise Sachfragen einzuarbeiten und die höchst umfangreiche konkrete Forschungsarbeit zur Sprache zu bringen. Dieser Verzicht geschieht aus Gründen der inneren Gleichgewichtung der Abhandlung und insbesondere auch wegen des Dilemmas, hier aus Platzgründen eine Auswahl treffen zu müssen, die in jedem Fall von der konkreten phänomenologischen »Arbeitsphilosophie« bloß ein partielles Bild hätte vermitteln können. Ein solches Verfahren, das sich dabei auch ausführlich um die Sekundärliteratur hätte bemühen müssen, wäre aber für eine einleitende Besinnung ohnehin nur bedingt hilfreich gewesen, da Phänomenologie konkret zu verstehen bedeutet, die betreffenden Analysen eigens zu vollziehen. Dies soll somit am geeignetsten Beispiel der Phänomenologie selbst vorgezeichnet werden – nämlich an jener »Grundlegungsidee«, welche eben die Grunderöffnung der Phänomenologie in erkenntnistheoretischer und ontologischer Hinsicht zu entfalten sucht.

Der Versuch einer Hinführung zur Phänomenologie hat, das mag deutlich geworden sein, mit einer ernstlichen Schwierigkeit zu kämpfen: nämlich damit, wie es möglich ist, von »der« Phänomenologie in einer einheitlichen Sichtweise zu sprechen, wenn von einer Darstellung der einzelnen Phänomenologen und ihrer häufig stark voneinander abweichenden Beiträge zur phänomenologischen Forschung abgesehen wird, zugleich aber doch der Anspruch erhoben werden soll, »die« Phänomenologie in ihrer systematischen Grundposition vor- und in einigen ihrer »grundlegenden« Hinsichten darzustellen. Wie kann man so verschiedene Ansätze wie die Husserls, Heideggers, Finks, Merleau-Pontys, Levinas', Richirs usw. so homogenisieren, dass ihre jeweilige Originalität nicht verwischt wird, sondern angemessen zum Tragen kommt? Das lässt sich nur so rechtfertigen, dass hier zwar mit möglichst viel Umsicht und möglichst wenig Dogmatismus, aber doch auf eine deutlich bestimmte Weise der Standpunkt stark gemacht werden soll, dass die Phänomenologie – aus Gründen, die der uranfänglichen Intention der Gründerväter der Phänomenologie und auch der Anbindung letzterer an die abendländische philosophische Tradition geschuldet sind – ein Grundprojekt verfolgt, das den Phänomenologen trotz ihrer jeweiligen individuellen Besonderheit einen von allen geteilten philosophischen Horizont und eine gemeinsame Denkrichtung vorgibt. Der gemeinhin zu verzeichnenden Tendenz eines Rückgangs transzendentalphilosophischer Positionen zugunsten historisierendfaktischer Ausrichtungen (für die etwa Foucaults Werk exemplarisch ist), wird hier das transzendentalphilosophische[4] Projekt der Phänomenologie insofern entgegengesetzt, als gezeigt werden soll, dass unter Bezugnahme auf gewisse philosophische Einsichten der zweiten Hälfte des vorigen Jahrhunderts die Phänomenologie ohne jeden Zweifel das Potenzial zu einer zeitgemäßen, lebendigen Philosophie hat und dazu an die großen Fragestellungen der abendländischen philosophischen Tradition anzuschließen vermag. Dies so verständlich wie möglich zu machen und zu begründen, gehört zu den Hauptabsichten der folgenden Überlegungen.[5]

A. S. (Schwelm / La Grande Vallée, Sommer 2018)

---

[4] Hierbei muss freilich – und das ist eine der in dieser Untersuchung anzugehenden Aufgaben – der Begriff der »Transzendentalphilosophie« genau erläutert und insbesondere herausgestellt werden, wie die Phänomenologie sich diesbezüglich von den klassischen Auffassungen des »Transzendentalen« abhebt.
[5] Ich danke ganz herzlich Philip Flock, Till Grohmann, Fabian Erhardt und István Fazakas für ihre präzise Lektüre des Manuskripts und für ihre äußerst konstruktiven und fruchtbaren Anmerkungen, dank derer es an vielen Stellen substanziell verbessert werden konnte.

Einleitung
Was heißt, phänomenologisch zu philosophieren?

> […] ohne die Eigenart transzendentaler Einstellung erfasst und den rein phänomenologischen Boden sich wirklich zugeeignet zu haben, mag man zwar das Wort »Phänomenologie« gebrauchen, die Sache <aber> hat man nicht.[1]

Die Phänomenologie ist eine besondere Philosophie. Man kann sie als eine der wirkungsmächtigsten philosophischen Strömungen seit dem Anfang des 20. Jahrhunderts bezeichnen, die zahlreiche namhafte Denker hervorgebracht[2] oder beeinflusst hat. Man kann ihre eigentümliche Methode hervorheben, die Grundansätze der philosophischen Überlieferung zu einer neuen Form des Philosophierens, die den Anspruch auf Zukunftsgerichtetheit erhebt, umgebildet hat. Oder man kann ihre Offenheit für außerphilosophische Inhalte betonen, die ihr eine gewisse »Aktualität« zusichert und sie so für einen heutigen akademischen Stil – der sich im Zauberwort der »Interdisziplinarität« fassen lässt – geeignet erscheinen lässt.

Eines der Hauptwerke Edmund Husserls, des Begründers der Phänomenologie, welches zu Anfang des zwanzigsten Jahrhunderts

---

[1] E. Husserl, *Ideen zu einer reinen Phänomenologie und phänomenologischen Philosophie* (1913), *Husserliana III/1*, S. 216.
[2] Man kann mittlerweile selbstverständlich von mehreren Phänomenologen-Generationen sprechen. Ihre bedeutendsten Vertreter sind m. E. Edmund Husserl, Martin Heidegger, Max Scheler, Eugen Fink, Roman Ingarden, Jan Patočka, Jean-Paul Sartre, Maurice Merleau-Ponty, Emmanuel Levinas, Jean-Toussaint Desanti, Jacques Derrida, Paul Ricœur, Hans Blumenberg, Michel Henry, Jean-Luc Marion, Marc Richir, Klaus Held, Bernhard Waldenfels, László Tengelyi, Günter Figal.

entscheidend zum Durchbruch dieser philosophischen Schule beigetragen hat, trägt den Titel: *Ideen zu einer reinen Phänomenologie und phänomenologischen Philosophie* (1913). Mit dieser ungewöhnlichen, zweifachen Betitelung, die schwerfällig daherkommt und irgendwie redundant klingt, wird offenbar zum Ausdruck gebracht, dass mit dem Attribut »phänomenologisch« nicht ipso facto eine »Philosophie« bestimmt wird. Und umgekehrt scheint daraus hervorzugehen, dass »die« Philosophie nicht von vornherein phänomenologisch ist, bzw. es (zumindest) bis zu jenem Zeitpunkt (noch nicht) war.[3] Nun ist es in der Tat so, dass Husserl auf eine Erneuerung des Philosophie-Begriffs aus ist, was also die Abgrenzung der Phänomenologie vom herkömmlichen Philosophieverständnis notwendig macht. »Neu« ist jener dabei insbesondere insofern, als Husserl die philosophische Situation seiner Zeit brandmarkt und die Philosophie auf ihre in seinen Augen wesentlichen Ursprünge zurückführen will.

In der Einleitung zum zweiten Teil jenes Werkes, das als die eigentliche Geburtsstunde der Phänomenologie angesehen wird, nämlich der einige Jahre zuvor erschienenen *Logischen Untersuchungen* (1900/1901), fordert Husserl, »auf die ›Sachen selbst‹ zurück[zu]gehen«.[4] In diese bekannte Losung der Phänomenologie fließen diese beiden Motive – die kritische Beurteilung der allgemeinen Lage der Philosophie und die Erinnerung an ihre Ursprungsideen – ein. Sein Seitenblick auf die Philosophie und die Philosophen um sich herum ist dabei aber kein historisch begrenzter. Husserl bezieht sich nicht bloß auf seine Zeit, sondern er hat es auf eine strukturelle Problematik abgesehen. Zumindest ist er, dass soll hierbei betont werden, für seine Nachfolger und auch für uns noch höchst aktuell, denn seine Analysen beschränken sich für seine heutigen Leser nicht mehr auf eine bloß philosophie*interne* Angelegenheit, sondern betreffen gewissermaßen das wissenschaftliche und somit auch geistige, kulturelle und politisch-soziale Gesamtbild des Seienden. Das Wissen scheint darin nämlich offenbar nicht mehr an

---

[3] In diesem Titel verweisen die pychologisch-empirische »Reinigung« der Phänomenologie und die transzendental-phänomenologische Grundlegung der Philosophie je aufeinander.
[4] *Logische Untersuchungen, Zweiter Teil, Untersuchungen zur Phänomenologie und Theorie der Erkenntnis*, 3, Max Niemeyer, Halle a. S., 1901, Einleitung, § 2, S. 7.

seine genuinen Ursprünge zurückgebunden zu sein. Das ruft aber unweigerlich eine kritische Haltung hervor, denn was soll ein Wissen sein, das sich in einen vorgegebenen, dem Wissenden aber gar nicht mehr durchsichtigen Rahmen einschreiben soll? Aus diesem Grund hat die von jeher eine Wissensbegründung und -rechtfertigung anstrebende Phänomenologie eine fundamental *kritische* Dimension. Worin besteht nun ihre Kritik der Philosophie, und inwiefern ist der Rückgang auf deren Ursprünge dabei hilfreich und nützlich?

Für Husserl geht die Philosophie, um dies zunächst einmal ganz allgemein darzulegen, seit den letzten Jahrzehnten des neunzehnten Jahrhunderts auf eine zweifache Art und Weise in die Irre oder gar ins Leere – nämlich in ihrem Bezug zur Welt als der Gesamtheit des Seienden und Erscheinenden einerseits, und zu sich selbst als fundamentalem Diskurs, der dessen Seinssinn aufklären soll, andererseits. Entweder hält sich die Philosophie lediglich an das positiv Gegebene, empirisch Nachprüfbare, mathematisch Erklärbare – dann wird sie zur Magd der Naturwissenschaften; oder sie igelt sich in ihrem universitären Betrieb ein, betreibt Philosophiegeschichte und verliert jeden Bezug zur ständig und immer schneller sich wandelnden Realität. Dabei ist die Grundtendenz jeweils dieselbe: Die Philosophie wendet sich nicht mehr dem *Seins-* und *Sinnursprung* zu, sondern seinen *faktischen Absetzungen* im objektiv Wahrnehmbaren und Gegebenen (Empirismus, Positivismus, Funktionalismus) bzw. erschöpft sich im flachen Wiederholen der Lehren von Denkern vergangener Zeiten, was – zusammengenommen – eine eigene, in gewisser Weise allerdings weltabgewandte Disziplin (»Philosophie« als lediglich akademische Philosophiehistorie) zeitigt. Beides hängt dabei miteinander zusammen: Es besteht in der Tat ein gewisser Zusammenhang zwischen einer Hinwendung zur starren Objektivität, deren Konstitution und Genetizität dabei ignoriert oder übersehen wird, und einem Nachkonstruieren ursprünglich lebendigen Denkens, das in diesen Nachkonstruktionen zu toten Buchstaben gerinnt. Demgegenüber fordert Husserl nun also ein Zurück »zu den Sachen selbst«. Wie sind diese zu verstehen?

Die »Sachen« der Phänomenologie sind, wie der Titel unschwer erahnen lässt, die »*Phänomene*«. Das »Phänomen« in der Phänomenologie verweist dabei von vornherein auf einen schwierigen, subtilen Aspekt, welcher ihr einen Interpretationshorizont eröffnet, der sie von Anfang an zu einer (quasi unendlich) offenen »Arbeitsphilosophie« werden lässt. *Die Phänomene sind die »Dinge« in ihrem (möglichen) Erscheinen*. Philosophie kann sinnvoll von »etwas« nur handeln, wenn dieses »Etwas« »sich gibt«. Gegenständlichkeit ist von *Denkbezüglichkeit* nicht abzulösen. Das heißt *nicht*, dass wir uns die Dinge so vorstellen müssen, als stehe ihnen je wirklich ein Bewusstsein, ein(e) Denkende(r) usw. gegenüber. Das heißt auch nicht, dass ein mentaler Denkakt dabei konkret vollzogen werden muss. Damit wird vielmehr zum Ausdruck gebracht, dass es ein scheinbar natürliches, dabei aber in Wahrheit metaphysisches Vorurteil sei, zu meinen, die Dinge könnten als rein »an sich« seiend angesehen werden. Der Ausgangspunkt der Phänomenologie – zumindest jener Husserls – wird dann sein, diese *Bezüglichkeit* zum fundamentalen philosophischen *Thema* zu machen. Dadurch wird Phänomenalität von vornherein zur ursprünglichen, inneren *Korrelativität*. Oder anders ausgedrückt: Das Ding, als *Phänomen* verstanden, hat immer zwei Aspekte. Einen »objektiven« Aspekt, welcher der »transzendenten« Seite zuzuschreiben ist – es kommt nämlich dem möglichen Bewusstsein gewissermaßen »von außen« zu, ob sich beispielsweise an jener Stelle eines geologischen Terrains eine Mergelmine oder eine Lignit-Braunkohlemine befindet; und, was spontan schwieriger einzusehen ist, einen »subjektiven« Aspekt, der eben die Weise des Bewusst- und Gegebenseins bezeichnet – gleichsam die Seite der »Immanenz«, wobei das nicht so verstanden werden darf, als gehe es hier darum, das »seelische Innere« zu untersuchen. Um die Bedeutung dieser »Immanenz« klarer herauszustellen, mag ein Vergleich mit Kant hilfreich sein, der zugleich eine wichtige Abgrenzung zu machen gestattet.

Bekanntlich wurde der Gedanke, dass wir es in der Erkenntnis mit »Erscheinungen« und nicht mit den »Dingen an sich« zu tun haben, als erstes von Kant in der *Kritik der reinen Vernunft* entwickelt. Ohne auf seine »kopernikanische Revolution« näher einzugehen, soll hierbei nur ein wichtiger Aspekt hervorgehoben werden: Kants »Phänomenismus« (von dem später ausführlicher die Rede sein wird) liegt darin begründet, dass es ihm um die Aufweisung der Möglichkeit *notwendiger* Erkenntnis gegangen ist. Kants Grundauffassung war, dass »Notwendigkeit«, also wohlgeordnete, *apodiktische* Bestimmung und Strukturiertheit des Seienden, nicht aus der chaotischen, sinnlichen Mannigfaltigkeit stammen könne, sondern *durch das Subjekt* in das objektiv Erfahrene gleichsam »hineingelegt« werden müsse. Dies galt für ihn allerdings lediglich für *erkenntnistheoretische* Zwecke, gemäß dem Urteil: Soll Erkenntnis

Was heißt, phänomenologisch zu philosophieren?

gerechtfertigt werden, so müssen hierzu subjektive (also auf das »transzendentale Subjekt« zurückzuführende) apriorische Leistungen angenommen werden. Dabei hat aber dieser »subjektive Aspekt« weder eine ontologische Relevanz, noch geht dieser Ansatz über einen hypothetisch-logischen Grundrahmen hinaus.

Ganz anders bei Husserl. Die dem Phänomen *innewohnende* Korrelation von subjektiver Gegebenheitsweise und objektiver Gegebenheit – bzw. das, was Husserl die Korrelation von »Noesis« (konstituierendem Denk*akt*) und »Noema« (Denk*inhalt* der konstituierten Gegenständlichkeit qua Sinneinheit), also die »noetisch-noematische Korrelation« nennt – ist nicht etwas, was lediglich als transzendentale Erkenntnisbedingung angenommen werden muss, um zu erklären, wie eben Erkenntnis möglich sei. Vielmehr macht sie in einer »transzendentalen *Erfahrung*«[5] ein eigenes, völlig neues zu erforschendes Gebiet aus. Hierdurch kommt dem phänomenologischen Transzendentalen ein *genuiner* Seinsstatus zu, der sich vom objektiven Seienden deutlich abhebt. Die Klarstellung des phänomenologischen Seinsbegriffs macht ein eigenes Problemfeld innerhalb der phänomenologischen Forschung aus.

Der phänomenologische Phänomenbegriff ist also durch eine korrelative Struktur ausgezeichnet, die der Phänomenalität *innewohnt*. Dabei ist diese Korrelativität keine apodiktische Behauptung, sondern ein aufgegebenes Forschungsfeld, ihre Analyse stellt somit gleichsam ein immer wieder neu zu entwerfendes Projekt dar. Hierbei muss dann auch der eigentümliche *Stil* der Phänomenologie Erwähnung finden: Diese versichert sich bei jedem ihrer Schritte, dass das Aufgewiesene in seiner Aufgewiesenheit »ausweisbar« ist und bleibt. Dadurch mutet ihr Schreibstil »didaktisch« an; vor allem hat er aber die Funktion, jenes Projekt für jeden neuen Entwurf zugänglich zu machen und es zugleich zu ermöglichen, stets auch wieder darauf zurückzukommen. Nicht zuletzt zeugt er von der selbstreflexiven Dimension der phänomenologischen Analysen, in denen jeder Erkenntnisgewinn den geduldigen und transparenten Blick auf sich selbst offenbart.

*

---

5 Siehe z. Bsp. *Husserliana VIII*, S. 76, S. 169 ff. oder den § 63 der *Cartesianischen Meditationen*.

Dieser Essay macht es sich zur Aufgabe, die Phänomenologie wieder an jene Seins- und Erkenntnisansprüche heranzuführen, die am Höhepunkt ihres Auftretens (bei Husserl) zum ersten Mal präzise gefasst wurden. Dies kommt in dem obigen einleitenden Zitat darin zum Ausdruck, dass Husserl von seinen Lesern und Mitstreitern verlangt, die Phänomenologie als »transzendentalen Idealismus« aufzufassen und sich deren »transzendentalen Boden« zuzueignen. Im weiteren Verlauf dieser Abhandlung wird darauf eingehend zurückzukommen sein. Hierfür zunächst bloß ein einführender Hinweis.

Es soll noch einmal betont werden: *Der* Gegenstand schlechthin der Phänomenologie ist die Intentionalität bzw. die genuin phänomenologische Korrelation. Diese bezeichnet *nicht* vordergründig das Verhältnis zwischen einem konkreten Objekt und einem ihm *gegenüberstehenden* Bewusstseinssubjekt, sondern eine zu analysierende *Struktur*, die jedem Phänomen (also einem bewusstseinsmäßig Erscheinenden) *»innewohnt«*.[6] Ganz entscheidend ist, dass hierbei ein Richtungswechsel des Blicks statthat. Dieser Richtungswechsel wurde von Husserl zumeist als die »Rückwendung« des Blicks *weg* von seiner »Verschossenheit« in die Gegenstände und *hin* zu den konstituierenden Bewusstseinsleistungen, die diese Gegenstände eben zur Erscheinung bringen, aufgefasst und auch dementsprechend zum Ausdruck gebracht. Eine solche Redeweise könnte allerdings zu einem Missverständnis Anlass geben. Es könnte so scheinen, als werde hierdurch wieder die Gegenüberstellung von zwei unabhängigen Instanzen vollzogen, die allererst in Bezug zueinander gesetzt würden. Aber genau so darf die phänomenologische Korrelation eben nicht verstanden werden. Die Eigenart des transzendental-phänomenologischen Ansatzes besteht genau darin, einen Zugang zu den sinnkonstitutiven Leistungen zu suchen, der nicht vom *Vorausbestehen* und *Vorgegebensein* eines *empirisch-rea-*

---

[6] Marc Richir kennzeichnet sie (in ihrem eigentümlichen phänomenologischen »Absolutheitscharakter«) völlig zu Recht als »jene instabile und nicht eigens verortbare Grenze, jenseits welcher der Vollzug der Methode der Epoché und der Reduktion sich als keine erfahrungsmäßig sinnvolle Möglichkeit mehr zeigt«; Marc Richir: »Métaphysique et phénoménologie: Prolégomènes pour une anthropologie phénoménologique«, in *Phénoménologie française et phénoménologie allemande. Deutsche und französische Phänomenologie*, E. Escoubas & B. Waldenfels (Hg.), Paris, L'Harmattan, 2000, S. 106.

len Subjektes ausgeht. Alle Anstrengungen gelten den zu vollbringenden Analysen der sinnkonstituierenden Leistungen, die das Feld der »transzendentalen Erfahrung« ausbilden und den Sinn von realer Vorhandenheit, Vorgegebenheit, Beständigkeit allererst verständlich werden lassen. Husserl bezeichnet das, wie wir sehen werden, als die Herausforderung an die transzendentale Phänomenologie, »sich aus eigener Kraft selbst einen [Erkenntnis- und Seins-]Boden zu schaffen«.[7] Und es wird dann darum gehen, die Voraussetzungen und Implikationen dieser transzendental-»idealistischen« Grundhaltung dergestalt *in die Phänomenologie* hineinzunehmen, dass dieses innere Besinnen auf die ursprünglich transzendentale Sphäre und dabei selbstverständlich auch *diese selbst* zum phänomenologischen Phänomen gemacht werden.

*

Die Position der Phänomenologie kann auch noch auf eine andere Weise erläutert werden. Hierzu soll ein Beispiel dienen, welches ihre Angebundenheit an eine wichtige Debatte innerhalb der zeitgenössischen Philosophie anschaulich zu machen gestattet. In der Tat vermag der Hinweis auf eine bekannte, von *Ernst Tugendhat* initiierte Diskussion, die bedeutsamen erkenntnistheoretischen und ontologischen Implikationen der Phänomenologie zu beleuchten.

In seinen *Vorlesungen zur Einführung in die sprachanalytische Philosophie*[8] hatte dieser ausgezeichnete Kenner des Werks von Husserl und Heidegger eine bemerkenswerte Vergleichsstudie von sprachanalytischer Philosophie und Phänomenologie vorgelegt, deren Grundgedanke bei ihm in einer Kritik der Phänomenologie mündete. Diese kritische Ausarbeitung besagt, dass die Phänomenologie noch insofern der traditionellen Problematik der Philosophie verhaftet sei, als sie zwei »semantische Voraussetzungen« mache, die auf die Frage nach dem Seienden qua Seienden (ontologische Voraussetzung) und dessen Bewusstseinsgegebenheit (transzendentale Voraussetzung) ausgerichtet seien.

---

[7] E. Husserl, *Die Krisis der europäischen Wissenschaften und die transzendentale Phänomenologie*, Husserliana VI, S. 185.
[8] E. Tugendhat, *Vorlesungen zur Einführung in die sprachanalytische Philosophie*, Frankfurt am Main, Suhrkamp (stw), 1976.

Diese Voraussetzungen beträfen sowohl die traditionelle Philosophie im Allgemeinen (etwa den »Platonismus« oder den »Begriffsrealismus«) als auch die Phänomenologie im Besonderen. Sie bestünden in einem Extrapolieren der Auffassung, wonach das allgemeine Verhältnis von Name und Ding als Modell dafür herhalte, *jegliche* Bedeutung als Ausdruck *für etwas* – und das heißt: für einen *Gegenstand* – aufzufassen. Dies gelte nicht nur für Eigennamen und gegenstandsbezogene Beschreibungen, sondern insbesondere auch für Prädikate und logische Junktoren. Hierdurch werde eine Dreiheit von »Ausdruck – Bedeutung – Vorstellung« aufgewiesen, bei der die Bedeutung als eine Art Platzhalter *für etwas* aufgefasst werde. Tugendhats grundlegende Kritik trifft dabei mithin die allgemeine (vermeintlich phänomenologische) Annahme, Bedeutung (qua Wesen, Wesenheit, Eidos) je als eine Art *Gegenständlichkeit* aufzufassen – ein allgemeiner Rahmen, innerhalb dessen die Phänomenologie also die erkenntnistheoretische (bzw. »transzendentale«) Frage nach der Möglichkeit des (immer irgendwie gegenständlich) Seienden für das *Bewusstsein* und die ontologische Frage nach dem *seinsspezifischen Status* dieses Seienden stelle.

Tugendhats Kritik geht aber noch weiter. Wenn dem nämlich so wäre, dann müsste der *Sprache* eine Vermittlungsfunktion zwischen dem Seienden und dem Bewusstsein zuerkannt werden. Demgegenüber würde sich das von der Phänomenologie zum originären Forschungsfeld erklärte Bewusstsein aber – als der Art, wie Seiendes *gegeben* ist – auf *Außerbewusstes, Außersprachliches* beziehen – wobei es gleichgültig ist, ob hier (wie Heidegger das für die traditionelle Metaphysik behauptet) dem »Sehen« ein Vorrang zukommt oder nicht. Die beiden angesprochenen Grundvoraussetzungen – die »ontologische« und die »transzendentale« – laufen also auf einen metaphysischen »Chorismos« von Sprachlichem (Bewusstseinsmäßigem) und Außersprachlichem (Nicht-Bewusstseinsmäßigem) hinaus, was Tugendhat von Grund auf und im Namen einer sprachanalytischen, nicht-phänomenologischen Konzeption ablehnt.

Dieser Auffassung setzt Tugendhat selbst ein theoretisches Modell entgegen, das die Idee eines intentionalen Bezugs auf Außer- bzw. Vorsprachliches – Husserl sprach ja explizit von »Vorprädikativität« – abweisen zu können meint. Seine Ausarbeitung stellt in gewisser Weise, dies wird zumindest von ihm selbst so beschrieben, eine Synthese des »zweiten Wittgenstein« und Freges dar. Der Verfasser der *Philosophischen Untersuchungen* hatte eine Bedeutungs-

Was heißt, phänomenologisch zu philosophieren? 35

theorie entwickelt, in der die Bedeutung mit den *Regeln des sprachlichen Gebrauchs* gleichgesetzt wurde. Diese Theorie verbindet Tugendhat nun mit jener (früheren), die im berühmten Aufsatz »Sinn und Bedeutung« von Frege entwickelt wurde und die Bedeutung mit dem *Wahrheitswert einer Aussage* – also der möglichen Aufweisung der Bedingungen der Wahrheit – identifiziert hatte.

In der Phänomenologie stellen die Dinge sich in Wirklichkeit aber genau umgekehrt dar. Das lässt sich anhand der unausgesprochenen Voraussetzungen oder Grundannahmen erweisen, die den beiden Teilen der Tugendhat'schen Argumentation zugrunde liegen. Bezüglich des ersten Teils derselben – der Gleichsetzung von Bedeutung und sprachlichen Gebrauchsregeln – ist zu fragen, wodurch die Regeln genau die Regeln für *diese* Bedeutung sein können. Worauf gründet dieser Gebrauch? Weshalb werden die Regeln gerade *so* und nicht anders verwendet? Hier scheint also etwas *vorzuliegen*, was diesen geregelten Gebrauch *ermöglicht*. Was den zweiten Teil angeht – die Rückführung der Bedeutung auf den Wahrheitswert, die für Tugendhat eben gerade die Antwort auf dieses Problem darstellt –, muss darauf hingewiesen werden, dass die hier einschlägige Konzeption der Wahrheit selbst, nämlich die sogenannte »Korrespondenztheorie« der Wahrheit, eine Voraussetzung macht, welche die Phänomenologie aus guten Gründen gerade *vermeidet*. Diese Voraussetzung besteht in der notwendigen Vorgegebenheit eines ungefragt als objektiv vorausgesetzten Seienden, an das die Aussage sich dann im Wahrheitsfall anzugleichen habe. Diese beiden Teile von Tugendhats argumentativer Ausarbeitung verlangen somit zu gleich zu wenig und zu viel. Zu wenig – da der »gelungene«, wohl fundierte Sprachgebrauch durch »etwas« ermöglicht wird, das hier schlicht ignoriert oder gar unterschlagen wird. Zu viel – da die Bedeutungsauffassung hier auf der metaphysischen Voraussetzung der Vorgegebenheit der Welt und dem Seienden in derselben beruht, die doch selbst überhaupt erst erwiesen und begründet werden muss. Was kann nun von Seiten der Phänomenologie hierauf erwidert werden? Worin soll jenes »Etwas« außerhalb jeglicher metaphysischer Vorentscheidung bezüglich eines objektiven Seienden bestehen?

Die Antwort nimmt ihren Ausgangspunkt in der Klarstellung der von der Phänomenologie angestrebten metaphysischen *Voraussetzungslosigkeit*. Damit ist gemeint, dass bezüglich der *ontologischen Vorannahmen* hier keinerlei Voraussetzungen getroffen werden. Die phänomenologische Epoché vollzieht eine Außer-Geltung-Setzung der Seinsthesis, um für die gebotene ontologische Offenheit und Neutralität zu sorgen.

Das ist aber noch nicht alles. Tugendhats Auffassung ist, dass eben gerade *weil* die Gesamtheit der Regeln des sprachlichen Gebrauchs nach einer epistemischen Fundierung verlangt, der Rückgang auf die (auf die Bedingungen der *Wahrheit* gegründete) Frege'sche Bedeutungstheorie nötig sei. Hieran sind nun aber aus phänomenologischer Sicht zwei Punkte zu bemängeln. Erstens ist, wie gesagt, die darin implizierte Korrespondenztheorie der Wahrheit nicht metaphysisch voraussetzungslos; und zweitens blendet diese Bedeutungslehre den wesenhaften Sinngehalt hierbei völlig aus. Anders gesagt: Tugendhats Ansatz steht der Phänomenologie insbesondere insofern entgegen, als er – in der Folge Wittgensteins – radikal *antiessentialistisch* ist. Dabei muss aber – wenn man die Phänomenologie als »Essentialismus« betrachtet – der hierbei in Anspruch genommene »Wesens«begriff auch treffend und getreu wiedergegeben werden. Husserls Wesensauffassung ist nämlich keine platon(ist)ische. Auch werden in der Phänomenologie die beiden Argumentationsteile umgekehrt und zudem grundlegend anders entwickelt. *Zuerst* geht es um die Bedingungen der »Wahrheit« – aber eben *nicht* unter der Inanspruchnahme der korrespondenztheoretischen Wahrheitslehre, sondern im transzendental-phänomenologischen Rahmen (welcher, wie in Kapitel V ausführlich dargelegt werden wird, einen »generativen« Wahrheitsbegriff zeitigt); und *dann* geht es um die Regeln der angemessenen Erfassung (nämlich in der *phänomenologischen Reflexion*) des Sinns und der Bedeutung – was (siehe Kapitel V und VI) die grundlegende Analyse der *sinnbildenden Prozessualität* erfordert. Die *ontologische* Voraussetzung wird also gerade auf der *sprachanalytischen* Seite vollzogen, während sie sich auf der *phänomenologischen* Seite in den – in der Tat ganz bewusst auf sich genommenen – *transzendentalen*, in »transzendentaler Erfahrung« zu offenbarenden Möglichkeitsbindungen der Seins- und Erkenntnisgültigkeit auflösen muss. Genauso wie oben darauf hingewiesen wurde, dass die transzendentale Phänomenologie von keiner Voraussetzung eines *empirisch-real* existierenden Seienden (und sei dies das Subjekt selbst!) ausgehen kann, gilt das Gleiche auch für den Status von Sinn und Bedeutung. Die Phänomenologie ist insofern kein »Realismus« (auf diese Frage kommt ebenfalls das Kapitel V zurück), als eben jegliche Voraussetzung und Vorausgesetztheit nicht gänzlich abgewiesen, aber doch so hinterfragt wird, dass erst die dyna-

Was heißt, phänomenologisch zu philosophieren? 37

mische Sinn-Bildung Antworten auf die Frage nach dem Status einer solchen Voraussetzungshaftigkeit zu liefern vermag.

*

Zum Abschluss dieser einleitenden Überlegungen werden nun vier Thesen aufgestellt, die für den hier zu entwickelnden Bestimmungsversuch der Phänomenologie als operative Leitfäden dienen können. Jede dieser Thesen wird dabei eine Gegenthese mitformulieren, die es jeweils abzuweisen gilt.

Erste These: *These der zweifachen Voraussetzungslosigkeit*. Die Phänomenologie ist durch eine *ontologische* und eine *gnoseologische* Voraussetzungslosigkeit gekennzeichnet. »Ontologische« Voraussetzungslosigkeit bedeutet – und hierin besteht gleichsam die minimale anti-realistische Position der Phänomenologie –, dass in ihr niemals von *vorgegebenem* Seienden ausgegangen wird – und zwar weder von einem vorausbestehenden, *gegenständlichen* »an sich« Seienden, noch von einem wirklich bestehenden (konkreten, empirischen) *Subjekt*. Die »gnoseologische« Voraussetzungslosigkeit betrifft die Tatsache, dass in der Phänomenologie jederlei Stellungnahme – sei sie metaphysischer oder naturwissenschaftlicher Art – zur Welt oder zum Seienden überhaupt außer Geltung gesetzt wird.

Zweite These: *These der genetisierten Gegebenheit*. Der eben herausgestellten These der absoluten *Un*vorgegebenheit des (sowohl subjektiven als auch objektiven) Seienden steht die These entgegen, dass die Phänomenologie auf eine im weitesten Sinne erfahrbare, da bei aber in ihrem konstitutiven Sinn aufzuweisende *Gegebenheit* aus ist und somit weder begrifflich-grammatische Analysen liefert noch einen argumentationslogischen Standpunkt vertritt. Diese These ist insofern mit der vorigen vereinbar, als die hier veranschlagte – nämlich die *genetisierte* – *Gegebenheit* radikal von jeder realistischen *Vor*gegebenheit zu trennen ist. Das Gegebene ist also deswegen nicht *vor*geben, weil sich dessen eigene Gegebenheit allererst im genetisierenden Verfahren der Phänomenologie entfaltet und ausweist.

Dritte These: *These der Korrelativität*. Nur auf der Grundlage der ersten beiden Thesen ist auch die dritte These – nämlich, dass die Phänomenologie je die phänomenologische *Korrelation* zum Thema hat – zu verstehen. Der Korrelationismus wird nicht metaphysisch *vorausgesetzt* (so wie das etwa für das Ansich-Sein im metaphysischen Realismus bzw. Dogmatismus der Fall ist), sondern er ist jene

Grundstruktur des Gegebenen, *die sich allererst in der phänomenologischen Genetisierung aufweisen und in seiner Vielgestaltigkeit analysieren lässt*. Es ist daher auch irreführend, die Phänomenologie mit dem Standpunkt der sogenannten »Erste-Person-Perspektive« gleichzusetzen. Wenn diese so verstanden wird, dass man auf das Seiende nicht von einem (illusorischen) »objektiven« Standpunkt aus hinblicken könne, sondern je die Perspektivität eines dabei allerdings schon *vorausgesetzten* persönlichen Subjekts einnehmen müsse, dann widerspricht dies der ersten These der phänomenologischen Voraussetzungslosigkeit. Der Perspektivwechsel betrifft nicht den vom Objekt zum Subjekt (oder zur Person), sondern, wie oben schon kurz ausgeführt, den vom Objektivismus zum Korrelationismus, welcher die dem erscheinenden Seienden nicht reduzierbar *innewohnende* Subjekt-Objekt-Struktur hervorkehrt.

Vierte These: *These der Intelligibilisierung*. Die Phänomenologie zielt auf *Sinnaufklärung* und *-verständlichmachung*, nicht auf positiv(istisch)e Bestimmung des Seienden und rein logische Erkenntnislegitimation ab. Mit dem Begriff der »Intelligibilisierung« soll hier deutlich gemacht werden, dass es der Phänomenologie primär nicht um »Erklärungsmodelle« und »Erkenntnisrechtfertigungen«, sondern um »transzendentales *Verständlichmachen*« geht (siehe Kapitel IV). Daher verfährt die Phänomenologie *regressiv* (was die phänomenologische *Konstruktion* nicht ausschließt), d. h. von der gegebenen Erfahrung ausgehend, um deren Sinn und Geltung verständlich zu machen, und nicht progressiv – darin besteht gerade (wie man in Anlehnung an Kants Verfahrensweise in den *Prolegomena zu einer jeden künftigen Metaphysik, die als Wissenschaft wird auftreten können* sagen könnte) ihr *Transzendentalismus*. Es ist somit insbesondere widersinnig – und das muss in aller Radikalität hervorgehoben werden –, die Phänomenologie irgendwie in Konkurrenz zu den Naturwissenschaften setzen zu wollen. Die Naturwissenschaften sind Einzelwissenschaften, die im Rahmen ihrer eigenen Voraussetzungen Erkenntnis zu vermehren versuchen; die Phänomenologie bleibt dagegen der klassischen Auffassung der Philosophie insofern treu, als sie die Welterfahrung auf ihren Sinn und ihre Seinsgeltung hin befragt.

Zur Methode der Phänomenologie

Kapitel I
Die phänomenologische Methode

> [...] erst vom Problem her bestimmt sich
> der Sinn der Methoden.¹

Bevor das angepeilte Ziel einer Verwirklichung der »Grundlegungsidee« der Phänomenologie konkret in Angriff genommen werden kann (was erst ab dem Kapitel V möglich sein wird), ist es erforderlich, die Grundbegriffe der Phänomenologie – und das heißt dabei immer auch ihrer *Methode* – ausführlich vorzustellen. Dass die Phänomenologie in erster Linie als eine Methode aufgefasst wurde und weiterhin auch als eine solche bestimmt werden muss, ist hinlänglich bekannt.² Hierzu einige einschlägige Belege: »An der Jahrhundertwende ist im Ringen der Philosophie [...] um eine streng wissenschaftliche Methode eine neue Wissenschaft erwachsen, in eins mit einer neuen Methode philosophischer [...] Forschung. Die neue Wissenschaft nannte sich *Phänomenologie*, da sie, bzw. da ihre neue Methode durch eine gewisse Radikalisierung einer schon vordem [...] geübten phänomenologischen Methode entsprungen ist. [...] Also die Radikalisierung dieser methodischen Tendenzen [...] war es [...], die zu einer neuartigen Methodik [...] und zugleich zu einer neuartigen Behandlung spezifisch philosophischer Prinzipienfragen <führte>.«³ »Phänomenologie ist, wenn sie sich recht versteht, der Begriff einer Methode.«⁴ »<D>as ist der wesentliche Punkt: Nicht um ein System von philosophischen Sätzen und Wahrheiten handelt

---

1 E. Fink, »Das Problem der Phänomenologie Edmund Husserls«, in *Studien zur Phänomenologie. 1930–1939*, Den Haag, M. Nijhoff, 1966, S. 180.
2 Eine erste Fassung dieses Kapitels ist unter dem Titel »Die phänomenologische(n) Methode(n)« in der *Zeitschrift für Didaktik der Philosophie und Ethik* (V. Albus (Hg.), Nr. 3/2018) erschienen.
3 E. Husserl, »Amsterdamer Vorträge« (April 1928), *Husserliana IX*, S. 302 f.
4 M. Heidegger, *Die Grundprobleme der Phänomenologie*, Martin Hei-

es sich bei der Phänomenologie [...], sondern es handelt sich um eine Methode des Philosophierens, die gefordert ist durch die Probleme der Philosophie.«[5] »<D>ie Phänomenologie ist nichts Anderes als die in eine Methode umgewandelte Philosophie, in eine Methode [...] der Beschreibung dessen, was in der Erfahrung ›geschieht‹ (die berühmten *Sachen selbst*), ohne dass es in alldem prinzipiell und in Kohärenz mit der Methode eine ›Stellungnahme‹ bzw. einen metaphysischen ›saltus mortalis‹ gäbe.«[6] Um in diese Methode nun einführen zu können, müssen zunächst zwei wegweisende Bemerkungen vorangeschickt werden.

Zum einen ist zu betonen, dass diese Methode, wie bereits im Vorwort angedeutet, nicht naiv von ihrer Materie bzw. ihrem Gegenstand losgelöst werden kann. Es wurde schon früh etwa von Emmanuel Levinas bemerkt – hierbei Hegels Kritik der Kantischen Verfahrensweise folgend (so wie dieser sie jedenfalls ausgelegt hatte), nämlich »Methode« und »Wahrheit« zu unterscheiden –, dass der Versuch, Erkenntnis grundlegend legitimieren zu wollen, auf der phänomenologisch ursprünglichsten Ebene mit dem *Vollzug* dieser Legitimation zusammenfällt. Das bedeutet, dass die Methode sich nicht außerhalb ihres genuinen Sachbereichs ansiedeln darf. Jüngst wurde das noch einmal in Bezug auf Heidegger betont[7]. Dieser hob in den *Grundproblemen der Phänomenologie* hinsichtlich eines zu eng gefassten Phänomenologiebegriffs unmissverständlich hervor:

Die Phänomenologie gibt es nicht, und wenn es sie geben könnte, dann würde sie nie zu so etwas wie einer philosophischen Technik werden. Denn im Wesen aller echten Methode als Weg zur Erschließung der Ge-

---

degger Gesamtausgabe (HGA) 24, F. W. v. Herrmann (Hg.), Frankfurt am Main, Klostermann, 1975, S. 27.
[5] A. Reinach, »Was ist Phänomenologie?« (Januar 1914), München, Kösel-Verlag, 1951, S. 21.
[6] M. Richir, »Métaphysique et phénoménologie: Prolégomènes pour une anthropologie phénoménologique« (2000), S. 115.
[7] Tobias Keiling schreibt hierzu ziemlich unverblümt, aber durchaus treffend: »Phänomenologie ist demnach nicht nur eine Methode, die bestimmte Schritte zu verfolgen vorgibt, sondern zugleich diejenige Philosophie, die durch das Erreichen einer Einheit mit ihrem Gegenstand, einer Verschmelzung mit der Sache selbst, überflüssig wird«, *Seinsgeschichte und phänomenologischer Realismus*, Tübingen, Mohr Siebeck, 2015, S. 149. Das Einzige freilich, was hier »überflüssig« wird, ist eben ein *methodologisch zu eng* gefasster Phänomenologiebegriff.

genstände liegt es, sich nach dem selbst immer einzurichten, was durch sie selbst erschlossen wird. Gerade wenn eine Methode echt ist, den Zugang zu den Gegenständen verschafft, wird der auf ihrem Grund vollzogene Fortgang und die wachsende Ursprünglichkeit der Erschließung die Methode, die dazu verhalf, notwendig veralten lassen. Das einzig wahrhaft Neue in der Wissenschaft und in der Philosophie ist nur das echte Fragen und der dienende Kampf mit den Dingen.[8]

Aufgrund dieses wesenhaft fragenden Aufgehens in ihren Gegenständen ist es somit sinnlos, der konkreten phänomenologischen Arbeit einen vorgängigen »Bericht über die Methode« (Descartes) vorausschicken zu wollen.

Zum anderen muss angemerkt werden, dass sich diese Bestimmung von dem, was man als den Grundhorizont der Phänomenologie bezeichnen könnte, ebenfalls nicht abtrennen lässt. Worin besteht dieser »Grundhorizont«?

Die Phänomenologie versteht sich – wie bereits angedeutet – als »absolute Voraussetzungslosigkeit«. Damit ist gemeint, dass in der Phänomenologie keine Vorentscheidungen darüber getroffen werden, was die »Sache« der philosophischen Analysen sei und wie diese angemessen untersucht werden kann. Gleichwohl schreiben sich diese Analysen in einen grundsätzlichen, transzendentalen wie auch spezifisch ontologischen Rahmen oder eben »Grundhorizont« ein. Konkreter stellt sich das so dar, dass sie je in eine Konfiguration von vier Fluchtpunkten der Sinnbildung[9] – nämlich der »Transzendentalität«, der »Sinnhaftigkeit«, der »Eidetik« und der »Korrelationalität« – eingespannt sind.[10] Diese hängen mit den Grundbegriffen der phänomenologischen Methode aufs Engste zusammen und müssen daher in einem ersten Schritt ausführlicher entwickelt werden.

---

[8] M. Heidegger, *Die Grundprobleme der Phänomenologie*, GA 24, S. 467.
[9] Dieser Begriff der »Sinnbildung« und sein grundlegender Status in der Phänomenologie wird im Kapitel IV explizit erläutert und auseinandergelegt werden.
[10] Zwar gibt es, wie von Heidegger im gerade zitierten Passus angesprochen, »*die*« Phänomenologie eigentlich nicht, weshalb diese Grundkonfiguration von vier Fluchtpunkten der Sinnbildung auch nur beschränkt auf alle bestehenden phänomenologischen Projekte und Ausarbeitungen anwendbar ist; bei *Husserl* ist sie jedenfalls maßgeblich und bietet eine Grundfolie, auf die sich dann seine Nachfolger durchweg beziehen werden – sei es nun affirmativ und vertiefend oder kritisch und abhebend.

Phänomenologie als Transzendentalphilosophie. »Wenn die [...] Phänomenologie sich zugleich als Anfangsstück und als universale Methodenwissenschaft für eine phänomenologische Philosophie einführte, so war damit auch schon gesagt, dass eine Philosophie überhaupt, nach ihrem ganzen System, nur als eine universale Transzendentalphilosophie, aber auch nur auf dem Boden der Phänomenologie und in der spezifisch phänomenologischen Methode die Gestalt einer letztstrengen Wissenschaft annehmen könne.«[11] Um zu verstehen, in welchem Sinne die Phänomenologie als eine *Transzendentalphilosophie* aufgefasst werden muss, ist – nicht nur in Husserls Augen – der Bezug zum neuzeitlichen Begriff des Transzendentalen, wie er bei Kant ein- und bei Fichte fortgeführt wurde, unerlässlich. Bekanntlich hatte der Verfasser der *Kritik der reinen Vernunft* »transzendental« als eine bestimmte *Erkenntnis* definiert – nämlich so, dass diese sich »mit unserer Erkenntnisart von Gegenständen, insofern diese a priori möglich sein soll«,[12] beschäftigt. Damit war gemeint, dass es nur dann erkenntnistheoretisch möglich ist, die für jede Erkenntnis unabdingbaren Notwendigkeitsbestimmungen aufzuweisen, wenn unsere Erfahrungen auf *Bedingungen*, welche diese überhaupt *möglich* machen, zurückgeführt werden. »Transzendental« heißt bei Kant also: die Bedingungen der Möglichkeit unserer Erfahrung und dadurch unserer Erkenntnis betreffend. Dass diese Möglichkeitsbedingungen eben *transzendental* sind, heißt, dass sie selbst *keiner Erfahrung zugänglich sind* – und zwar weil und sofern sie diese eben allererst ermöglichen.

Eine zweite wesentliche Bestimmung des klassischen Transzendentalbegriffs, sofern er für das Verständnis der phänomenologischen Auffassung desselben wegweisend ist, wurde von Fichte herausgestellt. Hierzu abermals ein wichtiges Zitat:

[W]enn <jed>er sich nur besinnen will, <kann er> innewerden, dass schlechthin alles Sein ein *Denken* oder *Bewusstsein* desselben setzt: dass daher das bloße Sein immer nur die eine Hälfte zu einer zweiten, dem Denken desselben, sonach Glied einer ursprünglichen und höher liegenden Disjunktion ist, welche nur dem sich nicht Besinnenden, und flach Denkenden verschwindet. Die absolute Einheit kann daher eben so wenig

---

[11] E. Husserl, »Kant und die Idee der Transzendentalphilosophie« (1. Mai 1924), *Husserliana VII*, S. 230f.
[12] I. Kant, *Kritik der reinen Vernunft*, B 25.

Die phänomenologische Methode 45

in das Sein, als in das ihm gegenüberstehende Bewusstsein, eben so wenig in das Ding, als in die Vorstellung des Dinges [...], sondern <muss> in das [...] Prinzip der absoluten *Einheit und Untrennbarkeit* beider <gesetzt werden>, das zugleich [...] das Prinzip der Disjunktion beider ist [...]. Dies entdeckte nun Kant und wurde dadurch der Stifter der *Transzendental-Philosophie*.[13]

Ohne hier auf den Kontext der für Fichtes eigene Absichten bedeutsamen Begriffe der »Einheit« und »Disjunktion« des »reinen Wissens« näher einzugehen, ist für den Begriff des »Transzendentalen« festzuhalten, dass er laut Fichtes Lesart Kants durch die *Korrelation* von Denken und Sein, bzw. von Bewusstsein und entsprechendem Bewusstseinsobjekt gekennzeichnet ist. Dabei ist ganz wesentlich, dass diese Korrelation nicht einfach den Bezug von vorstellendem Bewusstsein und vorgestelltem Gegenstand meint, sondern, wie Fichte das ja ausdrücklich betont, der Trennung von »Vorstellung« und »Ding« *zugrunde liegt* und so deren Bezüglichkeit allererst ermöglicht.

Diese, den Transzendentalismus eigens kennzeichnende *Korrelation* und die von Kant aufgestellte Eigenschaft des *Ermöglichens* treten nun aber in eine eigentümliche Spannung zueinander: Wenn erstere lediglich statisch aufgefasst wird, ist nicht klar, wie hierdurch das Möglich-*Machen* erklärt werden kann; und wenn letzteres keiner Erfahrung zugänglich sein soll, ist unverständlich, wie diese transzendentalen Bedingungen ausweisbar »objektive Realität« haben konnen. Fichte hatte diese Spannung so aufgelöst, dass er einen neuen Erfahrungs- bzw. Anschauungsbegriff einführte, den Kant seinerseits aber entschieden ablehnte (allerdings ohne ihn offenbar aus erster Hand studiert und reflektiert zu haben): nämlich den der »intellektuellen Anschauung«, ein dem transzendentalen Reflektieren »eingesetztes Auge«. Husserl setzt an dessen Stelle, auch und insbesondere um der epistemischen Einengung bei Fichte zu entgehen, den Begriff einer »transzendentalen Erfahrung«. In ihr kommt sein Begriff des Transzendentalen folgendermaßen zum Tragen: Für Husserl ist »transzendental« der Ausdruck für ein Grundmo-

---

13 J. G. Fichte, *Die Wissenschaftslehre 1804²*, J. G. Fichte – Gesamtausgabe, Band II, 8, R. Lauth, H. Gliwitzky (Hg.) (unter Mitarbeit von E. Fuchs, E. Ruff und P. K. Schneider), Stuttgart – Bad Cannstatt, G. Holzboog, 1985, S. 13 f.

tiv, nämlich jenes »des *Rückfragens* nach der *letzten Quelle* aller *Erkenntnisbildungen*«.[14] Bei Kant ist »transzendental« eine Bestimmung der Erkenntnis, bei Husserl eine der philosophischen (transzendental-phänomenologischen) Grundhaltung inhärierende Tendenz oder Motivation, den Sinn des Erscheinenden in einer genuinen Erfahrungsart aufzuklären. Diese lässt sich von der Kennzeichnung des »reinen Bewusstseins« (qua »Element« der phänomenologischen Korrelation),[15] sofern dieses sich je intentional auf es *Transzendierendes* bezieht, also vom Feld der »transzendentalen Subjektivität« im weitesten Sinne, nicht ablösen.[16]

Husserl hält somit, um das für den phänomenologischen Transzendentalbegriff rekapitulierend im Auge zu behalten, an Kants Auffassung des Möglich-Machens, des Ermöglichens fest; im Gegensatz zu ihm nimmt er dafür aber einen genuin transzendentalphänomenologischen Erfahrungsbegriff in Anspruch, welcher ein phänomenologisches Forschungsfeld unendlicher Analysen eröffnet.

Phänomenologie als Philosophie des Sinns. Das zweite ganz wesentliche Charakteristikum der Phänomenologie betrifft deren *Sinn*dimension.[17] In der Phänomenologie geht es ganz grundsätzlich – und über die konkrete Klarstellung der Bedeutung von sprachlichen Aussagen, Zeichen usw. im engeren Sinne hinaus – um »Sinnaufklärung«, also um das Verständlichmachen von Sinn überhaupt. Sie geht also davon aus, dass es »Sinn« »gibt« und dass es sinnvoll ist, diesen zu fassen und auszulegen. Sinn aber *wovon*? Zwei Klippen müssen hierbei umschifft werden: die Skylla einer zu engen Anlehnung an positive Gegebenheit von Seiendem einerseits und die Charybdis einer abstrakten und hohlen Auffassung eines »Sinns des Ganzen«, eines vage gebrauchten »Seins« usw. andererseits. Ferner darf Sinn

---

14 E. Husserl, *Die Krisis der europäischen Wissenschaften und die transzendentale Phänomenologie*, S. 100. Ich komme auf diese Definition im vierten Kapitel ausführlicher zurück.
15 Es muss auf einer *systematischen* Ebene betont werden, dass – obwohl Husserl selbst diesen historiographischen Bezug nicht vor Augen hatte und ihn auch nirgends explizit herstellt – bei ihm das »reine Bewusstsein« dem, was Fichte (s. o.) als »absolute Einheit« (oder mit einem früheren Ausdruck: als »absolutes Ich«) diesseits der Trennung von Bewusstsein und korrelativem Bewusstseinsgegenstand bezeichnet hatte, entspricht.
16 Bei Husserl hängt also »transzendental« mit »Transzendenz« aufs Engste zusammen.
17 Das äußert sich bereits darin, dass Husserl »Phänomen« als »vermeinte[n] und sich bewährende[n] Sinn« definiert, *Husserliana I*, S. 126.

auch nicht als bloße *Vorstellungs*dimension, als Element oder Form mentaler Abbildung gegenüber stofflich »realem« Seienden aufgefasst werden. Wie sind »Sinn« bzw. »Sinnhaftigkeit« dann also positiv zu bestimmen?

Sinn steht allgemein im engsten Zusammenhang mit dem eigentlichen Verstehen. Sinn ist das, was unsere Gedanken in einen Bedeutungshorizont (Heidegger würde sagen: in einen »Bewandniszusammenhang«) einschreibt – er weist also nicht je bloß in eine Richtung, sondern liegt jeder Richtungsweisung überhaupt zugrunde – und zwar insofern, als er das Woraufhin jedes Verständnisses entwirft und umreißt. Der Sinn bezeichnet nicht den »Gegenstand« und auch nicht die Art seines »Gegebenseins«, sondern den »Spielraum« oder das »Element«, in welchem bzw. durch welches das Erscheinende sich eben mit einer mehr oder weniger bestimmten Bedeutung bekundet. Er ist jene welteröffnende Dimension, in der das Reale in seinen minimalen – aber notwendigen – Wahrheitsbedingungen erscheint.

Darüber hinaus verleiht Sinn den Gedanken eine Form von Bodenhaftigkeit. In der *Krisis*-Schrift bezeichnet Husserl den »Sinnboden« als ein »gewaltiges[s] stukturelle[s] Apriori«,[18] das die Grundvoraussetzung für Verstehen und Einsicht darstellt. Sinn bindet Ausdrücke, Gedanken und Gedankeninhalte an Struktur- und Verständnisgebilde, die sich dabei insbesondere nicht mit rein formalistischen Erklärungsmodellen zufriedengeben können. Sinnbezüglichkeit reduziert sich somit nicht auf ein abstrakt-formales Verweisen, das sich letztlich im Kreise drehen würde. Deshalb sorgt Sinn schließlich für eine spezifische »Verständnisfülle«, die jedem leeren Dahinsagen entgegensteht. Sinn trägt entscheidend zur Erfüllung des Verstehens bei, dank seiner kommt das Verstehen zu sich selbst. Sinn ist somit das je sich erfüllende, horizonthafte Woraufhin des Verstehens, das dieses nicht einfach in der Schwebe lässt, sondern ihm gleichsam Halt und Gehalt gibt. Die Schwierigkeit hierbei besteht darin, dass Sinn eben keinen unmittelbaren Bewusstseinsgegenstand darstellt, sondern zu den transzendentalen Parametern gezählt werden muss, die natürlich ebenfalls in einer »transzendentalen Erfahrung« zur Gegebenheit kommen.[19]

---

[18] *Die Krisis der europäischen Wissenschaften und die transzendentale Phänomenologie*, Husserliana VI, S. 380.
[19] Die bedeutsame Rolle des Verstehens wird im folgenden Kapitel noch weiter vertieft werden.

Phänomenologie als Wesenswissenschaft. Den Schnittpunkt von Transzendentalität und Sinnhaftigkeit bezeichnet Husserls Begriff des »Wesens«.[20] Diese Überschneidung von »Sinn« und »Wesen« bzw. »Eidos« (im besagten transzendentalen Rahmen) wurde von der Husserl-Schülerin Hedwig Conrad-Martius sehr treffend beschrieben:

Dem Phänomenologen [...] ist die Welt voller apriorischer Sinnhaftigkeit. »Sinn« ist hier nicht in teleologischer Bedeutung verwendet, in der die wirkliche Welt oder der wirkliche Weltverlauf einen letzten historischen oder auch überhistorischen Sinn und Zweck besitzt. »Sinn« ist hier gleich »Wesen«; und Wesen ist eben diese letzte, qualitative, eigenste Artung, die jedem kleinsten und größten Seinsbestand seine unauswechselbare und auf nichts anderes zurückführbare Stelle, seine Sinnstelle gibt.[21]

Die »Gegenstände« der phänomenologischen Forschung, die »Phänomene«, sind insofern solche einer philosophischen Wissenschaft, als sie eben auf ihren universalen *Wesensgehalt* hin befragt werden.[22] Hierbei muss dann aber deutlich gemacht werden, weshalb die Phänomenologie nicht mit der Psychologie und noch weniger mit dem Psychologismus (der alle Erkenntnis auf eine Einbettung in psychische Akte reduziert) zusammenfällt. Die Begründung hierfür hat Husserl in seiner berühmten Kritik am Psychologismus im ersten Band seiner *Logischen Untersuchungen* (1900/1901) geliefert.

Jene Kritik fußt auf zwei Hauptargumenten. Das erste prangert die Verwechslung von Akt und Gegenstand der Erkenntnis an. Jede Erkenntnis vollzieht sich in psychischen Akten. Diese sind je empirisch und laufen in der Zeit ab; der Gegenstand (idealer) Erkenntnis dagegen (etwa die logischen Gesetzmäßigkeiten, aber auch jede Sinnhaftigkeit überhaupt) ist außerzeitlich. Letzterer ist – wie in der

---

[20] Hierbei müsste, um genau zu sein, noch zwischen den »formal-logischen« Wesen (bzw. Eidē) und den Wesen (oder Eidē) »materieller« Natur unterschieden werden (die Notwendigkeit der ersteren ist apodiktisch, während jene der letzteren durch eine »Offenheit«, die je möglichen Korrekturen ausgesetzt ist, gekennzeichnet werden kann).
[21] H. Conrad-Martius, »Vorwort« zu A. Reinach, »Was ist Phänomenologie?«, München, Kösel, 1951, S. 10.
[22] In diesem – einzigen – Punkt, nämlich eine »Wissenschaft der ›Wesen‹« zu sein, hat die Phänomenologie (allerdings tatsächlich *ausnahmsweise*) einen *einzelwissenschaftlichen* Charakter.

Einleitung bereits erwähnt wurde – auf erstere nicht rückführbar, beide sind qualitativ heterogen. Zwar stellt sich natürlich die Frage, wie dann ihr Bezug überhaupt möglich ist. Wenn die Antwort aber in einer Identifizierung beider bestehen sollte, dann ginge das Ureigene der Erkenntnis, nämlich die Tatsache, dass sie sich auf Allgemeines bezieht – und somit die Eidetizität ihres Gegenstandes – verloren. Das zweite Argument gegen den Psychologismus liegt in der Aufweisung seiner eigenen Selbstwidersprüchlichkeit. Wenn jegliche Idealität auf reale psychische Akte zurückführbar wäre, dann käme dies dem Ende jeglicher *allgemeinen* Theoriebildung gleich – denn reale Empirizität ist ja eben nicht Universalität. Und da der Psychologismus selbst einen theoretischen Anspruch hat, untergräbt er sich somit gleichsam selbst.

Die phänomenologische Korrelation. Oben war bereits von einer den Transzendentalismus kennzeichnenden Korrelation – nämlich von jener von Sein und Denken, von Bewusstsein und Gegenstand – die Rede. Nun muss der Korrelationsbegriff auch in seiner genuin transzendental-*phänomenologischen* Bedeutung bestimmt werden.

Durch die Herausstellung der *Vorgängigkeit* der Bezughaftigkeit vor der Ansetzung einer gegenständlichen sowie einer bewusstseinsmäßigen oder sonstwie »ichlich« gearteten Instanz werden zwei Ansätze von vornherein ausgeschlossen: dass nämlich die Gegenstände als an-sich seiende Objekte aufgefasst werden müssen und dass das Bewusstsein in einer Art »Behälter« bestünde, der gegenständliche Bestimmtheiten irgendwie in sich aufnähme. Bezüglichkeit ist in der Tat *immer* vorgängig, sie ist das urcigcnstc phänomenologische Apriori (im wörtlichen Sinne) – Husserl spricht dabei vom »universalen Korrelationsapriori von Erfahrungsgegenstand und Gegebenheitsweisen«.[23] Damit dies aber voll verständlich wird, muss gezeigt werden, dass in der phänomenologischen Analyse vom grundsätzlich systematischen Standpunkt aus betrachtet eine *Dreistufigkeit* veranschlagt werden muss. Das »universale Korrelationsapriori« wird nur dann völlig einsichtig und für die Untersuchungen auch fruchtbar gemacht, wenn deutlich wird, dass es sich auf diesen drei Ebenen um jeweils verschiedene Korrelationstypen handelt. Kommen wir also zunächst zu diesen drei Stufen, Ebenen oder auch phänomenologischen »Sphären«.

---

[23] *Die Krisis der europäischen Wissenschaften und die transzendentale Phänomenologie, Husserliana VI*, S.169, Fußnote 1.

Die erste Stufe ist keine genuin phänomenologische. Sie entspricht der »natürlichen Einstellung«, in der Erscheinendes als An-sich-Seiendes aufgefasst wird. Dies trifft sowohl für das vorphilosophische Bewusstsein als etwa auch für die naturwissenschaftliche Haltung seit der (abendländischen) Neuzeit zu. Die »Mathematisierung der Natur« ist hierin genauso eine theoretische Option wie mythologische Weltanschauungen, so wie diese in anderen Kulturbereichen als dem jüdisch-christlichen gelten mögen. Wenn hier von einer (freilich völlig unaufgeklärten) »Korrelation« die Rede sein kann, dann nur insofern, als hier im weitesten Sinne (und insbesondere seit Descartes' Einführung des »Cogito«) Erkenntnissubjekt und Erkenntnisobjekt in Beziehung zueinander gesetzt werden. Dabei kommt aber ersterem nicht überall auch eine spezifisch epistemische Funktion zu. Der entscheidende Aspekt auf dieser ersten Stufe ist der Hang zur Objektivierung, welcher der natürlichen Einstellung wesentlich anhaftet.

Die zweite Stufe, gemeinhin als die genuin phänomenologische betrachtet, ist das sich dank der Epoché und der Reduktion eröffnende unendliche Forschungsfeld der »transzendentalen Subjektivität«. Die hier maßgebliche Korrelation nennt Husserl die »noetisch-noematische Korrelation«. Sie umfasst insbesondere die Sinngehalte der intentionalen Gegenstände (Noemata) sowie ihre bewusstseinsmäßigen Korrelate (Noesen). Husserls bekannteste Analysen – zum Beispiel der Wahrnehmung transzendenter Gegenstände mitsamt ihrer Abschattungskontinuen – werden innerhalb dieser Ebene, die auch als »immanentes Bewusstsein« bezeichnet wird, vollzogen.

Die dritte Sphäre schließlich ist die »präimmanente« oder »präphänomenale« Bewusstseinsebene. Sie wurde von Husserl explizit in seinen Zeitanalysen erschlossen – die deshalb systematisch auch zu den entscheidenden innerhalb der ganzen Phänomenologie gehören.[24] Von »Bewusstsein« kann hierbei allerdings aus mehreren Gründen nicht mehr eigentlich die Rede sein. Das Bewusstsein wird hier deswegen untergraben, weil nichts Bewusstseinsimmanentes mehr beschrieben werden kann. Zudem bedeutet »Präphänomenalität« bzw. »Präimmanenz« hier radikale »Anonymität« (manche Phänomenologen wie zum Beispiel Jan Patočka führen hierzu den Begriff einer »asubjektiven Phänomenologie« ein). In dieser dank

---

[24] Siehe insbesondere die Texte Nr. 53 und 54 in *Husserliana X* und die ersten Texte in *Husserliana XXXIII*.

der phänomenologischen *Konstruktion* (s. u.) zugänglichen Sphäre wird von jeder *subjekt*orientierten Konstitutionsleistung Abschied genommen; und auch »Gegenständlichkeit« ist hier kein vorausgesetztes oder vorauszusetzendes Seiendes, sondern lediglich »Polarität« der vorgängigen präintentionalen Bezüglichkeit. Präphänomenale oder präimmanente Korrelativität ist gleichwohl gegeben. Dies macht eine neue Form der phänomenologischen Reduktion (nämlich das, was man die »transzendentale Induktion«[25] nennen könnte) erforderlich, die von Husserl selbst aber nicht mehr ausgearbeitet wurde.

Von hier aus können nun in umgekehrter Reihenfolge die Grundachsen der phänomenologischen Methode vorgestellt und entwickelt werden. Diese bestehen in der *Epoché* und *Reduktion*, der *eidetischen Variation*, der *phänomenologischen Deskription* und der *phänomenologischen Konstruktion*.

Epoché und Reduktion. Ausgangspunkt der phänomenologischen Forschung ist notwendiger Weise die phänomenologische »Epoché«. »Notwendig« ist sie deshalb, da sie am radikalsten der Losung absoluter »Voraussetzungslosigkeit« entspricht. Unter »absoluter« oder »metaphysischer« Voraussetzungslosigkeit ist zu verstehen – um das noch auf eine andere Weise als in der ersten phänomenologischen These der Einleitung darzustellen –, dass in der philosophischen Analyse keine Vorentscheidung darüber gefällt werden darf, wie sich der Philosoph sowohl vom erkenntnistheoretischen als auch vom ontologischen Standpunkt aus betrachtet gegenüber dem Gegenstand seiner Analysen »verhält«. Es darf nicht im Voraus entschieden werden, was als »seiend«, »wahr« usw. angesehen werden kann, bevor es nicht jeglicher Kritik der auf radikale Letztbegründung ausgerichteten Untersuchung widersteht. Unter den verschiedenen metaphysischen Voraussetzungen oder Vorentscheidungen gibt es nun eine, die einen *Vorrang* hat, und zwar eben in der zweifachen, ontologischen und gnoseologischen, Hinsicht – nämlich diejenige, welche auf das Sein der Welt, qua Gesamtheit des Seienden, geht. Laut dieser Voraussetzung ist das Seiende »an sich« gegeben, es existiert unabhängig von und außerhalb jeglicher Bezüglichkeit zum »Sein der Welt«. Husserl wendet nun auf dieses das methodische Grundwerkzeug der »Epoché« an – was einer »Aus-

---

[25] Siehe hierzu die letzten drei Kapitel dieses Essays.

schaltung«, »In-Klammern-Setzung« jeglicher »Seinssetzung« bzw. »Seinsthesis« gleichkommt. In einem ersten Schritt gilt es somit, das vermeintlich fest und an sich Seiende gleichsam in einen ontologischen Schwebezustand zu versetzen, um auf diese Weise einen *voraussetzungslosen* Zugang zum Erscheinenden möglich zu machen.

Husserl bleibt hierbei aber nicht stehen. Für ihn ist die Eröffnung dieses »Schwebe«-Zustands nicht von einem zweiten Schritt zu trennen – nämlich dem Gewahrwerden, dass diese radikale In-Klammern-Setzung jeder Seinssetzung die Perspektive ursprünglicher Bezüglichkeit eröffnet. Dieses Verfahren macht die phänomenologische Reduktion aus. Die »reductio« muss hierbei als »reconductio«, also als eine »Zurückführung« (auf transzendentale,[26] d. h. Transzendenz erschließende Bezüglichkeit) verstanden werden. Dabei ist – in einem allgemeinen phänomenologischen Rahmen – nicht maßgeblich, wie genau die »Gegenpole« einer solchen Bezüglichkeit selbst auf ihr Sein hin zu fassen sind. Husserl privilegiert dabei das »intentionale Bewusstsein«; andere, wie zum Beispiel Heidegger, verstehen diese ursprüngliche Bezüglichkeit weniger als eine bewusstseinsmäßige denn vielmehr als eine ontologische. Wie gesagt, die inhaltliche Bestimmung ist hier erst einmal zweitrangig, die Rückführung auf *Korrelativität* steht im Vordergrund (was freilich impliziert, dass dem objektiven Korrelat eine in irgendeiner Form »subjektive« Instanz entgegensteht – deren genaue Bestimmung ist dabei eine der Grundaufgaben der phänomenologischen Forschung überhaupt). In der Phänomenologie wird also eine überaus bedeutsame Einsicht Descartes' auf eine reflexiv höhere (nicht rein egologische) Stufe gehoben. Descartes hatte aus und innerhalb seines radikalen hyperbolischen Zweifels das »Ego (cogito)« als »fundamentum inconcussum« (unerschütterlichen Grund) der gewissen Erkenntnis hervorgehen sehen; in der Phänomenologie führt die streng eingehaltene Ausschaltung der Seinsthesis – auf eine parallele, aber wie gesagt radikalisierte Art – auf ursprüngliche Bezüglichkeit zurück.

In Wirklichkeit ist diese Zweiteilung von Epoché qua Seinsausschaltung und Reduktion qua Zurückführung auf die jeden Seinssinn allererst ursprünglich erschließende Bezüglichkeit bei Husserl

---

[26] Die Reduktion kann durchaus auch als Zurückführung auf bzw. Eröffnung von Transzendentalität aufgefasst werden – sie erfüllt damit eine methodologische Brückenfunktion, die dem Transzendentalismus Kants abging.

aber nicht konsequent angelegt. Patočka hat diese Differenzierung explizit herausgestellt, um so eine inhaltlich bedeutsame Unterscheidung auch terminologisch festzuhalten; bei Husserl dagegen fallen beide Bedeutungen häufig zusammen.

In jüngerer Zeit wurde von Marc Richir eine interessante und bemerkenswerte Erweiterung bzw. Vertiefung des Bezugs von Epoché und Reduktion ausgearbeitet. Für ihn hängen auf der systematischen Ebene beide Begriffe noch enger zusammen, als das bei Husserl und Patočka der Fall ist. Die Reduktion fixiere, laut Richir, was die Epoché allererst befreit habe. Die Epoché bestehe nämlich nicht rein negativ in einer Ausschaltung, sondern in einer spezifischen Eröffnung. Sie erschließe die »fließende« Sinndimension im Gegensatz zur scheinbaren Fixiertheit der »realen« Gegenständlichkeiten. Die Reduktion vertiefe dann das eigentümliche »Diesseits«' gegenüber dem Jenseits, das durch jenes Eröffnen des Fließens konstituiert werde.[27] Die Reduktion lasse somit dort eine ganz spezifische Art von »Positivität« sichtbar werden, wo sich sonst alles ins Unendliche zerstreue und zersplittere. Diese Einführung des Begriffs der (transzendental-phänomenologischen) »Positivität« verdeutlicht den engen Bezug von Epoché und Reduktion: Die Epoché »transzendiere« die Positivität, um aufscheinen zu lassen, was sie »schwingen«, »vibrieren«, »blinken« lässt; die Reduktion nehme dann die Positivität (keinesfalls des real Objektiven, sondern des genuin »Phänomenologischen«, das Heidegger das »Unscheinbare« genannt hatte) gewissermaßen auf sich, um so die Sphäre des Diesseits, die eben genau die des Phänomenologischen ist, zugänglich zu machen.

Die eidetische Variation. Wenn man es, wie aus Husserls Kritik des Psychologismus ja bereits hervorging, in der Phänomenologie nicht mit psychisch-realem Seienden zu tun hat, sondern für das phänomenologisch zu Untersuchende je eine Form von »Wesensmäßigkeit« (oder »Eidetizität«) veranschlagen kann oder muss, dann ist es notwendig, letztere auch in aller Klarheit aufzuweisen. Zu diesem Zweck entwickelt Husserl einen eigenen methodischen Ansatz.

---

[27] Zu diesem »Diesseits« muss hier – wie auch für alles Folgende – betont werden, dass es sich dabei nicht um eine Dimension *seitens des Subjekts*, sondern um jene, *die der Subjekt-Objekt-Spaltung* VORAUSLIEGT, handelt. Die »Diesseitigkeit« redet somit nicht einem *Subjektivismus* das Wort, sondern siedelt sich von vornherein im *anonymen*, präobjektiven *und* präsubjektiven phänomenologischen Forschungsfeld.

Dieser hat die Besonderheit, nicht jedes Mal ausdrücklich vollzogen werden zu müssen, sondern in der phänomenologischen Analyse lediglich *implizit* hineinzuspielen (obzwar er, wenn dies verlangt würde, sich freilich immer auch ausweisen ließe).

In der Bestimmung des Eidos und der ihm nicht nur zugrundeliegenden, sondern es selbst schlechthin ausmachenden eidetischen Variation sind zwei Gesichtspunkte entscheidend. Zunächst muss der Rahmen dieser Methodik vorgestellt werden, um von da aus in einem zweiten Schritt das eigentliche Wesen des Eidos erläutern zu können.

Für die Bestimmung des wesenhaften Charakters des in der phänomenologischen Analyse jeweils Erschlossenen ist es nicht möglich, sich das entsprechende Phänomen einfach vorzunehmen und seine Wesenhaftigkeit rein deskriptiv und direkt offenzulegen. Seine Eidetizität lässt sich vielmehr nur dann aufweisen, wenn deutlich gemacht wird, dass sie sich je schon in einer dynamisch-funktionalen Bewegung der Variation von »Vorbildern« und »Nachbildern« hält. Husserl bezeichnet diese Dynamik als »die Gestaltung irgendeiner erfahrenen oder phantasierten Gegenständlichkeit zu einer Variante«, »ihre Gestaltung in die Form [...] des leitenden ›Vorbildes‹«, »des Ausgangsgliedes für eine offen endlose[28] Mannigfaltigkeit von Varianten, kurzweg eine Variation«.[29] Dieses Verfahren – von dem bereits hier deutlich wird, dass es kein von außen angewandtes, sondern ein inniglich selbstgestaltendes ist – wird dadurch gerechtfertigt, dass der *Notwendigkeits*charakter des Eidos einsichtigerweise nicht einfach nur assertorisch behauptet werden kann, weil ja schließlich aus einer reinen Behauptung keine Notwendigkeit zu folgen vermag. Diesen Ansatz, diese methodologische Grundprozedur der Phänomenologie nennt Husserl die »eidetische Variation«, deren Hauptaspekte (mit der ihr zugehörigen »Ideation« bzw. »Ideenschau«) in folgendem engen Zusammenhang stehen:[30]

---

[28] Hierdurch wird begreiflich, warum das Eidos somit als »offenes« »endloses« Wesen (vgl. L. Tengelyi, *Welt und Unendlichkeit*, Freiburg/München, Alber, 2014, S. 545) verstanden werden muss – was natürlich einen wesentlichen Unterschied etwa zur Eidos-Konzeption des klassischen Platonismus ausmacht. Dies wird gleich ausführlicher entwickelt werden.
[29] E. Husserl, *Phänomenologische Psychologie*, Husserliana IX, S. 76.
[30] Der einschlägigste, unzweifelhaft aus Husserls Feder stammende Textentwurf, der die vielleicht fruchtbarsten Hinweise auf die eidetische Variation enthält, ist der § 9 der soeben zitierten Vorlesung vom Sommersemester 1925

Die phänomenologische Methode 55

1. Durch Phantasieleistungen werden zunächst, ausgehend von einem »Vorbild«, »Nachbilder« »gewonnen«. Dieses »Gewinnen« hält sich in der bemerkenswerten Spannung zwischen aktivem Erzeugen und passivem Erschauen – genau hierin bestehen diese genuinen *Phantasie*leistungen (die an Fichtes »schwebende« Einbildungskraft erinnern).

2. Hierbei wird nun deutlich, dass in der Variation durch die Varianten *in Notwendigkeit* (dazu gleich noch mehr) eine Invariante hindurchgeht. Das hierbei angewandte Verfahren nennt Husserl auch »Ideation«. Ihr gehört die »Ideenschau« wesenhaft zu, wobei diese, wie gesagt, nicht in einem unbeteiligten, lediglich passiven Vernehmen besteht.

3. Dabei spielen nun zwei Korrelationsverhältnisse hinein. Zunächst gründet sich das so gewonnene Eidos auf die Variation eines *beliebigen Faktums*: Diese Beliebigkeit ist hierfür eine unabdingbare Voraussetzung, da sich nur so die Wesenhaftigkeit des Eidos erschauen lässt – denn ohne diese Beliebigkeit[31] wäre das Eidos ja sonst an die Faktizität jenes Faktums gebunden. Somit gibt es hier zwar eine (erste) fundamentale Korrelation[32] von Variante und Invariante, von Faktum und Eidos. Diese Korrelation bedeutet aber nicht, dass das Eidos vom ontologischen Standpunkt aus betrachtet (s. u.) von irgendeiner real-empirischen Faktizität abhinge. Das ist ein subtiler Punkt in Husserls Lehre der eidetischen Variation, denn er deutet auf eine Form von »Faktizität« hin, die insofern von jener der Vorgegebenheit eines real Seienden unterschieden werden muss, als sie eben dem genuin phänomenologischen Feld zugehörig ist. Sodann ergibt sich hieraus noch eine andere Art der Korrelation, die eng mit der vorherigen zusammenhängt, nämlich die von Einheit und (offener) Mannigfaltigkeit. Diese Korrelation hat nun das Besondere, dass sie durch eine »überschiebende Deckung« ausgezeichnet ist. Auch hier stehen sich also Einheit und Mannigfaltigkeit nicht statisch gegenüber. Vielmehr treten beide *dynamisch* in eine »synthetische Ein-

---

»Phänomenologische Psychologie« (*Husserliana IX*, S. 72–87). Ebenfalls heranzuziehen sind die oft zitierten Paragraphen 86–89 aus dem Band *Erfahrung und Urteil* (1939), den L. Landgrebe nach Husserls Tod herausgegeben hat.
[31] Ferner bringt diese Beliebigkeit über diesen wesentlichen Aspekt hinaus noch zum Ausdruck, dass das Fassen der Invariante in der Variation nicht die *tatsächliche* Erzeugung aller *unendlichen* Varianten zur Voraussetzung hat.
[32] Vgl. *Phänomenologische Psychologie, Husserliana IX*, S. 75, Z. 22.

heit«, in der die Variante *als Variante* (in offener Mannigfaltigkeit) und das Kongruierende *als Selbiges* (qua Einheit) erscheint. Hierbei ist das Bewusstsein und -halten der Mannigfaltigkeit genauso eine Voraussetzung für das »Gewinnen« des Eidos, wie das etwa auch in der Fremdwahrnehmung der Fall ist, wo ja die Wahrnehmung des Anderen je nur auf der Grundlage des Bewusstseins der Eigenleiblichkeit möglich ist. In beiden Korrelationsverhältnissen stützt sich also das mögliche Gewinnen des Eidos je auf dessen Korrelat – sei es nun das Faktum oder eben die Mannigfaltigkeit.

4. Von hier aus kann nun der Status des Eidos in voller Klarheit bestimmt werden. Dieses ist kein allgemeiner Begriff, sondern ein »Gesetz der Notwendigkeit«.[33] Hierdurch wird sowohl die innere Gesetzlichkeit der Notwendigkeit als auch der Notwendigkeitscharakter dieses Gesetzes selbst zum Ausdruck gebracht. Und damit ist ebenso gemeint, dass die Ideation *nicht auf eine Begriffsabstraktion* zurückgeführt werden kann. Der Unterschied besteht dabei darin, dass die begriffliche Abstraktion statisch Allgemein-Begriffliches von vorgegebenem Individuell-Realen gleichsam bloß ablöst (und dieses nicht weiter berührt), während die eidetische Variation gewissermaßen die Notwendigkeit in die Kontingenz des Vorbildes hineinbringt[34] (was natürlich an Kants Erkenntnisbestimmung erinnert, wonach »wir von den Dingen nur das a priori erkennen, was wir selbst in sie legen«,[35] mit dem Unterschied allerdings, dass Husserl das Eidos eben nicht auf eine bloß erkenntnistheoretische Funktion beschränkt). Die eidetische Variation darf somit nicht mit dem Verfahren verwechselt werden, das gemeinsame Eigenschaften aus etwas Vorgegebenem herausklaubt und diese dem individuell-real Gegebenen abstrakt gegenüberstellt. Sie hat vielmehr einen dynamischen Charakter, der für das Verständnis des Status der phänomenologischen Notwendigkeit ganz wesentlich ist.

Hieraus folgt, dass das Eidos nicht als eine (begriffliche) Einheit gegenüber einer Vielfalt von Einzeldingen verstanden werden darf – auch wenn es sich freilich »vereinzelt«. Eine solche Bestimmung einer abgetrennten idealen Einheit traf (und trifft) auf die klassische

---

[33] *Phänomenologische Psychologie, Husserliana IX*, S. 76.
[34] Siehe hierzu Thomas Arnold, *Phänomenologie als Platonismus: Zu den Platonischen Wesensmomenten der Philosophie Edmund Husserls*, Berlin, De Gruyter, 2017, Abschnitt E und insbesondere S. 260–264.
[35] I. Kant, *Kritik der reinen Vernunft*, B XVIII.

Auffassung des Wesens als *Allgemeinem* zu, nicht aber auf das phänomenologisch verstandene Eidos. Dieses kann nur dann adäquat gefasst werden, wenn eingesehen wird, dass hier eine unendliche Variation »als Untergrund«[36] fungiert. Die Variation ist somit, wie oben bereits angedeutet, nicht in dem Sinne eine Methode, als sie vom Phänomenologen gleichsam von außen auf das zu gewinnende Eidos appliziert würde, sondern ein eidos-inhärentes methodisches Verfahren, das eben die Voraussetzung dafür liefert, das Eidos von einem Allgemeinbegriff zu unterscheiden. Allgemeines kann es je nur auf der Grundlage des so verstandenen Eidos geben, genauer: Das Eidos hält sich je in jedem Allgemeinen, sofern dieses ein Allgemeines *von* vielfältigem Einzelnen ist. Oder einfacher ausgedrückt: Das Eidos ist *nicht* das Allgemeine, sondern stellt einen dritten Begriff dar, der Allgemeines und mannigfaltiges Einzelnes miteinander vermittelt. – Dies vervollständigt die Beschreibung der eben auseinandergelegten zweifachen Korrelation.

5. Im Kapitel II des dritten Abschnitts von *Erfahrung und Urteil* wird dieser letzte Punkt noch ausführlicher behandelt.[37] Husserl erläutert hier auf eine etwas andere Art und Weise, weshalb die nicht reduzierbare *Beliebigkeit* (d. h. *Kontingenz*) des Vorbilds und die Tatsache, dass die Mannigfaltigkeit der »Nachgestaltungen« durch eine notwendige *Einheit* – eine »Invarianz« als »notwendige und allgemeine Form« jeglicher individuellen Objektität – durchzogen wird, zusammengedacht werden müssen. Er macht hierbei auf die besondere Rolle des »Blicks«, d. h. der Ideenschau aufmerksam, durch welche(n) das universelle Wesen gegeben wird: Dieses »stellt sich heraus als das, ohne was ein Gegenstand dieser Art nicht gedacht werden kann, d. h. ohne was er nicht anschaulich als ein solcher phantasiert werden kann. Dieses allgemeine Wesen ist das Eidos, die *idea* im platonischen Sinne, aber rein gefasst und frei von allen metaphysischen Interpretationen, also genau so genommen, wie es in der auf solchem Wege entspringenden Ideenschau uns unmittelbar intuitiv zur Gegebenheit kommt«.[38] Die Beliebigkeit des Vorbildes[39]

---

[36] *Phänomenologische Psychologie*, Husserliana IX, S. 79.
[37] Es bedient sich sonst aber ähnlicher Formulierungen wie jener aus der Vorlesung von 1925, was auch gleich in einigen Zitaten deutlich werden wird.
[38] E. Husserl, *Erfahrung und Urteil*, Hamburg, Meiner, 1985, S. 411.
[39] In den Unterparagraphen a) und b) des § 87 unterstreicht Husserl, dass die Beliebigkeit der »Varianten« auch eine solche der »Variationen« ist.

ist für die Unterscheidung von Wesen und Faktualität (vgl. oben das erste Korrelationsverhältnis) wie auch für die Gegebenheit einer »›offen unendlichen‹ Mannigfaltigkeit«[40] unabdingbar. Zugleich ist aber eben auch diese *ideale Einheit* gegeben, deren Möglichkeitsbedingungen jetzt nachgegangen werden muss.

Wie konstituiert sich nun also das Wesen, das Eidos? Das Wesen, so behauptet Husserl erneut, gründet sich »auf das Fundament des sich konstituierenden offenen Prozesses der Variation mit den wirklich in die Anschauung tretenden Varianten«.[41] Zwei Punkte sind hierbei hervorzuheben. Erstens leitet uns in der Variation die »reine Phantasie«.[42] Und zweitens führt diese Fundierung nicht auf die *Zweiheit* Tatsache/Eidos, Individuum/allgemeine Wesenheit, sondern auf eine *Dreiheit*. Über diese beiden Begriffe hinaus stellt Husserl nämlich noch einen dritten heraus, der eine »synthetische Einheit« beider konstituiert:

Bei diesem Übergang von Nachbild zu Nachbild, von Ähnlichem zu Ähnlichem kommen alle die beliebigen Einzelheiten in der Folge ihres Auftretens zu überschiebender Deckung und treten rein passiv in eine synthetische Einheit, in der sie alle als Abwandlungen voneinander erscheinen, und dann weiter als beliebige Folgen von Einzelheiten, in denen sich dasselbe Allgemeine als Eidos vereinzelt. Erst in dieser fortlaufenden Deckung kongruiert ein *Selbiges*, das nun rein für sich herausgeschaut werden kann. Das heißt, es ist als solches *passiv vorkonstituiert*, und die Erschauung des Eidos beruht in der *aktiven schauenden Erfassung* des so Vorkonstituierten [...].[43]

Dieser dritte Begriff, dieses »Selbige«, diese »synthetische Einheit« ist also *passiv vorkonstituiert*. Die Klarstellung dieser passiven Vorkonstitution stützt sich auf einen entscheidenden Begriff, dank welchem die Ausarbeitungen in *Erfahrung und Urteil* jene aus der Vorlesung von 1925 verdeutlichen und präzisieren:

Was [...] als *Einheit im Widerstreit* erschaut wird, ist *kein Individuum*, sondern eine konkrete Zwittereinheit sich wechselseitig aufhebender,

---

[40] *Erfahrung und Urteil*, S. 413.
[41] Ebd.
[42] Ebd., S. 411.
[43] Ebd., S. 414.

Die phänomenologische Methode 59

sich koexistenzial ausschließender Individuen: ein eigenes Bewusstsein mit einem eigenen konkreten Inhalt, dessen Korrelat konkrete Einheit im Widerstreit, in der Unverträglichkeit heißt.[44]

Diese »*Zwittereinheit*« ist das Glied, welches das Eidos mit dem Allgemeinen einerseits und dem mannigfaltigen Einzelnen andererseits verbindet. Es kommen hier also in der Tat drei Begriffe ins Spiel, die in einem gleichsam schwebenden Verhältnis zueinander stehen: das Allgemeine, die mannigfaltigen Einzelnen und die »Zwittereinheit« – die eine Einheit der »Kongruenz« und der »Differenz«[45] ist und inniglich das Eidos konstituiert.

6. Wenn das Eidos nun in der Tat keine allgemeine Bestimmung des Realen im Gegensatz zu individuellen Trägern des Realen, sondern eine reine, beliebige *Phantasiemöglichkeit* ist, dann impliziert das laut Husserl, dass hierbei die Bindung an die vorgegebene Wirklichkeit unterbunden wird. Die eidetische Variation hat somit – und das führt den obigen dritten Punkt fort – für das phänomenologische Feld eine *ontologische* Relevanz: Sie gestattet es, das phänomenologische Feld, das ja durch die Epoché von jedem *vorgegebenen* Sein entkoppelt wurde, ontologisch so auszulegen, dass der hier relevante Seinsbegriff kein reales Sein voraussetzt.

7. Das Eidos ist schließlich keine »Idee« im Sinne des Platonismus, sondern, wie gesehen, »frei von allen metaphysischen Interpretationen«.[46] »Platonismus« meint hierbei, dass die Idee eine eigenständige Seinsform besäße, die sich vom empirisch-realen Sein abhobe. Genau diese Inanspruchnahme einer genuinen Seinsform des Eidos *bestreitet* Husserl nun aber. Das ändert jedoch nichts daran, dass er der Auffassung ist, Platon selbst (der also streng vom »Platonismus« unterschieden werden muss) habe im Begriff der »Idea« oder des »Eidos« bereits das gefasst, was er eben seinerseits als »Eidos« bezeichnet.

Phänomenologische Deskription. In seinen Erläuterungen der phänomenologischen Verfahrensweise betont Husserl zumeist, dass die Phänomenologie *deskriptiv* verfahre. Was ist das Eigene der phä-

---

[44] *Erfahrung und Urteil*, S. 417.
[45] Ebd., S. 418.
[46] *Phänomenologische Psychologie, Husserliana IX*, S. 73 und *Erfahrung und Urteil*, S. 411.

nomenologischen Deskription, und worin unterscheidet sie sich von herkömmlichen Beschreibungen?

Diese Unterscheidung betrifft in erster Linie die *kritische* Dimension der Phänomenologie. Die Phänomenologie ist die aufmerksamste Jägerin aller Form von Naivität – und sie stellt dabei auch in der Tat mehrere Arten von Naivität heraus. Die niedrigste Form von Naivität betrifft den Glauben an das An-sich-Sein des gegebenen Seienden, der bereits durch die Epoché offengelegt und hierdurch auch vermieden wird. Sie muss sich dann in ihren intentionalen Analysen an das phänomenal Erscheinende halten, das in »Wesensdeskriptionen« erschlossen wird. Hier wird zunächst ebenfalls »naiv« verfahren (Husserl spricht auf dieser ersten Stufe von einer »naiv-gerade[n] Phänomenologie«[47]), bis dann in einem Folgeschritt eine »Theorie und Kritik der phänomenologischen Vernunft«[48] geleistet wird, die sich ihrerseits durch »höhere Deskriptionen«[49] vervollständigen lässt, dank derer die Naivität dann vollkommen beseitigt wird. Jene »Naivität« auf der ersten Stufe phänomenologischer Deskription wird von Husserl als eine »transzendentale Naivität«[50] bezeichnet. Sie betrifft das unendliche Forschungsfeld der »transzendentalen Subjektivität« *vor jeglicher apodiktischen Kritik*, also bevor diese von einer Erkenntnis aus »absoluter und allseitiger Rechtfertigung geleitet«[51] wird. Sie unterscheidet sich von der Naivität in der natürlichen, »geradehin« orientierten Einstellung dadurch, dass letztere sich in ihrem Gegenstand, dessen An-sich-Sein von ihr (wie gesagt) angenommen wird, verliert.

Wie lässt sich nun der Übergang von der einen zur anderen Stufe bewerkstelligen, um jene Naivität bloßzustellen?

Der erste wichtige Punkt in der Kennzeichnung der phänomenologischen Deskription betrifft die Tatsache, dass sie die *intentionalen Implikationen*, die in jedem intentionalen Bezug implizit enthalten sind, hervorkehrt. Die intentionale Analyse geht von aktuellen intentionalen Erlebnissen aus. Aber jede Aktualität impliziert ihre Potentialitäten. Jede gegenwärtige Gegebenheit oder »Präsenz«

---

[47] E. Husserl, *Erste Philosophie* (zweiter Teil), *Husserliana VIII*, Beilage XXIX (1923), S. 478.
[48] Ebd.
[49] Ebd.
[50] *Erste Philosophie* (zweiter Teil), *Husserliana VIII*, S. 170.
[51] Ebd., S. 171.

Die phänomenologische Methode 61

bedeutet zugleich eine Mitgegenwärtigkeit oder »Kopräsenz« von Horizontalitäten, die ebenfalls gegeben sind, auch wenn sie nicht explizit gemeint sein können. Diese Horizontalitäten sind gegenüber der aktuellen Präsenz »überschüssig«: Das Kopräsente geht je wesenhaft über das aktuell Gegebene hinaus. Diese mitgegenwärtigen Horizonte sind keine »leeren Möglichkeiten«, sondern sie schreiben bereits verwirklichte oder zu verwirklichende Möglichkeiten vor. Diese werden von Husserl als »Potentialitäten« bezeichnet, die je solche eines »Ich kann« oder »Ich tue« sind. Keine intentionale Vermeinung kann somit von solchen Potentialitäten abgelöst werden, *jeder intentionale Bezug impliziert vielmehr stets einen Horizont von Potentialitäten.*

Hinzu kommt, dass die Bewusstseinsgegenstände nicht gleichsam von außen ins Bewusstsein gelangen, sondern darin »als Sinn«, d. h. als »intentionale Leistung der Bewusstseinssynthesis«[52] enthalten sind. Der intentionale Gegenstand wird niemals als etwas endgültig Gegebenes vorgestellt. Er kann vielmehr nur dank einer Explizit-Machung der aktuellen und potentiellen, dabei aber je offenen Horizonte, die der transzendentalen Subjektivität angehören, herausgestellt werden. Die Horizontintentionalität ist in der Tat ein wesentlicher Faktor für die Sinnkonstitution des intentionalen Gegenstands, da dieser Sinn nie ganz, sondern immer nur »implizit« vermeint wird, was dessen Entfaltung in *anderen* intentionalen Erfahrungen notwendig macht. Die phänomenologische Deskription enthüllt somit die intentionalen Implikationen, die der Phänomenologe in der Sinnanalyse der intentionalen Leistungen herausstellen muss.

Hierbei ist die *Anschauung* (bzw. die anschauliche *Evidenz*) von zentraler Bedeutung – und das ist über die Horizonthaftigkeit der Potentialitäten und der darin enthaltenen Sinn- und Wesensbeschreibung der dritte entscheidende Aspekt der phänomenologischen Deskription.[53] Diese ist in der Tat nur dann gültig, wenn das zu Beschreibende in evidenter Anschauung gegeben werden kann. Für Husserl bedeutet das, dass die Analyse nicht nur auf ihren Gegenstand »schaut«, sondern dass die Anschauung ausweisenden Cha-

---

[52] E. Husserl, *Cartesianische Meditationen, Husserliana I*, S. 80.
[53] Fink geht sogar so weit zu behaupten, Evidenz sei »der Titel für das *zentrale* Problem der Phänomenologie Husserls«, »Das Problem der Phänomenologie Edmund Husserls«, S. 202.

rakter hat und Evidenz verleiht. Hierauf fußt Husserls »Prinzip *aller* Prinzipien«, das im § 24 von *Ideen I* zum Ausdruck kommt. Ihm zufolge muss jede »Tatsache«, auf die sich unsere Erkenntnis bezieht, begründet werden, und zwar so, dass »jede originär gebende Anschauung« hierbei »eine Rechtsquelle der Erkenntnis«[54] sei.

Phänomenologische Konstruktion. Dass die Phänomenologie eine *Transzendental*philosophie ist, äußert sich auf die konsequenteste Art und Weise dadurch, dass ihre transzendentale Dimension auch *konstruktive* Aspekte in der methodischen Verfahrensweise offenbart. Dies allein ermöglicht es, die transzendentale Kritik zum Abschluss zu bringen und den letzten Rest von »transzendentaler Naivität« abzulegen. Dabei wird auch jenes »Prinzip aller Prinzipien« erweitert, wenn nicht gar letztlich in Frage gestellt.[55]

Wenn also die phänomenologische Deskription und dabei insbesondere die phänomenologische Reduktion die »phänomenologische Fundamentalmethode«[56] ausmacht, heißt das nicht, dass sie sich hierbei auf die Freilegung des Erfahrungsfeldes der transzendentalen Subjektivität und der entsprechenden intentionalen Implikationen beschränkte. Es ist nämlich so, dass dieser Begriff einer »Freilegung« implizit auf grundlegende Charakteristiken der phänomenologischen Methode verweist, derer sich Husserl erst in den (späten) 1920er Jahren voll bewusst geworden ist. Näher betrachtet gilt, dass, wenn die *deskriptive* phänomenologische Analyse (in ihrem eidetischen Rahmen) für die Herausstellung der »reell-immanenten« Gehalte des »immanenten Bewusstseins« zwar hilfreich und notwendig ist, sie sich dennoch als ungenügend erweist, wenn es darum geht, auf die Ebene der *letzturspünglich konstituierenden Phänomene* hinabzusteigen. In der Tat ist das Feld der transzendentalen Subjektivität nicht *bloß* »gegeben«, »präsent«, »gegenwärtig«, so dass eine Deskription *hinreichte*, deren strukturelle Momente (seien diese auch nur implizit beschreibbar) herauszustellen, sondern es verlangt nach einer Beseitigung der sie verdeckenden Hindernisse – eine »dekonstruktive« Arbeit, die auf das verweist, was

---

[54] E. Husserl, *Ideen zu einer reinen Phänomenologie und phänomenologischen Philosophie, Husserliana III/1*, S. 51. Auf dieses »Prinzip aller Prinzipien« komme ich in Kapitel III ausführlich zurück.
[55] Hierzu mehr in Kapitel IV.
[56] *Cartesianische Meditationen, Husserliana I*, S. 61.

Die phänomenologische Methode 63

Husserl eine »Abbaureduktion«[57] nennt, und dem hier ein positives Gegenstück entspricht, nämlich eine phänomenologische »Konstruktion«. Diese ist weder eine metaphysische noch eine hypothetisch-deduktive Konstruktion und weist auch nicht lediglich »Bedingungen der Möglichkeit« der Erfahrung auf, sondern sie stellt den Gegenstand der Untersuchung jeweils in die Spannung von phänomenal Gegebenem und phänomenologisch zu Konstruierendem, was durch eine »konstruktive Anschauung«[58] innerhalb der angesprochenen »transzendentalen Erfahrung« gewährleistet wird. Das heißt nicht (bloß), wie das bei den ersten Vertretern der Klassischen Deutschen Philosophie der Fall war, dass es eine tatsächliche Erfahrung des Transzendentalen gibt, sondern dass die Erfahrung, von der in der Phänomenologie die Rede ist, selbst transzendentale Strukturen aufweist.

Phänomenologisch konstruiert wird je dann, wenn die phänomenologische Deskription an ihre Grenzen stößt, wenn anschauliche Evidenz nicht zwischen verschiedenen faktisch sich darstellenden »Grenzfakten« eine Ent-scheidung zu treffen vermag. Zwei Beispiele mögen das veranschaulichen: Ist die ursprüngliche Zeitlichkeit »objektiv«? Ist sie »subjektiv«? Oder gehört sie einer »präobjektiven« bzw. »präsubjektiven« Dimension an? Andere Frage: Ist das phänomenologische Ich solipsistisch, also rein egologisch, oder ist es intersubjektiv konstituiert? Nur die konstruktive Analyse der ursprünglich konstituierenden Phänomene kann hier in der Tat Licht ins Dunkel bringen. In der Phänomenologie konstruieren heißt somit, in einer Zickzack-Bewegung von jenen Grenzfakten hinabzusteigen in die zu konstruierende Dimension dessen, was diese Fakten erklären kann, wobei man sich immer an diese Fakten zu halten hat – sie ist keine fiktive, sondern eine je an das zu Konstruierende sich haltende Konstruktion. Somit wird also klar, was den Husserl'schen transzendentalen Idealismus vom Kant'schen unterscheidet: Dank der phänomenologischen Konstruktion unternimmt ersterer, die Er-

---

[57] Die von Husserl im § 44 der fünften der *Cartesianischen Meditationen* entwickelte »primordiale Reduktion« ist ein gutes Beispiel für eine solche »Abbaureduktion«. Vgl. das Manuskript C 17, *Späte Texte über Zeitkonstitution (1929–1934). Die C-Manuskripte, Husserliana Materialien*, Band VIII, D. Lohmar (Hg.), Springer, 2006, S. 394 f.
[58] E. Fink, *Phänomenologische Werkstatt* (Band 1). *Die Doktorarbeit und erste Assistenzjahre bei Husserl*, R. Bruzina (Hg.), Freiburg/München, Alber, 2006, S. 259.

kenntnis zu legitimieren – weswegen in einer konstruktiven Phänomenologie die Begriffe des Phänomens und der Erkenntnislegitimation und -begründung zusammen gedacht werden müssen.[59]

Soviel also zu den klassischen Begriffen der phänomenologischen Methode, wie Husserl sie in seinen programmatischen Schriften an zahlreichen Stellen eingeführt und entwickelt hat. Es wird in der Folge deutlich werden, dass diese Methodenkonzeption ihre Grenzen hat. Einerseits wird das von Husserl selbst (an)erkannt (siehe Kapitel IV), andererseits sind bei ihm auch bereits Vertiefungen angelegt, die z.T. über seine eigenen Ausführungen hinausgehen (siehe hierzu wiederum Kapitel IV und insbesondere Kapitel V und VI). Auf das Verhältnis der Husserl'schen *Phänomenologie* zur Heidegger'schen *Hermeneutik* kann in diesem begrenzten Rahmen nicht im Detail eingegangen werden – mit einer wichtigen Ausnahme: nämlich dem Wesen und Status des *Verstehens*begriffs. Dieser soll im Mittelpunkt des nächsten Kapitels stehen, bevor dann in Kapitel IV gezeigt werden kann, dass Husserls letzte programmatische Schrift ihn auch für die transzendentale Phänomenologie selbst nutzbar gemacht hat.

---

[59] Zur näheren Bestimmung der »phänomenologischen Konstruktion« siehe v. Vf. *Wirklichkeitsbilder*, Tübingen, Mohr Siebeck, 2015, S. 37 ff. Im dritten Kapitel wird dieser Begriff noch weiter vertieft.

Kapitel II
Phänomenologische Ansätze einer Theorie des Verstehens

Wenn davon die Rede ist, dass Husserl und Heidegger die »Gründerväter« der Phänomenologie[1] seien und entscheidende Impulse für die Ausbildung der phänomenologischen Methode gegeben haben,[2] dann muss dabei natürlich mit in Betracht gezogen werden, welche Unterschiede und Divergenzen zwischen dem Intentionalanalytiker Husserl, einerseits, und dem Daseinsanalytiker, bzw. Denker des Seins und der Seinsgeschichte Heidegger, andererseits, bestehen. Die Hauptfrage dabei ist, inwiefern Husserls transzendentalphänomenologischer Ansatz, der die Phänomenologie als »strenge Wissenschaft« versteht und auf radikale Erkenntnislegitimation aus ist, mit Heideggers hermeneutischem Ansatz, der die Erkenntnisfrage der Seinsfrage unterordnet, vereinbar ist. Es wird in Kapitel IV gezeigt werden, dass Husserls Standpunkt bezüglich des Status von »Erkenntnis« und »Verstehen« in seinem letzten Hauptwerk, der *Krisis*-Schrift, Heidegger gleichwohl weit nähersteht, als das für seine Frühwerke gilt, und dass dies dann auch, wie schon gesagt, für die transzendentale Phänomenologie von enormer Tragweite ist. Um das eingehender auseinanderlegen zu können, soll die phänomenologische Methode nun noch explizit um den Begriff des *Verstehens* erweitert werden. Die Überlegungen des vorliegenden Kapitels werden daher Ansätze zu einer phänomenologischen Theorie des Verstehens zu liefern versuchen, deren Einsichten dann auch für die

---

[1] Laut Gadamers Zeugnis pflegte Husserl Anfang der zwanziger Jahre zu sagen: »Die Phänomenologie – das sind ich und Heidegger.«, H.-G. Gadamer, »Martin Heidegger 75 Jahre (1964)«, in ders., *Gesammelte Werke*, Band 3, Tübingen, Mohr Siebeck, 1987, S. 188.
[2] Das ist zwar völlig gerechtfertigt, schmälert aber auch z. Bsp. die Rolle eines Max Scheler innerhalb der Frühentwicklung der Phänomenologie.

daraufhin abzuhandelnden Probleme von Bedeutung sein werden. Was heißt also »Verstehen«?

In der Bezugnahme von »verstehen« und »›sich‹ verständigen« kündigt sich von vornherein ein eigentümliches Spannungsverhältnis an – ein solches von »mir«, von mir »*selbst*«, einerseits, und einem »*Anderen*«, zugleich jemand *und* etwas mir gegenüber »*Stehendem*«, andererseits –, in dem »Verstehen« nicht als ein Privatereignis angesehen werden kann, welches sich in unseren Köpfen jeweils individuell abspielt, sondern das »Selbst« und »Anderes« betrifft. Von der Wohlbegründetheit dieser Bezugnahme, die nicht auf eine Vertiefung des Ich-Du-Verhältnisses aus ist, sondern eine originelle Figur der »Andersheit« zeitigt und deren Rolle im Verstehensprozess offenbart, soll dabei Rechenschaft abgelegt werden.

Dieses Spannungsverhältnis ist aber nicht das einzige. Von einem Zitat Husserls (aus der *Krisis*-Schrift) ausgehend, wonach »[a]lle natürlichen Evidenzen, die aller objektiven Wissenschaften (die der formalen Logik und Mathematik nicht ausgenommen), […] in das Reich der ›*Selbstverständlichkeiten*‹ [gehören], [welche] in Wahrheit ihren Hintergrund der *Unverständlichkeit* haben«,[3] soll nämlich auch noch ein zweites Spannungs- bzw. womöglich Bedingungsverhältnis in diesem Verstehens-Begriff angesprochen werden – das zwischen dem »*Selbst*-Verständlichen« und dem eine Form der Negativität einführenden »*Un*verständlichen«. Auch hier ist, wie man sieht, von einem »Selbst« (wenngleich in einem etwas anderen Sinn) die Rede.

Dass eine solche Behandlung der Verstehens-Problematik nach den jahrzehntelangen Diskussionen, welche die Hermeneutik darüber geführt hat, immer noch Sinn macht, lässt sich auf zweierlei Art rechtfertigen. Zum einen ist es nach wie vor so, dass insbesondere in den Geistes- und Kulturwissenschaften nicht überall deutlich genug begründet wird, was einem *Erkenntnis*anspruch in denselben gerecht und in einem angemessenen *Verständnis* davon auch durchsichtig gemacht wird. Beides ist aber absolut wesentlich – und wir stoßen hierbei von Anfang an auf ein grundlegendes Problem: Wenn in den Geistes- und Kulturwissenschaften etwas behauptet wird, was sich nicht als ein bloßes Dahinsagen versteht, sondern

---

[3] E. Husserl, *Die Krisis der europäischen Wissenschaften und die transzendentale Phänomenologie*, Husserliana VI, S. 192.

unseren Erkenntnisrahmen auf irgendeine Art und Weise erweitern soll, dann muss sich ja das solcherart Behauptete (und eine *Form* der »Wahrheit« Beanspruchende) von etwas epistemisch nicht Ausweisbarem, »Falschem« unterscheiden lassen. Und dabei kann man sich nicht damit zufriedengeben, dass aufgrund berechtigter Einsichten »post-strukturalistischer«, »post-moderner« usw. Paradigmen der *Totalitäts*anspruch der Erkenntnis (und des dabei hineinspielenden Verständnisses) nicht mehr eingelöst werden könne. Denn auch solche Einsichten machen ja einen Erkenntnisanspruch – etwa gegenüber den metaphysischen »großen Erzählungen« (den von Lyotard kritisierten »grands récits«) – geltend. Es soll somit von der Phänomenologie aus an die Geistes- und Kulturwissenschaften allgemein die Forderung erhoben werden, aufs Neue die Frage nach Sinn und Möglichkeit des Erkennens und Verstehens überhaupt zu stellen – und zwar schlicht und einfach deshalb, weil es nötig ist, im Wirrwarr der Diskurse nicht die Orientierung zu verlieren und sich eines – sei es auch nur filigranen – Horizonts zu versichern, der eine kritische, denkerische Haltung überhaupt erst möglich macht.

Die angesprochene Rechtfertigung ist aber auch innerhalb der Philosophie selbst zu leisten. Zu stark sind die Vorbehalte gegenüber dem Begriff einer »transzendentalen« Perspektive, also einer solchen, die noch einmal nach den Möglichkeitsbedingungen des Erkennens fragt – und zwar deshalb, weil gemeinhin angenommen wird, dass eine solche Frage nur so beantwortet werden kann, wie das in den klassischen Formen der Transzendentalphilosophie der Fall war: nämlich durch ein transzendentales »Subjekt«, das Anspruch auf Letztfundierung hat, somit gewissen Machtparadigmen unterliegt und gegenüber all jenen Errungenschaften der neueren Psychologie, Soziologie, Anthropologie usw., die einen solchen Fundierungsanspruch längst abgewiesen hatten, taub bzw. blind ist. Nun ist aber »Verstehen« freilich (»noch«) kein Erkennen. Und deshalb soll hier *gerade umgekehrt* danach gefragt werden, ob sich die Erkenntnisbedingungen, sofern sie *nicht* mit den Möglichkeitsbedingungen der Naturwissenschaften (und insbesondere der mathematisierten Naturwissenschaften) zusammenfallen, nicht in einen Verstehenshorizont einschreiben, der den Status der genuin philosophischen Erkenntnis zu erhellen vermag.

Was heißt also, noch einmal gefragt, »Verstehen«? Dieser Begriff hat quintessenzielle Bedeutung für eine Disziplin, die zwar bereits vor der Phänomenologie existiert, aber insbesondere durch dieselbe entscheidende, neue Anregungen erhalten hatte – nämlich für die »Hermeneutik«. Hans-Georg Gadamer, ihr bedeutendster Repräsentant im 20. Jahrhundert, hatte bekanntermaßen suggeriert, dass das Verstehen keiner spezifischen Methode unterzuordnen sei. Der folgende Versuch soll dahin gehen, die genuin *phänomenologische* Bedeutung des Verstehens-Begriffs zu betonen – und zwar deshalb, um doch die methodologische Dimension dieses Begriffs hervorzuheben. Dafür muss vorausgeschickt werden, dass der tiefste Sinn des Verstehens offenbar zwei Klippen umschiffen sollte (und dies auch vermag): Verstehen ist einerseits nicht lediglich die subjektiv-psychologische Seite der Medaille, gegenüber welcher die Erkenntnis die objektiv-wissenschaftliche wäre; und Verstehen darf auch nicht lediglich als eine Form des »Angleichens« an ein bereits vorausbestehendes, vorausgesetztes Seiendes aufgefasst werden. Es wird jetzt also eine Konzeption des Verstehens zu entwerfen versucht, die in einem ersten Schritt von Errungenschaften früherer solcher Versuche zehrt, um dann auf zwei weitere Aspekte hinzuweisen, die zwar auch nicht unbekannt sind, aber vielleicht in ihrer Zusammengehörigkeit so noch nicht allzu häufig entwickelt wurden. Was jene früheren Versuche angeht, sind in der neueren Philosophiegeschichte, also seit ca. zwei Jahrhunderten, die interessantesten Theorien oder Konzeptionen des Verstehens jene von Fichte und Heidegger. Aus Gründen inhaltlicher Natur sollen jetzt diese beiden Konzeptionen in umgekehrter zeitlicher Reihenfolge etwas ausführlicher vorgestellt werden.

Zunächst sei also an *Heideggers* Verstehens-Auffassung erinnert, die sich, wie schon oft bemerkt wurde, am Verstehen eines *Textes* orientiert, sich darauf aber nicht reduziert.

Wenn ich etwas verstehe, dann geht das selbstverständlich nicht so zu, dass das zu Verstehende gleichsam von außen in mich einflösse, was mich hierbei in eine rein passive Haltung versetzte; vielmehr bringt »Verstehen« eine bewusstseinsmäßige Tätigkeit ins Spiel, die ein gewissermaßen aktives Sich-Halten zum zu Verstehenden notwendig macht. Dies kann sich insofern »unbewusst« vollziehen, als ich in diesem zu Verstehenden zumeist aufgehe und also meine Aufmerksamkeit nicht auf diese Tätigkeit richte. Welcher Art die Bewusstseinsleistung ist, die hierbei vollzogen wird, wird gleich näher erörtert.

Phänomenologische Ansätze einer Theorie des Verstehens 69

Worin besteht nun genauer jenes – in gewisser Weise aktive – Sich-Verhalten zum zu Verstehenden? Nehmen wir als ganz einfaches Beispiel einen schriftlich oder mündlich ausgedrückten Gedanken, der sich in mehreren Schritten entfaltet. Auf der Grundlage des Entzifferten oder Vernommenen heißt »Verstehen« wesenhaft »*Entwerfen*«. Laut Heidegger ist dieses Entwerfen ein »Sich-Entwerfen auf *Sinn*«. Hierbei ist jedes Wort entscheidend und muss detailliert erläutert werden.

Zunächst stellt sich bei einer Lektüre eines Textes oder dem Vernehmen eines ausgesprochenen Gedankens die Frage, *was* genau verstanden wird – und wie das abläuft. Die Schwierigkeit besteht darin, dass hierfür kein sinnlicher Probierstein herzuhalten vermag. Beim Verstehen wird ja nicht lediglich dieser Buchstabe oder jener Laut »verstanden«, sondern das, worauf er jeweils bedeutend hinweist. Und hier kommt nun der Sinn-Entwurf ins Spiel – ein höchst bedeutungsvolles Vermögen, das den sinnlichen Signifikanten eben mit »Sinn« erfüllt. Das ist aber zweifach bemerkenswert: Denn einerseits ist schon erstaunlich, dass es überhaupt möglich ist, einen solchen Signifikanten mit einem Signifikat zu verbinden; darüber hinaus ist es aber noch auffälliger, dass er auch noch einen *bestimmten* Sinn haben kann, der ihn von anderen Sinnen bzw. Bedeutungen klar abgrenzt.

Wie gesagt: Die Frage ist nun, wie das genau abläuft. Laut Heidegger vollzieht sich das so, dass der Verstehende durch das sinnliche Vernehmen dazu angeleitet bzw. motiviert wird, eine Verständnishypothese zu entwerfen – und zwar in ein unsichtbares »Feld« hinein, das man als »Verständnisfeld« bezeichnen könnte. Dieses »Verständnisfeld« hat zwei grundlegende Eigenschaften: Zum einen ist es ein *hypothetisches* Sinn- oder Bedeutungsfeld, das heißt: die Richtigkeit oder Stimmigkeit der Verständnishypothese steht nicht von vornherein fest, sondern muss sich offenbar allererst erweisen; und zum anderen ist jeder Sinnentwurf je auch ein *Selbst*-Entwurf, das Verständnisfeld besteht also nicht in der »rein« objektiv-sachlichen Bedeutung des zu Verstehenden, sondern es fließt in dasselbe etwas *vom Verstehenden selbst* ein. Gehen wir nun auf diese beiden Punkte etwas ausführlicher ein.

Man könnte meinen, »Verstehen« heiße, die »richtige« ein für alle Male treffende und triftige Bedeutung zu erfassen. Heideggers These ist, dass es eine solche gar nicht gibt. »Verstehen« kann zum Beispiel nicht mit dem Lösen einer Mathematik-Aufgabe gleichgesetzt werden, die zwar unter Umständen mehrere Lösungs*wege* anbietet, aber je nur eine *einzige* Lösung bereithält. Das zu Verstehende ist je nur im *Entwurf* zugänglich und bleibt gewissermaßen auch darin enthalten – wobei es zumeist verdeckt bleibt und daher nicht ins Bewusstsein gelangt. Nehmen wir zur Verdeutlichung ein Beispiel. Was heißt es, Aristoteles' *Metaphysik* zu verstehen? Ohne zunächst auf die Schwierigkeiten einzugehen, welche die Übersetzung des auf Griechisch verfassten Werkes bereitet, kann das »Verstehen« dieses Textes nur bedeuten, dass bei jedem Leseversuch besagte »Verstehenshypothesen« entworfen werden (und entworfen werden *müssen*), die bei jeder erneuten Lektüre und den unaufhörlichen Versuchen, eine Gesamtkohärenz der dort vorliegenden Gedanken zu erfassen, neu angepasst und justiert werden müssen. Dabei bewegen wir uns aber in einem Kreis von *zu bewährenden* und je *neu zu entwerfenden* Verstehenshypothesen – ein Kreis, aus dem wir nicht hinauszugelangen vermögen, weil einfach kein Zugang zur »Bedeutung« an sich möglich ist, und zwar deshalb, weil diese schlicht und einfach nicht existiert! Nun könnte man vielleicht einwenden, dass es eine solche doch durchaus irgendwie geben muss, da Aristoteles zweifellos etwas im Sinn gehabt hat, als er jene Vorlesungsnotizen, aus denen dieses Werk besteht, verfasste. Aber »etwas im Sinn« haben und der Auffassung sein, es gebe eine objektive Bedeutung, die von allen eins zu eins geteilt werden könne, ist keineswegs dasselbe! Das Grundproblem, das sich hier stellt, ist also die Frage, welcher Art das zu Verstehende ist, wenn es einerseits kein objektiv Festes, sondern je Entworfenes ist, andererseits aber der Entwurf ja nicht völlig frei und willkürlich sein kann, sondern der Sinnhaftigkeit des je Vernommenen entsprechen oder zumindest gerecht werden muss.

Die Schwierigkeiten liegen allerdings noch tiefer. Denn wenn man die Dinge so darstellt, wie das gerade geschehen ist, klingt das so, als spiele sich hier alles auf der Ebene der Frage nach der Bedeutung ab (deren Existenzmodus freilich allererst noch präzisiert werden muss) und als wäre insbesondere der *Zugang* dazu bereits geklärt. Aber nicht einmal das ist der Fall. Dies betrifft den bekannten, von Heidegger eingeführten und dann von seinem Schüler Gadamer weiter ausgeführten »hermeneutischen Zirkel«. Dieser bezeichnet folgendes Problem. Die *Metaphysik* von Aristoteles liegt auf Alt-Griechisch vor. So gut man diese tote Sprache auch beherrschen mag, kaum jemand wird wohl behaupten, dass der Sinn des gesamten Textes unmittelbar einsichtig wäre. Dies lässt sich besonders gut an der überwiegenden Mehrheit der Leser illustrieren, die den Originaltext – wenn überhaupt – nur mühsam zu entziffern vermögen. Wenn man – als dem Alt-Griechischen also nur leidlich mächtig – einen Satz aus dieser Sprache vor sich hat, kann man dessen Sinn nur dann verstehen, wenn man ihn in eine Sprache übersetzt, in der einem der Sinn unmittelbar (oder zumindest – ich komme darauf gleich zurück – unmittelbar*er*) zugänglich ist. Aber, und das ist der Clou, um ihn *richtig* (d. h. nicht einfach mechanisch, wie zum Beispiel ein Übersetzungsprogramm) übersetzen zu können, muss man ihn ja bereits verstanden haben. Wie soll man ihn aber verstehen, bevor er übersetzt wurde? Der »hermeneutische Zirkel« bringt genau dieses Sich-im-Kreise-Drehen zum Ausdruck. Und die entscheidende Erkenntnis hierbei ist nun, dass genau dasselbe Problem nicht nur beim Verständnis eines fremdsprachigen Satzes, sondern *generell* besteht – es sei denn, man legt, wie etwa in der Mathematik, von vornherein fest, was wie durch Axiome und Definitionen das »Verständnisfeld« unzweideutig und ein für alle Male bestimmt wird. Aber genau eine solche Axiomatisierung ist eben im Verstehen des Lebens des Geistes und auch des Alltags *nicht* möglich. Und zwar *grundsätzlich* – jeder Versuch in diese Richtung schafft einen künstlichen Rahmen, der dieses Lebendige nicht zu fassen vermag.

Der Sinnentwurf ist aber, wie oben erwähnt, Heidegger zufolge auch ein *Sich*-Entwerfen auf Sinn – und ich komme somit, wie angekündigt, zum Status der bewusstseinsmäßigen Leistungen innerhalb des Verstehensentwurfs. In jedem Verstehen, so seine These, geschieht in gewisser Weise auch ein Sich Auslegen des Selbst. Das soll anhand zweier Bilder verdeutlicht werden. Ein Beispiel könnte der Alterswahrnehmung meiner Mitmenschen entnommen werden. Jeder kennt das: Wenn man sechzehn Jahre alt ist, kommt einem eine fünfunddreißigjährige Person nicht gerade jung vor. Wenn man fünfzig ist, nimmt man jemanden in demselben Alter dagegen durchaus als jung wahr. Ein anderes Beispiel wäre die Projizierung auf eine längere zeitliche Dauer: Für einen jungen Menschen stellen fünf Jahre eine ganz andere Dimension als für einen deutlich Älteren dar. Im Sinnentwurf spielen nun ähnliche – freilich nicht rein psychologische – Momente hinein. Interessant sind dabei Erklärungsversuche unserer erkenntnistheoretischen oder auch politischen Vorlieben. Fichte hatte in einem oft zitierten Satz behauptet, die Philosophie, die man wählt, hänge davon ab, was für ein Mensch man sei. Dabei geht es nicht um den »Charakter« des Einzelnen, sondern um seine

Grundhaltung zur Welt. Ähnliches gilt auch für unsere politischen Überzeugungen. Der französische Philosoph Gilles Deleuze hat hierfür einmal den Verstehenshorizont und das Selbst in Zusammenhang gesetzt. Für ihn ist die Frage nach der politischen Überzeugung die nach der »Sichtweise« (bzw. des »Standpunktes«) – also nach der Art und Weise, wie das »Selbst« die »Welt« betrachtet und sich ihr gegenüber hält. Der »Konservative«, »Rechte«, schaue zunächst auf sich, um von dort konzentrisch zur Familie, zur Gemeinde, zur Nation usw. zu kommen, während der »Progressive«, »Linke«, umgekehrt je von der Gemeinschaft ausgehe und erst ganz am Ende an sein eigenes Empfinden denke. Das mag zwar ziemlich karikiert klingen, und um die Berechtigung einer solchen Sichtweise soll jetzt auch gar nicht gestritten werden – es geht lediglich darum, zu betonen, dass in beiden Fällen das, was Heidegger nun nicht mehr bloß die bewusstseinsmäßige, sondern die *ontologische* Beschaffenheit des menschlichen Daseins und seiner Weltentwürfe genannt hat, unseren Verstehensentwurf in entscheidendem Maße tangiert bzw. »färbt«. Das entscheidend Neue dabei ist, dass Heidegger hier eine Dimension des menschlichen Verstehens aufgedeckt hat, die nicht einfach auf der psychologischen Ebene angesiedelt ist und natürlich auch nicht den Gegenstand betrifft, sondern gleichsam diesseits der erkenntnistheoretischen und der ontologischen Ebene verortet werden muss. Die Frage aber, wie das zugänglich gemacht werden kann, ist ein genuines Arbeitsgebiet der Phänomenologie – dazu gleich mehr.

Fichtes Verstehensauffassung ist anderer Natur, bezieht sich aber gleichwohl in gewisser Weise *auch* auf das soeben Dargelegte. Für ihn kommt Verstehen im Wesentlichen dem *Einsehen*, der *Einsicht* gleich. Dieser Begriff hat mehrere Grundzüge. Einsehen ist stets ein verinnerlichendes Verstehen (»ein-« verweist nämlich einerseits auf »in-«); es ist aber auch ein auf *Ein*heit ausgerichtetes Verstehen (das »ein-« bringt nämlich andererseits in der Tat auch eine Einheit, die einen anderen Wesenszug von Fichtes Verstehensauffassung kennzeichnet, ins Spiel). Das Wichtigste ist aber das *Sehen* im Einsehen, das in einem eigentümlichen Bezug zum Denken steht. Hier kommt Fichtes Bildlehre ins Spiel.

Fichtes Verstehenstheorie ist in der Tat in seiner berühmten Bildtheorie enthalten.[4] Laut dieser spielen im Erkenntnisprozess ver-

---

[4] Die unterschwellige Bedeutung dieser Bildlehre für die Phänomenolo-

schiedene Bildarten oder Typen von Schemata eine entscheidende Rolle. Für unser Problem ist dabei der Gedanke maßgeblich, dass wir uns beim Verstehen stets zuerst ein Bild vom zu Verstehenden machen müssen. Und dieser Bild-Typus hat in Fichtes Augen die Eigenschaft, dass er es ermöglicht, uns einen Begriff von etwas zu machen; einen Begriff also oder ein Bild von dem, was es zu verstehen gilt. Und Begreifen heißt wiederum: etwas *durch* etwas zu begreifen. Ich begreife nicht *direkt, unmittelbar* etwas; unmittelbarer Natur sind allein sinnliche Anschauungen. Im Begriff ist eine *Vermittlung* enthalten, ein »Eins-durchs-Andere« (und umgekehrt). Und das Entscheidende ist nun, dass ab einem gewissen Punkt dieses Bild, das für das Verstehen unabdingbar ist, erkannt wird als mit dem Verstehenden nicht zusammenfallend, gerade und insofern als es ja »nur« ein Bild ist. Damit wir aber eigens »verstehen«, also mit dem zu Verstehenden gleichsam zusammenfallen können, muss das Bild in seinem Bildheitscharakter oder der Begriff in seinem Begriffscharakter *vernichtet* werden. Für Fichte heißt »Verstehen« je die Vernichtung des Begriffs von etwas als eines Begriffs – wobei man sich das nicht so vorstellen darf, dass dann einfach zurückgenommen würde, was zunächst aufgestellt wurde (wodurch man ja keinen Schritt vorangekommen wäre), sondern in dieser Vernichtung geht einem buchstäblich ein Licht auf – es geschieht oder vollzieht sich also die besagte *Einsicht*. Noch einmal: Die Vernichtung des Begriffs bedeutet nicht, dass ich mir etwas vorstelle und diese Vorstellung dann einfach fallenlasse, sondern dass ich zur Einsicht der Nicht-Übereinstimmung von Begriff und zu Begreifendem gelange. Betont werden muss hierbei der genuin *negative* Charakter des Verstehens (über den vielleicht nicht häufig genug nachgedacht wird): Fichte lässt erahnen (allzu explizit äußert er sich hierüber nicht), dass das Verstehen keine positive Bestimmung hat. Das erscheint zunächst durchaus plausibel, denn jedes Mal, wenn ich etwas verstehe, ist das Verstehen *selbst*, der Verstehensvollzug *selbst*, ja in gewisser Weise immer gleich, allein der *Inhalt* (also das Verstandene) ist je ein anderer. Auf einer tieferen Ebene ist das dann aber etwas verzwickter und umso bemerkenswerter: Fichte stellt nämlich heraus, dass dem Verstehen in der Tat eine genuine Negativität eigen ist, dass also darin immer auch die Idee enthalten ist, dass etwas, das als X einsichtig

---

gie – und zwar sowohl in erkenntnistheoretischer als auch in ontologischer Hinsicht – wird in den letzten beiden Kapiteln deutlich werden.

wird, durch die zugrundeliegende Einsicht, dass es nicht Y ist, ermöglicht wird. Im verstehenden Einsehen geht also etwas auf – und zwar immer so, dass dabei auch etwas zugrunde geht.

Während Heidegger also den unhintergehbaren *Entwurfscharakter* des Verstehens betont, geht es Fichte darum, das Moment des auf ein Zugrundegehen gegründeten *Einleuchtens* hervorzuheben. Trotz dieses Unterschieds überschneiden sich die Verstehensauffassungen der beiden dennoch mindestens in zweierlei Hinsicht. Beide bestehen darauf, dass das Verstehen einen *Vermittlungsprozess* zur Voraussetzung hat: nämlich für Heidegger den Entwurf auf Sinn, für Fichte die Ausbildung eines Begriffs des zu Verstehenden. Und obwohl es bei Heidegger nie zu einer festen Einsicht kommt, sondern die Verstehensentwürfe gleichsam ad infinitum fortgesetzt werden können (bzw. müssen), wohingegen laut Fichte das Verstehen durch eine Begriffsvernichtung gekennzeichnet ist, in der und durch die es sehr wohl zu einer solchen Einsicht kommt, treffen sich auch hier beide Ansätze insofern, als sie durch eine eigentümliche *Negativität* ausgezeichnet sind, auf die gleich noch näher eingegangen wird.

Soviel zum ersten Punkt, der den Zweifachaspekt des Entwerfens und des Vernichtens in den Mittelpunkt gerückt hat. »Verstehen« hat aber auch eine zweite grundlegende Bedeutung, die zuerst von den Protagonisten der Klassischen Deutschen Philosophie – namentlich wiederum von Fichte, aber auch von Hegel – betont wurde. Danach spricht sich im »Verstehen« ein »Zum-Stehen-Bringen« aus. Die Grundidee dabei ist, dass das zu Verstehende – der Sinn – beweglich, flüchtig, gleichsam ungreifbar ist und somit nach einer eigentümlichen Fixierung verlangt, die eben durch den »Ver-stand« geleistet werde.[5] Allerdings ergibt sich hierbei das Problem, dass in jenem verständigen Zum-Stehen-Bringen die besagte Fixierung den Sinn seiner wesenhaften Mobilität beraubt und ihn dadurch dergestalt modifiziert (Marc Richir spricht diesbezüglich von einer »Transposition«), dass er durch den Verstand eben gerade nicht so erfasst wird, wie er »eigentlich« ist. Ist das für die Möglichkeit des Sinnverständnisses fatal? Oder kann jene modifizierende Transformation auch anders als lediglich negativ aufgefasst werden?

---

[5] »Der Verstand ist Verstand, bloß insofern etwas in ihm fixiert ist; und alles, was fixiert ist, ist bloß im Verstande fixiert«, J. G. Fichte, *Grundlage der gesamten Wissenschaftslehre*, GA I, 2, S. 374.

Zwar hatte Hegel etwa stets die Notwendigkeit und die Tugenden des Verstandes betont, allerdings auch nur, um dafür umso mehr die Überwindung der Verstandeslogik in und durch die Vernunfterkenntnis zu fordern (und zu vollziehen). In der hier angestrebten Verstehensauffassung soll ein anderer Weg eingeschlagen werden. Dieser besteht darin, in der durch den Verstand vollzogenen Modifizierung des Sinnes nicht eine Schwäche, sondern vielmehr eine Stärke zu sehen. Es findet hier nämlich eine Transformation statt, die qua »Alteration« bzw. »Veranderung« eine Dimension der »Alterität« aufscheinen lässt, welche eine ganz neue Form des »Abstands« zeitigt, der von der üblicherweise betonten Spaltung des ichlichen Bewusstseins fundamental unterschieden werden muss. In den klassischen – reflexiven – Bewusstseins- bzw. Selbstbewusstseinstheorien steht in der Tat der Abstand vom Ich zu sich selbst im Vordergrund. Hierbei scheint aus der egologischen Perspektive nicht hinausgelangt werden zu können, was insbesondere Denkern wie Fichte oder Husserl den – übrigens unberechtigten – Vorwurf des Subjektivismus, Produktionsidealismus, Solipsismus usw. eingebracht hat. Hier dagegen wird die Betonung auf den Abstand gelegt, der dadurch entsteht, dass das verstehende Ich sich zum zu Verstehenden »ver-stehend« (also zum-Stehen-bringend) in Beziehung setzt (analog der Quantenmechanik, wo die Messung sich ja auch gleichsam störend auf das zu Messende auswirkt – mit dem Unterschied allerdings, dass in ihr nichts zum Stehen kommt, während gerade das hier eben der Fall ist). Dadurch findet eine sinn-produktive »Veranderung« statt, die weder ganz dem zu Verstehenden eigen ist (denn sie wird ja durch den Verstehenden hervorgerufen), noch allein dem *Verstehenden* zuzuordnen ist (denn es geht dabei ja immer um das zu Verstehende). Ohne diesen Punkt weiter zu vertiefen, soll hier also nur betont werden, dass das Verstehen eine »Veranderung«, das heißt: ein *ver*ständnis-eröffnendes, sinn-erzeugendes Aufgehen von *Anderem*, zwar nicht zur Bedingung hat, aber durchaus hervorbringt – und zwar so, dass dadurch paradoxerweise das Zum-Stehen-Gebrachte eben immer neue Verstehensentwürfe hervorruft.

Von hier aus kann schließlich zum dritten Hauptaspekt dieses Entwurfs einer phänomenologischen Verstehenstheorie übergegangen werden. Dieser betrifft den Bezug von Verständlichem (bzw. Selbstverständlichem) zum Nicht-Selbst-Verständlichen. Husserl hatte in dem eingangs angeführten Zitat bereits auf jenen von Selbstverständlichem und Unverständlichem hingewiesen, und ich gehe auch sofort näher darauf ein. Zunächst aber soll das Nicht-Selbst-Verständliche ganz wörtlich genommen werden: Im Kontext des gerade Auseinandergelegten bezeichnet es das, was sich nicht selbst zum Stehen bringt – also eben jene Sinndimension, die in gewisser Weise nach einer fixierenden Festlegung verlangt und dadurch, wie bereits gesagt, eine »Veranderung« mit sich bringt. Laut Husserl muss das »Verstehen« – zumindest in der phänomenologischen Sichtweise – nun aber mit dem »Unverständlichen« in Beziehung gesetzt werden, entsprechend seiner Behauptung, das Selbstverständliche habe seinen »Hintergrund« des Unverständlichen. Damit will er nicht sagen, dass die Phänomenologie sich dem Unverständlichen völlig preisgäbe, sondern vielmehr, dass es in ihr um das »Nicht-Selbstverständliche im Selbstverständlichen« geht. Und wir können nun vielleicht ein wenig besser nachvollziehen, wie dieses »Unverständliche« genauer aufzufassen ist: nicht als ein dem Verständnis sich völlig Entziehendes, sondern als jener Hintergrund des zu Verstehenden, der es – eben dank des nötigen Zum-Stehen-Bringens – möglich macht, dass dasselbe einsichtig gemacht werden kann. Und hierbei geht Husserl insofern über die reine Darstellung der »Veranderung« hinaus, als er eine Dimension der Nicht-Offenbarkeit eröffnet, die den Verstehensprozess dahingehend erweitert, dass er eben Selbst-Verständliches und (Noch-Nicht-) (Selbst-)Verständliches miteinander in Beziehung setzt. Was dem aber noch hinzuzufügen wäre – und hierin besteht die Notwendigkeit, Husserls Ansatz noch weiter zu denken – ist, dass das dergestalt »Unverständliche« seinerseits irgendwie zur Erscheinung kommen, »phänomenalisiert« werden muss. Und diese Art der Phänomenalisierung kann nicht einfach beschreibend sein, denn sonst hätte dieser gesamte Verweis auf Unverständliches, Nicht-Selbstverständliches usw. gar keinen Sinn. Es handelt sich dabei um kein äußerliches Entwerfen, das vernichtet werden muss, sondern um ein innerliches Entwerfen bzw. ein selbstentwerfendes Verstehen. Dabei geht es um die Eröffnung einer Verständnis*erweiterung*, die das Selbst in und durch die nicht rein erfahrungsmäßig angestoßene »Veranderung« entwirft. Husserlianisch-kantisch ausgedrückt heißt »Verstehen« somit: *Horizonteröffnung von Synthetizität a priori*. Die als transzendentaler Idealismus verstandene Phänomenologie geht über die Beschreibung von »Assoziationen« insofern hinaus, als sie »a priori« eine *Erweiterbarkeit* der Erkenntnis ermöglich, die *nicht hypothetisch-deduk-*

tiv erschließbar ist. Hierfür sind die Ansätze heranzuziehen, die den Begriff der »phänomenologischen Konstruktion« stark machen, da dieser insbesondere einer eigenen Form der »Positivität« Rechnung zu tragen sucht, was sich auf jene »Unverständlichkeit«, »Unscheinbarkeit« innerhalb des Nicht-Offenbaren, das Erscheinende aber Bestimmenden, bezieht. Phänomenologisch zu konstruieren heißt »genetisieren«, d. h. auf einen Sinn hin entwerfen, in dessen Entwurf (bzw. in dessen Konstruktion) sich zwar, und das ist ganz wesentlich, reflexiv Gesetzmäßigkeiten offenbaren (hierin besteht der Unterschied zum hermeneutischen Verstehensentwurf), dieser Entwurf (bzw. diese Konstruktion) aber auch je der »Veranderung« ausgesetzt ist, was ihm bzw. ihr unvermeidlich neue und unerschöpfliche Denkperspektiven eröffnet. Genau das gibt nun in einem letzten Schritt die Gelegenheit, anhand dieser Überlegungen zum »Verstehen« kurz noch einmal auf die Methode der Phänomenologie einzugehen.

Wenn die Phänomenologie, wie im vorigen Kapitel ausführlich behandelt, als eine »Methode« definiert wird, die der Art und Weise Rechnung trägt, wie in anschaulicher Gegebenheit Phänomene und die ihnen entsprechenden konstitutiven Leistungen des »intentionalen Bewusstseins« beschrieben werden, bleibt man in der Tat auf halber Strecke stehen. In der Phänomenologie geht es grundlegend (wie oben bereits dargelegt) darum, jede Form der Sinnhaftigkeit dessen, was erscheint, verständlich zu machen. Es geht also primär um Verständlich-Machung. Und zwar so, dass hierfür in erster Linie das eigene Vollziehen des Verstehens, der Selbst-Vollzug, im Vordergrund steht und je geleistet werden muss. Was dabei nicht vorausgesetzt, sondern buchstäblich entdeckt wird, ist, dass dieses eigens zu vollziehende Verständlich-Machen »Sinnschichten« offenbart, die nicht unbedingt unmittelbar zugänglich sind. Die grundlegende Frage ist dann, wie damit umzugehen ist. Die Antwort der Gründerväter der Phänomenologie bestand darin, auf verschiedene Weisen des »Rückgangs«, »Reduzierens«, »Zurückführens« (also auf die »phänomenologische Reduktion«) zu verweisen – so als seien wir trotz aller wacher, performativer Vollzugsleistungen Zu-spät-Kommende, die *nach*zuvollziehen hätten, was sich schon »vor« uns abgespielt habe. Daher auch die bekannte Rede vom »Zurück zu den Sachen selbst«, die nicht bloß danach trachtet, sich von anderen Formen des Philosophierens abzusetzen, sondern die Genese der Sachlichkeit und Sachhaftigkeit überhaupt zu leisten beansprucht. Man könnte dagegen aber auch eine andere Losung ausgeben – nicht »zurück« zu den Sachen, sondern *hinaus*! Hinaus zum Offenen. Hinaus zum Horizont dessen, was uns Sachlichkeit allererst zur Erscheinung bringt. Hinaus, nicht zum sinnlich Wahrnehmbaren, immer schon Vorausgesetzten, sondern zum Er-Öffnenden, was Einbildungskraft und Phantasie beansprucht. Hinaus – in einer »endo-exo-genetisierenden« Bewegung (also einer solchen, die der innerlichen *und* äußerlichen Sinnbildung *zugleich* Rechnung trägt) – zum Transzendenten, die Innerlichkeit je Übersteigenden (wobei diese »Transzendenz« keine Gottheit meint, sondern schlicht das Unvorgreifliche, Unvordenkliche, was das Verstehen in höchstem Maße herausfordert). Hinaus schließlich nicht zu positiv Gegebenem, sondern zum durch *Negativität* gekennzeichneten zu Verstehenden. Und was sich dabei offenbart, ist, dass man – trotz aller Betonung dieser Negativität – in diesem Hinaus-Schwingen auf *Nicht-Reduzierbares* stößt – in einer gewissen zeitgenössischen französischen Phänomenologie (nicht in allen ihren Ausbuchstabierungen!) ist deshalb auch viel vom »irréductible«, also von dem, was sich eben nicht reduzieren lässt, die Rede.[6]

Fassen wir also den Gedankengang dieses Kapitels noch einmal kurz zusammen. Das Verstehen ist nicht die Sache der Hermeneutik allein, sondern es soll eben auch, wie gesagt, als ein spezifischer Grundbegriff der Phänomenologie aufgefasst werden. Es wurde in diesem Zusammenhang versucht, einen Verstehensbegriff zu entwerfen, der im Mittelpunkt einer Betrachtung der spekulativen Grundlagen der Phänomenologie steht, die auch in den folgenden Kapiteln weiter entfaltet werden. Dabei fielen drei Gesichtspunkte ins Auge. Verstehen verlangt sowohl nach einem Sinnentwurf, als auch nach der unablässigen Vernichtung jeder Verstehenshypothese. Denn Verstehen ist nicht minder Ein-*sehen* als rein *verstandes*mäßiges Entwerfen. Zudem ist Verstehen kein bloßes Bei-sich-Sein des verstehenden Einsehenden bzw. des einsichtigen Verstehenden, sondern es ist einer permanenten »Veranderung« ausgesetzt, welche das zu Verstehende »Transpositionen« unterwirft, die es einerseits unbeherrschbar ma-

---

[6] Siehe hierzu exemplarisch Patrice Loraux, »Pour n'en pas finir«, *Annales de Phénoménologie*, Nr. 15/2016, S. 13 f. und *L'irréductible*, ÉPOKHÈ, Nr. 3, Robert Legros (Hg.), Grenoble, J. Millon, 1993.

chen, andererseits aber wiederum sinnstiftend sind, je neuen Sinn hervorbringend. Damit nun diese offensichtliche Spannung nicht in einem unüberwindbaren Widerspruch mündet (und daran zerbricht), erweist sich das Verstehen schließlich auch als ein innerliches Entwerfen, bzw. als ein selbstentwerfendes Verstehen, das – durch die Aufklärung des Nicht-Selbstverständlichen im Selbstverständlichen und die Horizonteröffnung von Synthetizität a priori – beiden Aspekten gerecht werden soll.

Das Gleiche kann auch noch einmal anders formuliert und auf eine abstraktere Ebene gehoben werden. Der erste Gesichtspunkt besteht in einem Eröffnen und einem Vernichten – in einem in-Bewegung-setzenden Entwerfen und einem innehaltenden Einsehen. Der zweite Gesichtspunkt verfährt umgekehrt: Die »Veranderung« ermöglicht ein eröffnendes Hinsicht-Nehmen dort, wo das Zum-Stehen-Bringen des Verstehens eine Bewegung unterbricht. Dabei handelt es sich aber nicht bloß um eine vermeintlich rhetorische Symmetrie, sondern um den Unterschied zwischen einem auf Einheit ausgerichteten Entwerfen und Einsehen und einem die Andersheit in den Mittelpunkt stellenden verrückenden (Ver-)Stehen. Das phänomenologische Konstruieren, das innerliche Selbstentwerfen, hält sich schließlich qua horizonthafter apriorischer Verständniserweiterung in der Spannung von erzeugend-entwerfender Genesis und gegebenem Nicht-Reduzierbarem. Was macht hierin aber genau – und das soll nun die letzte Frage sein – die »Gegebenheit« aus?

Diese Frage verweist – keinesfalls bloß implizit – auf jenes wesentliche Merkmal der Phänomenologie, das bereits in der zweiten phänomenologischen These der Einleitung zur Sprache gekommen ist – nämlich die eigentümliche (zwischen Negativität und Offenbarkeit hin- und herschwingende) »Positivität« des Nicht-Reduzierbaren. Es geht dabei in der Tat um die Frage nach dem Status dessen, was es heißt, überhaupt phänomenologisch »gegeben« zu sein. Was heißt also »Gegebenheit«?

Der Begriff der »Gegebenheit« bzw. des »Gegebenen« sieht sich – durchaus zu Recht – zahlreichen Kritiken ausgesetzt. Wenn das Gegebene als das aufgefasst wird, was einfach vorliegt und von außen auf uns einwirkt, dann *kann* es nicht in seiner Allgemeingültigkeit in Anspruch genommen werden. Das heißt, dass das so verstandene Gegebene in unzählige Formen des möglichen Widerspruchs verstrickt ist – sei es in denen seiner *inneren, inhaltlichen* Widersprüchlichkeit (etwa in der rein empiristischen Philosophie), sei es in denen seiner (eher äußerlichen) Widersprüchlichkeit, die sich aus den (unvermeidlichen) verschiedenen Grundannahmen der Erkenntnissubjekte ergibt (und hiermit ist diese Liste keineswegs erschöpft). Das soll aber nicht heißen, dass der Begriff der Gegebenheit gänzlich zu verwerfen sei – hier widersteht der phänomenologische Ansatz ganz entschieden allen Versuchen, die Philosophie auf Argumentationsstrategien oder Begriffsanalysen zu reduzieren. Die »Gegebenheit« ist der unterschwellige Begriff, der den drei Aspekten des Verstehens zugrundeliegt. Durch die *Vernichtung* des Verstehensentwurfs sehen wir uns nicht einem »Nichts« gegenüber, sondern dem, was sich dadurch gibt. Wenn die *»Veranderung«* einen wohlbegründeten Sinn hat, dann deswegen, weil die Fixierung des mobilen, volatilen Sinns seinerseits etwas »gibt«. Und im *innerlichen verständniseröffnenden und -erweiternden Entwerfen des Verstehens* hat man es wiederum mit einer Gegebenheit zu tun – aber eben einer *genetisierten* (phänomenologisch *»konstruierten«*), nicht mit etwas Vorausbestehendem oder Vorausgesetztem. Endpunkt dieser Überlegungen ist also in der Tat die Inanspruchnahme eines »Nicht-Reduzierbaren« – nämlich dessen, was die Konstruktion des Verstehensentwurfs genetisiert, also zugleich erzeugt und leitet. »*Erzeugt*« – hierin besteht in gewisser Weise ein anti-realistisches Moment (Vorausgesetztheit wird ja radikal abgelehnt); »*leitet*« – hierin besteht ein anti-idealistisches Moment, denn wenn es keinen solchen Leitfaden gäbe, wäre die Konstruktion rein willkürlich. Das zutiefst Bemerkenswerte bei alldem ist, dass das Gesetz der Konstruktion sich erst in der Konstruktion selbst offenbart. Mit anderen Worten, das Verstehen hat seine »Wahrheit« an ihm selbst, ist »Zeichen seiner selbst«. Das unterscheidet das – phänomenologische – Verstehen vom – naturwissenschaftlichen – Erkennen, das seine Wahrheitsbeglaubigung je in einem vorausgesetzten, vorausbestehenden Seienden hat.

Phänomenologie
als transzendentaler Idealismus

Kapitel III
Transzendentale Phänomenologie im Ausgang vom nachkantischen Idealismus

In diesem zweiten Teil sollen im Rückgang auf zwei bedeutende philosophische Traditionen – nämlich auf den Deutschen Idealismus einerseits und auf den angelsächsischen Empirismus des 18. Jahrhunderts andererseits – originelle Perspektiven aufgezeigt werden, die – über die fundamentalen Betrachtungen der beiden vorigen Kapitel hinaus – einen zweiten möglichen Weg in die Phänomenologie eröffnen. In diesem Abschnitt werden bedeutsame Motive in den Mittelpunkt gestellt, die diesen philosophischen Traditionen, an welche die Phänomenologie wesenhaft anschließt, entnommen sind. Hierdurch wird also die »Grundlegungsidee« der Phänomenologie nicht mehr *nur* (wenngleich immer noch *auch*, allerdings auf eine andere Art) *methodologisch* ausgeleuchtet, sondern auch auf philosophie*geschichtliche* Errungenschaften und Einsichten hin befragt und vorbereitet.[1]

Es ist höchst bemerkenswert und dabei dennoch nicht immer ausreichend gewürdigt worden,[2] dass das Gebilde einer phänomeno-

---

[1] Dass hier ein anderer Weg in die Phänomenologie beschritten wird, äußert sich auch stilistisch: In den nächsten beiden Kapiteln wird konsequenter Weise (da es sich dabei ja insbesondere auch um historiographische Betrachtungen handelt) weit mehr explizit auf die Texte Bezug genommen werden, als das in den ersten beiden Kapiteln der Fall gewesen ist.
[2] Bezüglich der Verbindungslinien zwischen der Phänomenologie und der Klassischen Deutschen Philosophie siehe neuerdings *Husserl und die Klassische Deutsche Philosophie*, F. Fabbianelli, S. Luft (Hg.), »Phaenomenologica«, Dordrecht, Springer, 2014 und *Phenomenology and Classical German Philosophy. Die Phänomenologie und die Klassische Deutsche Philosophie*, Horizon, Studies in Phenomenology, Band 4/2, 2015 (Special Issue), N. Artemenko, G. Chernavin, A. Schnell (Hg.), St. Petersburg, 2015.

logischen Transzendentalphilosophie sich auf das Gedankengut einer zwar naheliegenden, in diesem Zusammenhang jedoch zumeist vernachlässigten philosophischen Tradition – nämlich auf jenes des nachkantischen, in der Klassischen Deutschen Philosophie ausgebildeten Transzendentalismus – stützt. Ziel dieses Kapitels wird es sein, aufzuzeigen, wie die Grundlegungsidee der Phänomenologie in einem weiter gefassten Rahmen Motive aus verschiedenen Denkansätzen des Deutschen Idealismus geschöpft und dementsprechend auch unterschiedliche Ansätze innerhalb der Phänomenologie – dabei aber je die Ausarbeitung eines übergreifenden einheitlichen Projekts beabsichtigend – angestoßen hat.

Die Phänomenologie – zumindest die ihrer Gründerväter – beruht auf zwei Grundlagen, einer erkenntnistheoretischen und einer ontologischen. Sie stellt dort einen Korrelationismus in den Vordergrund, wo die metaphysische Tradition je ein An-sich-Sein veranschlagt hatte;[3] und sie bindet die Frage nach der radikalen Erkenntnislegitimation, die durch diese korrelationistische Perspektive zum Ausdruck kommt, an die Aufweisung einer *ontologischen Grundlage* des Erkannten. Hierdurch gibt sie die Spaltung von »Erscheinung« und »Ding an sich« auf, die ja noch den Kantischen Transzendentalismus kennzeichnete; und sie verleiht der »Ontologie« aufs Neue einen ehrenvollen Titel (ggf. um den Preis einer Neugründung derselben), den Kant ihr im Gebiet der Erkenntnistheorie aberkannt hatte.

Dieser Bezug auf den Verfasser der *Kritik der reinen Vernunft* ist aber nicht nur negativ begründet. Kant ist insofern der berühmte Vorläufer sowohl der Klassischen Deutschen Philosophie als auch der Phänomenologie, als er beiden die ihnen gemeinsame transzendentale Richtung vorgeschrieben hat. Daher besteht die Absicht des Rückgangs auf die Klassische Deutsche Philosophie darin, auf der genuin phänomenologischen Ebene eine gewisse Neuorientierung in Hinblick auf den Begriff des »Transzendentalen« vorzuschlagen, die es gestattet, die erkenntnistheoretische Perspektive (sofern sie

---

[3] Die erste Bezugnahme auf diesen Korrelationismus – der ja auch von der dritten phänomenologischen These der Einleitung (auf die in Kapitel V ausführlich eingegangen wird) ins Zentrum der phänomenologischen Untersuchungen gerückt wird – ist, wie bereits erwähnt wurde, Fichte zu verdanken. Siehe dazu noch einmal den oben schon zitierten Auszug aus J. G. Fichte, *Die Wissenschaftslehre 1804²*, GA II, 8, S. 13 f. Hierzu mehr in Kapitel VI.

Phänomenologie im Ausgang vom nachkantischen Idealismus

eben eine transzendentale ist) und die ontologische Perspektive zusammenzudenken oder (in Kantischen Begriffen) den Gehalt des höchsten Prinzips aller synthetischen Urteile einzusehen, demgemäß »die Bedingungen der Möglichkeit der Erkenntnis [erkenntnistheoretischer Aspekt] zugleich die Bedingungen der Möglichkeit der Gegenstände der Erfahrung [ontologischer Aspekt][4] sind« – ein Gehalt, der letzte Konsequenzen in sich birgt, welche die *Kritik der reinen Vernunft* freilich nicht gezogen hat.

Zunächst soll der Sinn jener Einheit der Phänomenologie anhand der folgenden Zitate belegt werden: 1.) »Nur wer den tiefsten Sinn der intentionalen Methode oder den der transzendentalen Reduktion oder gar beider missversteht, kann Phänomenologie und transzendentalen Idealismus trennen wollen«.[5] 2.) »Besagt der Titel Idealismus soviel wie Verständnis dessen, dass Sein nie durch Seiendes erklärbar, sondern für jedes Seiende je schon das ›Transzendentale‹ ist, dann liegt im Idealismus die einzige und rechte Möglichkeit philosophischer Problematik«.[6] 3.) »Die Erneuerung des Begriffs des *Transzendentalen* selbst [...] erscheint uns als ein wesentlicher Beitrag der Phänomenologie«.[7] Durch diese drei Behauptungen wird der Auffassung Ausdruck verliehen, dass die Phänomenologie – im Rahmen der Gleichsetzung der Philosophie und der Phänomenologie und unter Beachtung der methodischen Zwänge letzterer – notwendig als ein *Idealismus* verstanden werden muss; dass der Idealismus sowohl eine *transzendentale* als auch eine *ontologische* Dimension hat; und dass diese zweifache Dimension, sofern sie die phänomenologische Herangehensweise kennzeichnet, eben einen *neuen* Begriff des »Transzendentalen« hervorbringt.

---

4   Dieser Aspekt wurde schon auf eine interessante Art (freilich in einer nicht direkt phänomenologischen Sichtweise) von N. Hartmann behandelt, siehe »Diesseits von Idealismus und Realismus« (1924), *Studien zur Neuen Ontologie und Anthropologie*, G. Hartung, M. Wunsch (Hg.), Berlin/Boston, de Gruyter, 2014, S. 19–66 (insbesondere S. 39–46).
5   E. Husserl, *Cartesianische Meditationen, Husserliana I*, § 41, S. 119. Husserl schreibt an anderer Stelle und in demselben Sinn, dass alle »philosophischen Ontologien« »transzendental-idealistische Ontologien« seien, *Husserliana VIII*, Beilage XXX (1924), S. 482.
6   M. Heidegger, *Sein und Zeit* (HGA 2), F. W. v. Herrmann (Hg.), Frankfurt am Main, Klostermann, 1977, § 43, S. 275.
7   E. Levinas, *En découvrant l'existence avec Husserl et Heidegger*, Paris, Vrin 1988 (1. Auflage 1949), S. 127; dt. Übersetzung in *Die Spur des Anderen*, Freiburg, München, Alber, 1983, S. 125.

Diese drei Zitate stammen aus drei verschiedenen Ansätzen innerhalb der phänomenologischen Tradition: aus Husserls Phänomenologie nach der »transzendentalen Wende«; aus Heideggers »Fundamentalontologie«;[8] und aus Levinas' erstem Hauptwerk (*Totalität und Unendlichkeit*), welches in einem gewissen Maß Husserl verpflichtet bleibt. Zwar scheint die Annahme jener Einheit durchaus geboten – und der Rückgang auf systematische Einsichten der Klassischen Deutschen Philosophie ist dabei auch zweifellos erforderlich. Gleichwohl heißt das nicht, dass die Phänomenologie ausschließlich in *dieser* Hinsicht ausgelegt werden müsse. Die jetzt zu entwickelnde und zu begründende Perspektive besteht vielmehr darin zu zeigen, dass, wenn die Phänomenologie in der Tat als eine Transzendentalphilosophie bzw. als ein »transzendentaler Idealismus« verstanden wird und deren Sinn und Gehalt verdeutlicht werden soll, der Rückgang auf die Klassische Deutsche Philosophie unvermeidlich ist. Hierfür sollen nun also jeweils die beiden oben erwähnten »Grundlagen« auseinandergelegt werden, die sich, wie gesagt, in eine erkenntnistheoretische (erster Schritt) und in eine ontologische Perspektive (zweiter Schritt) untergliedern und auf verschiedenen architektonischen Registern durch die Begriffe der »Anschauung«, der »Konstruktion« und der »Ermöglichung« (in einer ersten Bedeutung) bestimmt werden. In einem dritten und letzten Schritt soll dann entwickelt werden, wie in einer Anschauungsweise, welche die »metaphysischen« Konsequenzen aus jenen phänomenologischen Ausarbeitungen zieht, jene beiden Perspektiven in einem einheitlichen Entwurf zusammengefasst werden können, in dem die »Ermöglichung« anders – nämlich als eine »Reflexion der Reflexion« – verstanden werden soll. Die Grundabsicht dieses Kapitels wird demnach darin bestehen, die unterschiedlichen Dimensionen, die den Begriff des »Transzendentalen« in der Phänomenologie kennzeichnen, zu umreißen und aufzuzeigen, dass dieser

---

[8] Für Heidegger hat »fundamentalontologisch« laut eigenem Bekunden die gleiche Bedeutung wie »transzendental«. Mit diesem stark von der traditionellen Verwendung des Begriffs des Transzendentalen abweichenden Ansatz setzt er sein mit der »Welt«-Problematik zusammenhängendes Verständnis dieses Begriffs jenem, das er von Kants Gebrauch desselben hat und in eine »Ontologie der ›Natur‹« einschreibt, entgegen. Siehe *Metaphysische Anfangsgründe der Logik im Ausgang von Leibniz* (HGA 26), K. Held (Hg.), Klostermann, Frankfurt am Main, 1978, S. 218f.

Begriff auf eine grundlegende Weise auf die klassischen Ausführungen des transzendentalen Idealismus zurückgreift.

Der gemeinsame Ausgangspunkt der verschiedenen phänomenologischen Herangehensweisen an den Begriff des »Transzendentalen« beruht darin, dass diesem nicht der Status einer bloßen »Bedingung der Möglichkeit« zuerkannt, sondern auf eine Form der Gegebenheit (und der Erfahrung) bestanden wird, die diesen Begriff auszuweisen und zu rechtfertigen gestattet. Was seine *Ausweisung* angeht, steht hierbei die *anschauliche* Dimension im Vordergrund (Husserls Ansatz überschneidet sich hier mit jenem Fichtes); was seine Rechtfertigung betrifft, stützt sich der Begriff des »Transzendentalen« (bei Husserl und Fink) auf »phänomenologische Konstruktionen« sowie auf eine (von Heidegger konzipierte) »Ermöglichung«, die beide ebenfalls mit einer expliziten Ausarbeitung bei Fichte verbunden werden können.

Husserls Phänomenologie wird, darauf wurde bereits im ersten Kapitel kurz eingegangen, durch das »Prinzip *aller* Prinzipien« bestimmt, welches er im berühmten § 24 von *Ideen I* formuliert hat. Ihm zufolge muss jede »Tatsache«, auf die sich unsere Erkenntnis bezieht, begründet werden, und zwar so, dass »jede originär gebende Anschauung eine Rechtsquelle der Erkenntnis«[9] sei. Der Gebrauch dieses aus Kants praktischer Philosophie stammenden Ausdrucks lässt vermuten, dass die »begründende« Funktion des »Prinzips aller Prinzipien« eo ipso *erkenntnislegitimierend* ist. Hierbei wird nun gemeinhin nicht zureichend an den Fichteanischen Hintergrund der Charakterisierung des höchsten Prinzips der Phänomenologie erinnert. Wenn Husserl zwar selbst nicht weiter auf die praktische Dimension innerhalb dieser Überlegungen bezgl. des Legitimationsprinzips der Erkenntnis eingeht (die ja selbst bereits auf Fichtes Wissenschaftslehre verweist), dann muss dagegen die Nähe zwischen den beiden transzendentalen Idealisten in Bezug auf die entscheidende Rolle der »Anschauung« und der »Evidenz« betont werden. Bevor Husserl in seiner Phänomenologie die anschauliche Evidenz an die Spitze der Erkenntnisbegründung setzte, hatte Fichte bereits genau das mit den Begriffen der »Anschauung«, des »Lichts«, des »Sehens« vollzogen, und zwar von den ersten Fassungen der Wissenschaftslehre an (die durch die »intellektuelle Anschauung« bestimmt

---

[9] *Husserliana III/1*, S. 51.

waren) bis hin zu ihren spätesten Ausarbeitungen.[10] Die Idee, dass die Anschauung oder das Sehen eine *legitimierende* Funktion habe, ist zuerst von Fichte ausgesprochen worden.

Wie wird nun die besagte Legitimation durch die anschauliche Evidenz geleistet? Die transzendentale Phänomenologie Husserls vollzieht diese Legitimation in zwei Schritten, indem sie sich auf zwei verschiedenen Stufen ansiedelt.[11] Zunächst liefert sie sich dabei der Erfahrung aus, die das Ego in einer stetigen *Einstimmigkeit* mit sich selbst macht. Zu dieser ersten Stufe gehören alle deskriptiven Analysen – die zunächst auf eine »unkritische« Weise vollzogen werden – der »immanenten« Bewusstseinssphäre. Die transzendentale *Kritik* im Husserl'schen Sinne ist die Aufgabe, die sich auf der zweiten Stufe der phänomenologischen Untersuchung stellt. Diese zweite Stufe entspricht der »präphänomenalen« oder »präimmanenten« Bewusstseinssphäre.[12]

Der Husserl'sche Transzendentalismus ist auf der *ersten Stufe* der intentionalen Analyse dadurch charakterisiert, dass er »intentionale Implikationen« aufzuweisen sucht, die in jedem intentionalen Bezug zwar nur implizit enthalten sind, aber doch in einer Anschauung gegeben werden können. Wenn sich die Analyse zwar zunächst auf die Bestimmungen der aktuell vollzogenen, intentionalen Erlebnisse, die auf den konkret gegebenen Gegenstand abzielen, konzentriert, so muss doch betont werden, dass jede Aktualität umfangreiche Potentialitäten impliziert: Jede Gegenwärtigkeit bedeutet in der Tat eine Mitgegenwärtigkeit von Horizontalitäten, die ebenfalls gegeben sind, auch wenn sie nicht explizit gemeint sind, und jede Wahrnehmung verweist auf andere Wahrnehmungen, die nicht aktualisiert, sondern in der Vergangenheit impliziert und in der Zukunft antizipiert werden. Diese Horizontalitäten stellen einen »Überschuss« gegenüber der aktuellen Gegenwärtigkeit dar: Das Mitgegenwärtige

---

[10] Im Mittelpunkt der letzten Fassungen der Wissenschaftslehre stehen an unzählbaren Stellen das »Sehen«, die »Einsicht«, die »Anschauung« (hierbei sei insbesondere auf die Fassungen von 1812 und 1813 verwiesen).
[11] Siehe hierzu die zweite der *Cartesianischen Meditationen*.
[12] Bereits in seiner Vorlesung über »Ding und Raum« hatte Husserl 1907 eine präphänomenale Dimension (bezüglich der Räumlichkeit der wahrgenommenen Gegenstände) ins Spiel gebracht, bevor er dann in den letzten Texten (aus dem Jahre 1913) von *Husserliana X* (unter B) die Zeitlichkeit diesseits der »immanenten« oder »phänomenalen« Zeitlichkeit in den Vordergrund gestellt hat.

geht je wesenhaft über das aktuell bewusstseinsmäßig Gegebene hinaus. Diese mitgegenwärtigen Horizonte sind keine »leeren Möglichkeiten«, sie sind keine reinen Hypothesen oder Fiktionen, sondern sie zeichnen bereits verwirklichte oder zu verwirklichende Möglichkeiten vor, die das wirkliche Ego wesenhaft bestimmen. Husserl bezeichnet diese anschaulichen Möglichkeiten als »Potentialitäten«, die je solche des »Ich kann« oder des »Ich mache« des Ego sind. Jeder intentionale Bezug impliziert immer einen anschaulichen Horizont solcher Potentialitäten. Soviel also zur Anschaulichkeit in der immanenten Sphäre des transzendentalen Bewusstseins (also auf der ersten Stufe). Reicht das aber hin, um tatsächlich die *Legitimation* des solcherart Analysierten zu liefern?

Kommen wir noch einmal auf die Formulierung des »Prinzips aller Prinzipien« zurück, um zeigen zu können, dass in der Husserl'schen Phänomenologie der Erkenntnislegitimation das Fichte'sche Erbe sich noch auf einer tieferen Ebene nachweisen lässt. Husserl behauptet nicht, dass *jede* Rechtsquelle der Erkenntnis auf die originär gebende Anschauung zurückzuführen wäre, sondern er sagt wörtlich in diesem § 24 der *Ideen I*, dass jede originär gebende Anschauung *eine* Rechtsquelle der Erkenntnis sei. Das heißt natürlich, dass es Rechtsquellen geben könne, die nicht anschaulich seien – oder zumindest einem anderen Anschauungstypus zugehören würden als jenem, der in diese deskriptive Herangehensweise hineinspielt. Wenn die phänomenologische Reduktion, die uns zur transzendentalen Subjektivität und zu ihrem intentionalen Leben zurückführt, zwar die »phänomenologische Fundamentalmethode«[13] ausmacht, so reduzieren sich diese methodischen Betrachtungen doch nicht auf die anschauliche Freilegung der Erfahrungen des Ego und der entsprechenden intentionalen Implikationen. Die Freilegung verweist nämlich auf einige Grundaspekte der phänomenologischen Methode, derer sich Husserl erst im Laufe und insbesondere am Ende der zwanziger Jahre bewusst geworden ist. Genauer gesagt bedeutet sie, dass, wenn die *deskriptive* Analyse der Phänomenologie (im Sinne einer *eidetischen* Deskription) zwar für die Charakterisierung der »reellen« Ingredienzien des »immanenten« Bewusstseins nützlich und notwendig bleibt, sie sich doch als ungenügend erweist, wenn – wie es sich in einer *transzendentalen*, letztursprünglich *legitimierenden* Herangehensweise als notwendig zeigt – es darum

---

[13] *Husserliana I*, S. 61.

geht, in die letztkonstitutive Stufe dieser immanenten Phänomene hinabzusteigen. Diese Erfahrungen des Ego sind nämlich nicht bloß gegeben bzw. gegenwärtig, so dass eine Beschreibung *genügte*, um deren strukturelle Momente hervorzukehren (seien diese auch in intentionalen Implikationen gegeben), sondern sie verlangen dazu noch nach einer Überwindung der Hindernisse, die das Verständnis ihrer konstitutiven Rolle erschweren bzw. unmöglich machen – also nach einer Form der »Dekonstruktion« (Husserl spricht in diesem Zusammenhang, wie schon gesagt, von einer »Abbaureduktion«), der auf derselben letztkonstitutiven Stufe (welche die oben angekündigte *zweite Stufe* ausmacht) ein positives Gegenstück entspricht: nämlich eine *Konstruktion*[14], die – entsprechend dem im ersten Kapitel hierzu Ausgeführten – weder eine spekulative noch eine metaphysische, sondern eine genuin *phänomenologische* Konstruktion darstellt.[15] Warum ist es nun aber notwendig, auf dieser zweiten Stufe (diesseits der deskriptiven Erfahrung der immanenten Sphäre des transzendentalen Bewusstseins) jene »phänomenologischen Konstruktionen« zu vollziehen? Phänomenologische Konstruktionen werden immer dann notwendig, wenn die intentionale Analyse auf Grenzen stößt, welche durch die blinden Flecke der deskriptiven Analyse gezogen werden.

Die phänomenologische Konstruktion konstruiert sowohl das Faktum als auch die Bedingungen der Möglichkeit desselben – näm-

---

14 Husserl spricht in diesem Zusammenhang von einem »konstruktiven Ergänzungsstück« der phänomenologischen Methode, *Erste Philosophie* (zweiter Teil), *Husserliana VIII*, S. 139.
15 Vgl. die Paragraphen 59 und 64 der fünften der *Cartesianischen Meditationen*. Der Begriff einer »phänomenologischen Konstruktion« ist vor allem in Texten aus den dreißiger Jahren, als Husserl und Fink in einem regen und regelmäßigen Austausch standen, anzutreffen, wenn auch die erste Erwägung (meiner Kenntnis nach) bereits aus dem § 39 der *Einleitung in die Philosophie* (1922/23) stammt (*Husserliana XXXV*, S. 203). Heidegger gebraucht diesen Begriff explizit in den Paragraphen 63 und 72 von *Sein und Zeit*; eine vertiefte Anwendung wird dann in der Vorlesung aus dem Sommersemester von 1929 ausgearbeitet, wo Heidegger seinen Begriff der »Konstruktion« auf die *Grundlage der gesammten Wissenschaftslehre* (1794/95) Fichtes stützt (siehe *Der deutsche Idealismus (Fichte, Schelling, Hegel) und die philosophische Problemlage der Gegenwart* (HGA 28), Claudius Strube (Hg.), Frankfurt am Main, Klostermann, 1997). Im § 7 der *Sechsten Cartesianischen Meditation* erkennt schließlich auch Fink der phänomenologischen Konstruktion innerhalb seiner Überlegungen über die phänomenologische Methode eine entscheidende Rolle zu.

lich das, *was es möglich macht, was es »ermöglicht«*. Konstruierend folgt die phänomenologische Konstruktion der Notwendigkeit des zu Konstruierenden. Damit das aber wiederum möglich ist, muss die phänomenologische Konstruktion über eine *spezifische Anschaulichkeit*[16] verfügen und kann sich daher nicht auf eine rein begriffliche, intellektuelle Konstruktion beschränken. Diese Anschaulichkeit[17] ist anonym gestiftet und gründet in der »Geschichte« (der Genese, den Habitualitäten und den Sedimentationen) der Erfahrungen des Phänomenologen. Daher kann die Anschaulichkeit, welche die phänomenologische Konstruktion spezifisch kennzeichnet, selbst hinsichtlich ihrer tiefsten »Schichten« oder »Stratifikationen« genetisch rekonstituiert werden.

Diese Art, das Problem darzustellen, entspricht nun genau dem Fichte'schen Verfahren einer »genetischen Konstruktion«. Wie Fichte zum Beispiel in der *Wissenschaftslehre von 1804* (zweite Fassung) unterstreicht, geht das genetische Konstruieren nicht etwa von »Fakten«, sondern von einer »Tathandlung« aus (die ein Synonym für die »Genesis« ist[18]) und lässt deren Legitimierung weder aus einem Vorurteil noch aus einem spekulativen Prinzip, sondern aus dem, was seine Notwendigkeit allererst *durch die Konstruktion selbst* bezeugt, hervorgehen. Und die hier erforderliche Anschaulichkeit ist nun eben eine eigene Form des Sichtbarwerdenlassens der genetisierenden Prozessualität, das bereits von Fichte als »Einsicht« bezeichnet wurde. Allerdings besteht ein wichtiger Unterschied zwischen der »genetischen« und der »phänomenologischen« Konstruktion. Fichte führt den Gedanken einer »Genese« des »reinen Wissens« (welches das Wissen *als Wissen*, also das, was ein Wissen zu einem Wissen macht, kennzeichnet) im Anschluss an seine Kritik an Kant ein, der ja seiner Ansicht nach »Synthesen post factum« aufgestellt habe (die eine Einheit zweier entgegengesetzter Begriffe *setzt*, ohne diese selbst »abzuleiten«, d. h. ohne sie genetisch zu konstruieren), während Husserls phänomenologische Konstruktionen keine solchen eines »reinen« oder »absoluten« Wis-

---

[16] In den dreißiger Jahren schrieb Fink explizit: »Die Phänomenologie ist die konstruktive Anschauung«, *Phänomenologische Werkstatt*, Band 3/1, Freiburg/München, Alber, 2006, S. 259.
[17] In der 33. Vorlesung des zweiten Teils der *Ersten Philosophie* (*Husserliana VIII*, S. 48) hatte Husserl diesbezüglich bereits von einem »*Herausschauen*« gesprochen.
[18] *Wissenschaftslehre 1804²*, GA II, 8, S. 203.

sens sind, sondern je auf ein spezifisches »Faktum« aus sind, das der Konstruktion als Leitfaden dient. Daher handelt es sich nicht um eine universale Methode, sondern um eine Verfahrensweise, die sich streng innerhalb bestimmter Abgrenzungen hält, die durch besondere »Fakten« gezogen werden.

Wenn nun Husserl zwar in der Tat – zumindest implizit – phänomenologische Konstruktionen solcher »Fakten« vollzieht (etwa in seinen phänomenologischen Untersuchungen über die Zeit oder die Intersubjektivität), so gibt es doch bei ihm keine Spur von einer Konstruktion der *Bedingungen der Möglichkeit* derselben. Für Fichte werden die – transzendentalen – Bedingungen der Möglichkeit der Erkenntnis durch eine reflexive »Verdoppelung«[19] legitimiert, d. h. durch eine Bewegung, die sicherstellt, dass das, was (die Erkenntnis) ermöglicht, seinerseits möglich gemacht wird – also eben durch eine »ermöglichende« Verdoppelung. Heidegger wird dann in seiner grundlegenden Infragestellung des Intentionalitätsbegriffs das phänomenologische Potential der »Ermöglichung« ausschöpfen – wobei er den Begriff der *verdoppelnden* Ermöglichung bemerkenswerterweise genau auf dieselbe Weise wie Fichte auffassen wird. Auch hier wird die Verbindungslinie zum Wissenschaftslehrer auf einer weniger historiographischen als vielmehr systematischen Ebene deutlich.

In *Sein und Zeit* schlägt Heidegger eine ontologische Interpretation der intentionalen Struktur vor, die diese aus dem beschränkten Rahmen einer *Bewusstseins*analyse herauslöst. Diese Auslegung ersetzt den Begriff der »transzendentalen Subjektivität« durch den des »Daseins«, das nicht anthropologisch, sondern ontologisch analysiert wird und kein bloß »vorhanden« oder »zuhanden« Seiendes ausmacht, sondern wesenhaft *Sein-Können* ist. Das Dasein ist ein Möglich-Sei(e)n(des), es versteht sich selbst je nur aus seinen *Möglichkeiten*. Heidegger erschließt somit den Begriff der »Möglichkeit« in einer Weite, die nicht nur über den Rahmen der intentionalen Bewusstseinsanalyse bei Husserl hinausgeht, sondern auch die Frage nach dem Bezug zwischen diesem Begriff und der ontologischen Dimension der Subjektivität aufwirft.

Dass nun die Daseinsanalyse – qua »Fundamentalontologie« – sich auf einer *ontologischen* Ebene vollzieht, heißt aber nicht bloß,

---

[19] *Wissenschaftslehre 1804²*, GA II, 8, S. 269.

dass Heidegger sich der Perspektive der Einzelwissenschaften (Psychologie, Anthropologie usw.) entgegenstellt. Für ihn geht es vor allem darum, das Dasein in den Bezug zum Seienden »im Ganzen« zu setzen. Dann stellt sich eine zweifache Frage: Gibt es zwischen all den Möglichkeiten, die sich dem Dasein bieten, eine, die einen ursprünglichen und ausgezeichneten Status hat? Und lässt sich das Dasein dann in seiner *Ganzheit* fassen?

Um auf diese beiden Fragen zu antworten, macht sich Heidegger im § 53 von *Sein und Zeit* daran, eine phänomenologische Analyse des Bezugs zu den Möglichkeiten auszuarbeiten, der den weitesten Horizont dafür liefert, um all die faktischen Möglichkeiten an eine ursprüngliche Möglichkeit zu binden. Diese ist die Möglichkeit der Unmöglichkeit zu existieren, die den un-möglichen Bezug zum Tod umschreibt.[20]

Es geht dabei genau darum, diesen Bezug als eine *Möglichkeit* zu begreifen, d. h. ihn nicht als eine bloße *Abstraktion* (die darin besteht, den Tod lediglich zu denken) aufzufassen und ihn auch nicht im Sinne einer tatsächlichen *Verwirklichung* (etwa in der Erwartung des Todes) zu denken. Heidegger bezeichnet einen solchen Bezug, der es gestattet, diese Möglichkeit *als Möglichkeit* »auszuhalten«, und sie eben als solche entdeckt, als das »Vorlaufen in den Tod« (d. h. hier: in die äußerste Möglichkeit der Unmöglichkeit zu existieren). Er stellt klar, dass dieses Vorlaufen sowohl eine »Seinsart« des Daseins ist, als auch ein spezifisches »Verstehen« ausmacht. Anders ausgedrückt, mit dem Vorlaufen siedelt sich Heidegger sowohl auf einer »ontologischen« als auch auf einer »erkenntnistheoretischen« Ebene an. Worin besteht sein phänomenaler Gehalt? Zwei Grundzüge müssen hier hervorgehoben werden. Einerseits *vereinzelt* das Vorlaufen das Dasein; und andererseits, was entscheidend ist, werden die faktischen Möglichkeiten durch einen Akt des Transzendierens, in dem diese äußerste Möglichkeit *maßlos* wird, freigegeben und eröffnet:[21] »Das vorlaufende Freiwerden *für* den eigenen

---

[20] Das heißt nicht, dass Heidegger seiner Fundamentalontologie anthropologische Elemente einverleibt, sondern umgekehrt, dass eine vorgängige ontologische Analyse der Subjektivität in einem anthropologischen Phänomen *ausgewiesen* wird. Bezüglich des Verhältnisses von Anthropologie und Metaphysik, siehe *Der deutsche Idealismus (Fichte, Schelling, Hegel) und die philosophische Problemlage der Gegenwart*, HGA 28, §§ 2–4.

[21] Diesen Gedanken auf den Bezug zur Tradition anwendend, schreibt Heidegger im gleichen Sinne in den *Grundbegriffen der Metaphysik*: »Die Be-

Tod befreit von der Verlorenheit in die zufällig sich andrängenden Möglichkeiten, so zwar, dass es die faktischen Möglichkeiten, die der unüberholbaren vorgelagert sind, allererst eigentlich verstehen und wählen lässt«.[22]

Der letzte Punkt dieser Charakterisierung zeigt die Nähe zu Fichte. Heidegger fragt sich in der Tat, wie diese letzte Möglichkeit für das Dasein *gewiss* werden kann, also wie es sich diese aneignen kann. Die Antwort besteht darin, dass auf der Ebene, die ausschließlich das »verstehende Aneignen« betrifft, jenes letzte Möglich-Sein sich in eine Ermöglichung verdoppelt, die das (erkenntnismäßige) Möglich-Machen des Möglichen (des Möglich-Seins) ausmacht. Das Vorlaufen erweist sich somit als die Ermöglichung der äußersten Möglichkeit: »Die Erschlossenheit der [äußersten] Möglichkeit gründet in der vorlaufenden Ermöglichung«.[23] Genauso wie für Fichte die Ermöglichung die Selbstsetzung und Selbstbegründung des Wissens als Wissen möglich macht,[24] macht sie für Heidegger das Gewiss-Werden für das Dasein der äußersten Möglichkeit möglich, welche alle endlichen Möglichkeiten freilegt.

Bezüglich der letzten Rechtsquelle aller Erkenntnis ist also ein gewisser Bezug der Phänomenologie zu Fichte nicht von der Hand zu weisen: Auf allen Stufen der Legitimation – sei es in Bezug auf die vorrangige Rolle der anschaulichen Evidenz in der deskriptiven Phänomenologie oder auf die phänomenologische Konstruktion und die Ermöglichung auf einer grundlegenderen Ebene – stoßen wesentliche Ausarbeitungen der Wissenschaftslehre bei den Gründervätern der Phänomenologie auf Widerhall. Nun wird es darum gehen, aufzuzeigen, dass ein solcher Bezug zwischen Phänomenologie und Klassischer Deutscher Philosophie sich auch auf der *ontologischen* Ebene herausstellen lässt.

Wenn die Epoché und die phänomenologische Reduktion die »Weltthesis« und alles, was die Welt bevölkert, in Klammern setzen – anders gesagt, wenn der Gewinn der Phänomenologie auf Kosten einer

freiung von der Tradition ist Immerneuaneignung ihrer wiedererkannten Kräfte«, *Die Grundbegriffe de Metaphysik*, HGA 29/30, F. W. v. Herrmann (Hg.), Frankfurt a. Main, Klostermann, 1983, § 74, S. 511.
[22] *Sein und Zeit*, § 53, S. 264.
[23] Ebd.
[24] Siehe den oben bereits zitierten XVII. Vortrag der *Wissenschaftslehre von 1804/II*.

ontologischen Präkarisierung des Phänomens geht –, dann stellt sich die Frage, *welcher Seinssinn* letzterem überhaupt zukommt. Diese Frage kann als Leitfaden dienen, um den Status dieses Seinssinns in der Phänomenologie zu klären. Dabei ist es nun durchaus bemerkenswert, dass genau dieselbe Frage bereits Schellings Fichtekritik leitete – weshalb es sich lohnt, diese Auseinandersetzung näher zu betrachten. Hierzu ist es hilfreich, zunächst daran zu erinnern, worin die grundlegende Bedeutung des transzendentalen Idealismus bei Fichte und Schelling bestand.

Für beide ging es in erster Linie darum, die transzendentale Erkenntnis, d. h. das Wissen *als Wissen* zu fundieren und zu legitimieren. Für Fichte war das nur so denkbar (und möglich), dass gezeigt werden muss, wie sich das Wissen gleichsam »von innen« selbstlegitimiert – und das heißt insbesondere ohne jeglichen Rückgriff auf ein »objektives« Seiendes, auf einen »Inhalt« oder sonst eine »äußere« Affizierung. Allein eine solche Genetisierung des »reinen Wissens« ist in seinen Augen dazu in der Lage, Kants transzendentalen Idealismus zu vollenden.

Für Schelling hingegen kam, wie das vor allem aus seinem Briefwechsel mit Fichte[25] der Jahre 1800 und 1801 hervorgeht, der Fichte'sche Standpunkt einem abstrakten »Formalismus« gleich. Er schlug in seinem *System des transzendentalen Idealismus* (1800)[26] – der dann im Übrigen auch auf Hegels *Phänomenologie des Geistes* einen entscheidenden Einfluss ausübte – eine Lösung vor, die diese Klippe zu umschiffen gestattet. Sie brachte insbesondere eine völlig andere Auffassung bezüglich der Rolle des objektiven Inhalts in der Begründung des Wissens ins Spiel. Gemäß dieser Auffassung muss der *Inhalt* des Wissens einen integrativen Bestandteil der Selbsterfassung des Ich ausmachen. Der Begriff des »Transzendentalen« interveniert hier auf zwei Ebenen: in der Reihe der Versuche der Natur, sich selbst zu reflektieren, also innerhalb der Naturphilosophie, und auch in der Reihe der Selbstobjektivierungen des Ich, d. h. innerhalb der eigentlichen Transzendentalphilosophie. Jedes Moment der ersten Reihe hat seine Entsprechung in der zweiten und umgekehrt. Der Grundgedanke dabei ist also, dass die Legitimierung des Wissens – und vor allem desjenigen Wissens, welches

---

25 *Schelling – Fichte Briefwechsel*, H. Traub (Hg.), Neuried, ars una, 2001.
26 F. W. J. Schelling, *System des transzendentalen Idealismus*, H. D. Brandt & P. Müller (Hg.), Hamburg, Meiner, 2000.

eben dazu in der Lage ist, alles Wissen zu legitimieren – voraussetzt, dass die verschiedenen logischen *und realen* (!) Bestimmungen des Gewussten diese Legitimation selbst kategorial strukturieren. Dieser Auffassung nach ist das transzendental Konstituierende sozusagen durch das transzendental Konstituierte ontologisch »kontaminiert«.

Der Gegensatz zwischen Fichte und Schelling lässt sich dann folgendermaßen zusammenfassen: Für Fichte kann das Wissen nur so radikal legitimiert werden, dass diese Legitimation jeder Bestimmung des objektiven Inhalts des Wissens *vorausgeht* – denn ein Rückgriff auf diesen Inhalt würde uns sonst aus der transzendentalen Perspektive heraustreten lassen und zu einem Empirismus führen. Schelling setzt dieser »formalistischen« Ansichtsweise einen Entwurf entgegen, in dem die reale Bestimmbarkeit des Transzendentalen auf die logische Kategorialität des Inhalts des Wissens selbst verweist – ein »Rückbezug« auf den Inhalt, dank welchem das Transzendentale durch diesen konstituiert wird und dadurch im wörtlichen Sinne seine »objektive Realität« erlangt.

Schellings Position eröffnet nun eine neue Perspektive innerhalb der transzendentalphilosophischen Position, die Levinas phänomenologisch erkannt und zu erschließen versucht hat. Schelling entdeckt in der Tat eine Form des Transzendentalismus, die durch ein »wechselseitiges Bedingungsverhältnis« zwischen dem transzendental Konstituierenden und dem Konstituierten gekennzeichnet ist (dieser Gedanke ist eben das erste Mal explizit von Levinas ausgedrückt worden[27]). Zwar hat Schelling dieses nicht eigens hervorgehoben, dafür ist sich Husserl aber dieser neuen Bedeutung des Transzendentalen bewusst geworden (wie der Verfasser von *En découvrant l'existence avec Husserl et Heidegger* überzeugend gezeigt hat).[28] Was stellt nun also genau dieses »wechselseitige Bedingungsverhältnis« dar?

Die Kritik am »Idealismus«, am »Subjektivismus« oder am »Formalismus« bemängelt die jeweilige Tendenz, die Sinnkonstitution des Realen stets dem »subjektiven« Pol der Korrelation zuzuschrei-

---

[27] Siehe zum Beispiel *Totalité et infini. Essai sur l'extériorité*, Paris, Le livre de poche, «biblio essais», 1990, S. 135. Implizit findet man ihn freilich bereits am Ende des § 44 von Husserls fünfter der *Cartesianischen Meditationen*, *Husserliana I*, S. 129.
[28] E. Levinas, *En découvrant l'existence avec Husserl et Heidegger*, S. 134 et passim.

Phänomenologie im Ausgang vom nachkantischen Idealismus 97

ben. Um eine solche einseitige Sichtweise vermeiden zu können, muss die Bedeutung der Art, wie das »Bewusstsein« oder das »Denken« sich auf seinen objektiven Gehalt *bezieht*, genau verstanden werden. Es handelt sich dabei nicht um eine persönliche Aneignung und auch nicht um ein bloß empirisches Bewusstwerden, sondern eben um die Bezughaftigkeit – als transzendentaler *Struktur* – zu diesem objektiven Inhalt sowie zu der Art, wie dieser rückbeziehend die korrelativen Strukturen kontaminiert.

Drei Hauptmomente machen die Antwort auf diese Frage aus: erstens die Funktion des phänomenologischen Wahrheitsbegriffs; zweitens das wechselseitige Bedingungsverhältnis zwischen dem Konstituierenden und dem Konstituierten in der immanenten und der präimmanenten Bewusstseinssphäre; und drittens die Genetisierung dieses wechselseitigen Bedingungsverhältnisses. Die ersten beiden Momente wurden von Husserl entwickelt, das letzte findet sich in Levinas' Werk *Autrement qu'être ou au-delà de l'essence*.[29]

Um zunächst die Rolle der *Wahrheit* in der Klärung der ontologischen Grundlegung der intentionalen Korrelation ermessen zu können, ist es hilfreich, die sechste der *Logischen Untersuchungen* zu Rate zu ziehen. Husserls These besteht eben genau darin, die Legitimation der Notwendigkeit der erscheinenden Objektivität an den phänomenologischen Wahrheitsbegriff – diesseits der konkreten Adäquation von »Intellekt« und »Sache« – zu koppeln. Wahrheit wird dann verwirklicht, wenn der intentionale Bezug »richtig« ist. Und umgekehrt setzt der adäquate intentionale Bezug den (die Aussage) »wahrmachenden« Gegenstand voraus – wobei keinerlei konkrete, individuelle Subjektivität hier hineinspielt, sondern die »transzendentalen« Bestimmungen einen »anonymen« Status haben. *Wahrheit ist die Form a priori jeden Weltbezugs*. Dieser Gedanke ist für das Verständnis der »Erneuerung des Transzendentalen« entscheidend, die auf den *beiden* oben herausgearbeiteten Stufen stattfindet. Denn hierdurch wird erwiesen, dass die Wahrheit nicht die Stiftung einer Norm auf der Grundlage etwa eines vorgegebenen realen Inhalts bedeutet, sondern das reale Sein und die Legitimation seiner Notwendigkeit *miteinander vermittelt* sind. Wenn in dieser Hinsicht Husserls Ansatz zwar jenem Schellings folgt, so ist doch zugleich insofern ein Unterschied festzustellen, als in der Phänome-

---

[29] E. Levinas, *Autrement qu'être ou au-delà de l'essence*, Paris, Le livre de poche, « biblio essais », 2006 (Den Haag, M. Nijhoff, 1974).

nologie keineswegs von »Deduktionen« realer und idealer Reihen die Rede ist, sondern eben von Analysen, in denen der objektive Gehalt der Phänomene sich phänomenologisch in der (intuitiven oder konstruktiven) Anschauung ausweist. Inwiefern ist nun diese Perspektive eine ontologische?

Der Begriff des »Transzendentalen« bezeichnet bei Husserl nicht nur die Tatsache, dass das zu Erkennende auf ein transzendentales Ich zurückgeführt wird (was die konstitutiven und transzendentalen Leistungen auf die Stufe eines klaren und deutlichen Bewusstseins erhebt), sondern, wie oben bereits entwickelt wurde, dass jede Bewusstseinsaktualität »Potentialitäten« »impliziert«, die sich dem Bewusstsein nicht in voller Klarheit darstellen (und dies auch gar nicht unbedingt zu tun vermögen). Die Bedeutung jener »Erneuerung« des Begriffs des Transzendentalen eröffnet – laut Levinas – eine »neue Ontologie«:[30] »Das Sein setzt sich nicht mehr nur als ein dem Denken korrelatives, sondern als ein das Denken selbst je schon fundierendes, durch welches das Sein gleichwohl konstituiert wird«.[31] Das Denken und das Sein, das bewusste Subjekt und das Bewusstseinsobjekt stehen eben in einem »wechselseitigen Bedingungsverhältnis«. Wie kann nun aber dieser Begriff einer »neuen Ontologie« genauer bestimmt werden?

Im § 20 der *Cartesianischen Meditationen* hatte Husserl zunächst herausgestellt, dass auf der Ebene der *immanenten* Bewusstseinssphäre in jedem intentionalen Bezug zwar ein Gemeintes intentional vermeint wird, dass aber die Meinung zugleich auch durch einen »Überschuss« gegenüber jenem *explizit* Vermeinten charakterisiert ist. Das heißt, dass sich in dieser Verfahrensweise der transzendentalen Phänomenologie ein »Horizont« eröffnet, der die intentionale Konstitution *vorzeichnet* und diese dadurch »motiviert«, sich an jenem »Überschuss« zu orientieren – was jede einseitig ausgerichtete Konstitution relativiert und auf ein wechselseitiges Abhängigkeitsverhältnis verweist, welches das *immanente* intentionale Bewusstsein sowie das Sein des ebenfalls *immanent* Erscheinenden betrifft.

---

[30] Im fünften Kapitel wird ersichtlich werden, wie sich diese »neue Ontologie« im phänomenologischen spekulativen Idealismus in der Form dreier Grundbestimmungen des Seinsbegriffs ausbildet.
[31] *En découvrant l'existence avec Husserl et Heidegger*, S. 130f; dt. Übersetzung: »Der Untergang der Vorstellung«, in E. Levinas: *Die Spur des Anderen*, Freiburg/München, Alber, 2012 (6. Auflage), S. 130 (v. Vf. modifiziert).

Phänomenologie im Ausgang vom nachkantischen Idealismus 99

Innerhalb der Sphäre des durch die Epoché und die Reduktion Eröffneten, in welcher der dogmatische Seinsbegriff neutralisiert ist, bricht nun ein »transzendental *Konstituiertes*« auf, das eben jede Bewusstseinsleistung *ontologisch* fundiert. Für Levinas besteht »die Phänomenologie selbst« in jenem wechselseitigen Bedingungsverhältnis, das er folgendermaßen beschreibt: »Intentionalität bedeutet, dass jedes Bewusstsein Bewusstsein von etwas ist, vor allem aber, dass jeglicher Gegenstand das Bewusstsein, welches sein Sein erstrahlen lässt und durch welches es eben erscheint, ruft und gleichsam erweckt«.[32] Und das Entscheidende dabei ist also, dass innerhalb dieses Wechselverhältnisses eine »Seinsfundierung« statthat, die der transzendentalen Konstitution die ontologische Grundlage liefert.

Das ist aber nicht alles. Jene wechselseitige Vermittlung hat noch einen tieferen Sinn, wodurch ersichtlich wird, dass diese »neue Ontologie« in der Phänomenologie auch auf der genuin transzendentalen Konstitutionsstufe, d. h. in der besagten »präimmanenten Sphäre« gültig ist: Durch die Epoché und die Reduktion eröffnet sich nämlich ein »subjektiver Bereich« in einem *anderen* Sinn, den man mit Husserl eben die »präimmanente« Bewusstseinssphäre nennen kann und der zugleich, noch einmal in Levinas' Worten, »objektiver als alle Objektivität«[33] ist. Dies besagt insbesondere, dass das Objekt nicht bloß das Korrelat des Subjekts ist, sondern dass hier ein Vermittlungsbezug besteht, durch den das Subjekt nicht »bloßes« Subjekt, das Objekt nicht »bloßes« Objekt ist.[34] Das Sein, von dem hier die Rede ist, kann nicht mehr eigentlich als ein »Sein« angesehen werden. Es verlangt nach einer radikaleren Reduktion. Deswegen nennt Husserl es auch an verschiedenen Stellen seiner späten Manuskripte – und offensichtlich unter Finks Einfluss – ein »Vor-Sein«.[35] Dieses »Vor-Sein« geht, vom konstitutiven Standpunkt aus betrachtet, dem Sein der Welt gewissermaßen voraus und un-

---

[32] *En découvrant l'existence avec Husserl et Heidegger*, S. 134; dt. Übersetzung, S. 133 f. (v. Vf. modifiziert).
[33] Ebd., S. 134; dt. Übersetzung, S. 134.
[34] *En découvrant l'existence avec Husserl et Heidegger*, S. 133; dt. Übersetzung, S. 134.
[35] Siehe insbesondere den Text Nr. 62 der C-Manuskripte (*Späte Texte über Zeitkonstitution (1929–1934)*, Husserliana Materialien, Band VIII, D. Lohmar (Hg.), Dordrecht, Springer, 2006, S. 269) und eine Fußnote im Text Nr. 35 von *Husserliana XV* (S. 613). Zur Rolle des »Vor-Seins« im phänomenologischen spekulativen Idealismus, siehe das Ende des fünften Kapitels.

terminiert den Gegensatz einer erkenntnistheoretischen und einer ontologischen Perspektive, da es sowohl die anonyme transzendentale »Subjektivität« als auch das von ihr konstituierte und sie fundierende Korrelat betrifft.

Die Bestimmung des objektiven Inhalts des Realen verlangt demnach sowohl nach einer subjektiven Konstitutionsleistung als auch nach einer ontologischen Fundierung, die dem so Konstituierten eine objektive Realität verleiht – und zwar *gleichursprünglich*! Die transzendentale Konstitution *ist* eine ontologische Fundierung. Ich betone: Nur sofern das (transzendental konstituierte) Sein das Bewusstsein *»fundiert«* (genau hierin besteht die *»objektivere* Objektivität« als alle *einseitig durch die transzendentale Subjektivität konstituierte Objektivität*), kann das Bewusstsein das Erscheinende *»konstituieren«*. Der Konstitutionsbegriff verweist darauf, dass der Gegenstand nicht als bloß *abstrakter* Leitfaden fungiert, sondern die transzendentalen Leistungen *kontaminiert*. Dieser Gedanke steht übrigens systematisch jenem einer »Epigenesis«, wie er jüngst[36] im Ausgang von Kant von Catherine Malabou entwickelt wurde, nahe, d. h. einer Genese, die durch den objektiven Gehalt *jenseits* (»epi-«) des *transzendentalen Ursprungs* vermittelt wird und damit sozusagen die Kehrseite der Auffassung, der zufolge die Objektivität kategorial strukturiert ist, ausmacht.

Schließlich kann das »wechselseitige Bedingungsverhältnis« *in die transzendentale Genese* selbst (so wie sie von Fichte entworfen wurde) hineingenommen werden. Dieses Bedingungsverhältnis wird nämlich, laut des Levinas'schen Entwurfs der »Dia-chronie« in *Autrement qu'être ou au-delà de l'essence*, seinerseits (und zwar, hätte Fichte hinzugefügt: durch eine *(Selbst-)Reflexion*) genetisiert. Jedes Bedingungsverhältnis impliziert in der Tat eine Differenz der Ebene oder des Registers, bei der jeweils eine *Präsenz* und ein *Entzug* festzustellen ist (nämlich, je nach dem eingenommenen Standpunkt, entweder des Bedingenden oder des Bedingten). Allerdings geht es dabei nicht lediglich darum (wie das bei Fichtes Reflexion der Kantischen Transzendentalphilosophie der Fall war), dass der Begriff des Transzendentalen insofern eine Vernichtung und eine Erzeugung impliziert, *als keinerlei mögliche Erfahrung sich auf ihn beziehen kann* (und wo darüber hinaus diese Vernichtung und diese Erzeugung sich je nur auf *diese* oder *jene* transzendentale Bedingung

[36] C. Malabou, *Avant demain. Épigenèse et rationalité*, Paris, PUF, 2014.

Phänomenologie im Ausgang vom nachkantischen Idealismus 101

beziehen), sondern es findet hier ein Sprung von einem Register zu einem anderen statt, der sich auf die *gesamte* Sphäre diesseits des immanenten Bewusstseins erstreckt und – eben dank einer *reflexiven Vertiefung* des »Bedingungsverhältnisses« – ein Wechselspiel von »Präsenz« und »Nicht-Präsenz« (Entzug) zeitigt. Deshalb erkennt Levinas in dieser zweifachen Figur nicht nur das Wesen jedes Bedingungsverhältnisses, sondern, indem er mehrmals auf die »Nicht-Bedingung *oder* Bedingung (incondition *ou* condition)«[37] verweist, verortet er sie »diachronisch« in ihrem Ursprung, der dort gewissermaßen die Form eines »Prinzips oder Nicht-Prinzips« annimmt oder eben dessen, was Levinas »Anarchie« nennt. Dieser »Sprung« – und darin besteht also der fundamentale Sinn der Genesis – wird nicht von außen von irgend einem »Beobachter« vollzogen (und sei dieser auch »uninteressiert«), sondern er verwirklicht in einer »Reflexion der Reflexion« (dieser Ausdruck ist wiederum von Fichte) die Grundbestimmung des Transzendentalen, welche in der charakteristischen Verdoppelung der Ermöglichung besteht,[38] d.h. in der Einsicht, dass das richtige Verständnis der Bedingungen der Möglichkeit von etwas je auch zugleich das, was diese Bedingungen der Möglichkeit selbst möglich macht, entdeckt[39].

Am Ende dieser zweifachen Analyse, die sich auf die Legitimation der Erkenntnis und auf deren ontologische Grundlage bezog, stellt sich nun die Frage, was hieraus für den Status der Subjekt-Objekt-Korrelation folgt, von der ja bereits eingangs behauptet wurde, dass sie einen entscheidenden Grundaspekt der Phänomenologie ausmacht. Angesichts der Eröffnung der präimmanenten Bewusstseinssphäre, die sich ja als ein »Vor-Sein« ergeben hatte, kann man sich insbesondere fragen, wie oben bereits anklang, ob es sich dabei um eine »asubjektive« Sphäre handelt oder ob ihr doch noch irgendwie der Status einer »transzendentalen Subjektivität« zugeschrieben werden kann. Auf genau diese Frage hatte Fichte bereits (im An-

---

[37] *Autrement qu'être ou au-delà de l'essence*, S. 17, 186, 196, 203, 281, 282. Dieser Ausdruck verweist darüber hinaus auf die Art und Weise, wie Levinas die Subjektivität als »Ort oder Nicht-Ort« (bzw. »Ort und Nicht-Ort«) kennzeichnet (insbesondere a.a.O., S. 77).
[38] Eine andere Dimension der »Ermöglichung« wird im letzten Teil dieses Kapitels aufgewiesen.
[39] Die systematischen Konsequenzen dieser Einsichten werden in den Kapiteln V und VI gezogen werden.

schluss an die oben zitierte Passage) eine Antwort geliefert – indem er nämlich in Bezug auf das »absolute Ich« behauptet hatte, die Wissenschaftslehre habe stets versichert, dass sie je nur das »*erzeugte*« Ich als rein aufgefasst habe und dieses an die Spitze ihrer Deduktionen gesetzt habe, nicht jedoch ihrer selbst, »indem [...] die Erzeugung höher <liegt> als das [E]rzeugte[40].« Das bedeutet, dass Fichte ganz klar zwischen den durch die Wissenschaftslehre vollzogenen »*Deduktionen*« und dem Herzen, dem Kern der Wissenschaftslehre *selbst* unterscheidet – welche Unterscheidung der von *Erzeugtem* und *Erzeugung* gleichkommt. Man kann dementsprechend drei Stufen erkennen: die empirische Stufe, die Stufe des »Erzeugten« und jene der »Erzeugung«. Die Wissenschaftslehre erzeugt ihre eigenen Vollzüge; als solche aber fällt sie nicht mit ihren Deduktionen oder Ableitungen zusammen. *An sich und für sich selbst betrachtet* ist sie in der Tat reine Erzeugung, Genesis, reine Tätigkeit, Tathandlung. Die Deduktion macht insofern nicht den letztgültigen Standpunkt der Wissenschaftslehre aus, als dieser Standpunkt eine Genesis eröffnet, die diesseits jeder Deduktion unter dem Zeichen des Feldes einer »asubjektiven Subjektivität« steht, die durch eine nicht reduzierbare *Unbestimmtheit* bzw. *Kontingenz* charakterisiert ist, innerhalb derer sich eine Notwendigkeit eröffnet. Auch diese Perspektive lässt sich innerhalb der Phänomenologie wiederfinden.[41]

Die Eröffnung – dank der Epoché und der phänomenologischen Reduktion – der transzendentalen Bewusstseinssphäre wirft ein grundlegendes Problem auf: Wenn diese Sphäre einerseits durch die *Korrelation* von Bewusstsein und Gegenstand gekennzeichnet ist (was die Frage nach der »Realität« des Gegenstands im transzendentalen Register stellt[42]) und wenn sich andererseits *diesseits* der immanenten Sphäre die *präimmanente* Bewusstseinssphäre eröffnet (was wiederum die Frage nach der »Realität« *dieser* Sphäre aufwirft), dann muss man sich fragen, was die *Einheit* dieser zweifa-

---

[40] *Wissenschaftslehre 1804²*, GA II, 8, S. 205.
[41] Zunächst bei Husserl, da sich die drei erwähnten Stufen (die empirische Ebene, die Ebene des Erzeugten und die Ebene der Erzeugung) jeweils auf die Sphäre des empirischen Bewusstseins (außerhalb der *Epoché*), auf die immanente Sphäre und auf die präimmanente Sphäre des transzendentalen Bewusstseins beziehen; und dann auch bei Heidegger aus Gründen, die weiter unten erhellt werden.
[42] Auf diese Frage komme ich im Kapitel VI ausführlich zurück.

chen transzendentalen (immanenten und präimmanenten) Sphäre ausmacht – wobei die Antwort auf diese Frage freilich den »minimalen« phänomenologischen Zwängen (wie Jean-Toussaint Desanti sich ausgedrückt hat) Rechnung tragen muss, die darin bestehen, die Zurückführung auf die *Subjektivität* und die *korrelative* Struktur derselben zusammenzudenken. Oder noch einmal anders ausgedrückt (angesichts der Gegenüberstellung der oben analysierten Perspektiven): Wie lassen sich die erkenntnistheoretische Forderung einer *Erkenntnislegitimierung* und die ontologische Forderung, das *Sein* all dessen aufzudecken, was die zweifache phänomenologische Sphäre zusammensetzt, miteinander vereinbaren?

Unter den verschiedenen Ansätzen einer Antwort auf diese Frage, die von den Klassischen Deutschen Philosophen vorgeschlagen wurden, möchte ich einmal mehr die von Fichte hervorheben, da sie alle Parameter, die hier hineinspielen, in Betracht zieht. In der *Wissenschaftslehre von 1804* (zweite Fassung) erhebt sich Fichte, ohne sich um die Frage nach dem *Zugang* zur transzendentalen Sphäre zu kümmern, auf die höchste Stufe der Transzendentalphilosophie (die er ein Jahrzehnt nach der *Grundlage zur gesammten Wissenschaftslehre* von 1794/95 zwar nicht mehr als »absolutes Ich« bezeichnet, deren subjektive Dimension, die er nun »Licht« nennt, aber dennoch gewahrt bleibt), nämlich zum »Punkt der Einheit und der Disjunktion« der Korrelation von Sein (Objekt) und Bewusstsein (Subjekt). Es geht dabei insbesondere darum, das Aneignungsprinzip des Erkenntnisgegenstands, die ontologische Grundlage aller Realität und die transzendentale Legitimation des höchsten Grundsatzes der Erkenntnis zu erläutern. Dies bringt das Band zwischen der Selbstvernichtung des Bewusstseins und dem »Absatz« des Seins ins Spiel, wie auch eine Verdoppelung der »Ermöglichung«, in deren Mittelpunkt Fichte das sogenannte »Als« verortet, das die Selbstlegitimation der Bedingungen der Möglichkeit der Erkenntnis liefert.

In den *Grundbegriffen der Metaphysik* kommt Heidegger nun auf den Begriff der »Ermöglichung« zurück, was auf eine bemerkenswerte Weise an Fichtes Gebrauch desselben Begriffs erinnert.

Im Briefwechsel Fichtes und Schellings bestand, wie oben angemerkt wurde, der Streit darin, dass sich eine radikal transzendentalistische (auf die Ermöglichung fokussierte) Position und eine ontologisierende Herangehensweise gegenüberstanden; seine Auflösung schien dabei ohne das Aufgeben einer dieser beiden Standpunkte nicht möglich. Ganz offenbar bricht dieser Streit in der Phänomenologie dann genauso auch zwischen einer konstruktiven Phänomenologie bei Husserl und einer phänomenologischen Ontologie bei Heidegger wieder auf. Es erweist sich nun aber, dass Heidegger im eminent wichtigen § 76 jener Vorlesung von 1929/30 beide Perspektiven zu vereinbaren sucht. Hierfür wird nicht bloß eine besondere reflexive Anstrengung unternommen, sondern eine Verwandlung des Menschen »in ein ursprünglicheres *Da-sein*«[43] nötig. Für Heidegger kann eine »subjektive« Dimension (die den dogmatischen Realismus zu vermeiden vermag) nur so mit der Notwendigkeit, auf eine Analytik des *Bewusstseins* zu verzichten, vereinbart werden, dass diese zweifache Perspektive sich im Sinne eines »Grundgeschehens«[44] vollzieht. Worin besteht genau dieses letztere?

Dieses »Grundgeschehen« nähert sich sehr dem »Begriff-Licht-Sein-Schema« an, das Fichtes späte (»Berliner«) Wissenschaftslehren wesenhaft kennzeichnet. Es handelt sich dabei um das Prinzip jeden Bezugs von »Denken« und »Sein«, das durch ein präsubjektives Prinzip der Erkenntnis, welches »Licht« genannt wird, vermittelt ist. Dabei ist allerdings dieses »Prinzip« kein erster Grundsatz, aus dem sich alle anderen ableiten ließen, sondern eine gleichsam transzendentale *und* metaphysische Konstellation, der jeder Subjekt-Objekt- bzw. Bewusstsein-Welt-Bezug untersteht. Mit dem Begriff des »Grundgeschehens« bringt Heidegger nun genau die gleiche Idee zum Ausdruck, selbst wenn dessen »ursprüngliche Struktur« von jener des »Begriff-Licht-Sein-Schemas« Fichtes abweicht. Heidegger begreift seinen »einheitlichen Charakter« als einen »Entwurf«, genauer: als die Ermöglichung jedes Sinnentwurfs. Dieser »Entwurf« ist durch eine Doppelbewegung[45] einer »Abkehr« und

---

[43] *Die Grundbegriffe der Metaphysik*, HGA 29/30, S. 508.
[44] In der Vorlesung vom Sommersemester 1929 (die jener über die *Grundbegriffe der Metaphysik* unmittelbar vorausging) behauptete Heidegger ausdrücklich, dass »der Gegenstand der Auseinandersetzung mit Fichte und dem deutschen Idealismus«, nämlich »das Problem der Metaphysik und der Frage des Menschen«, sich vom »Grundgeschehen der Metaphysik« selbst aus entfaltet, *Der deutsche Idealismus (Fichte, Schelling, Hegel) und die philosophische Problemlage der Gegenwart*, HGA 28, S. 131 f. Heidegger sieht hierin nicht weniger als den Kern der Problemlage der Gegenwart überhaupt, sofern diese hinsichtlich des deutschen Idealismus betrachtet wird (vgl. den Titel der Vorlesung und ebenda, S. 47).
[45] Diese Doppelbewegung erinnert stark an jene des aus sich herausgehenden und wieder in sich zurückgehenden Ich, von dem in Fichtes *Zweiter Einleitung in die Wissenschaftslehre* (1797) die Rede ist.

Phänomenologie im Ausgang vom nachkantischen Idealismus 105

einer »Zukehr« charakterisiert, welche nicht *reflexiv*, sondern eben *ermöglichend* ist: »[D]as im Entwurf Entworfene *zwingt* vor das mögliche Wirkliche, d.h. der Entwurf *bindet* – nicht an das Mögliche und nicht an das Wirkliche, sondern an die *Ermöglichung*.«[46] Der zwingende und bindende Charakter des Realen – d.h. dessen *Notwendigkeit* – setzt dabei die Ermöglichung voraus. »Gegenstand des Entwurfs [...] ist das *Sichöffnen für die Ermöglichung*.«[47]

Zugleich, und dieses zweite Moment hängt sehr eng mit dem ersten zusammen, lässt jener Entwurf das Sein[48] des Seienden hervorscheinen: Das Sich-Entgegenhalten der Notwendigkeit ist vom Aufgehen des Seins nicht zu trennen. Heidegger bezieht sich hier explizit auf Schellings *Freiheitsschrift*: Der Entwurf ist »der Lichtblick ins Mögliche-Ermöglichende überhaupt«.[49] Heidegger geht hier insofern über das hinaus, was er im § 53 von *Sein und Zeit* über die Ermöglichung herausgestellt hatte, als es hier nicht mehr nur um die »Gewissheit« dieses Phänomens geht. Dagegen nähert er sich umso mehr[50] wiederum der Fichte'schen Auffassung der »Ermöglichung« an, da dieser Begriff genau jene »ermöglichende Verdoppelung« bezeichnet, die auch schon in der *Wissenschaftslehre von 1804/II* aufgetreten war. Das Offen-Sein für das Seiende hat nämlich eine »vorlogische« Dimension, die Heidegger ausdrücklich mit der »Ermöglichung« in Verbindung setzt.[51]

Schließlich stellt Heidegger noch ein drittes Moment des »Grundgeschehens« heraus. Diesem Offen-Sein ist nämlich eine »Offenbarkeit« eigen, die in einem »Ganzen« gründet, das Heidegger »die Welt« nennt. Der Entwurf ist also auch ein ein Ganzes entwerfendes »Bilden« – Heidegger geht sogar so weit zu sagen, dass das Ganze, die Welt, allererst die Offenbarkeit möglich macht.[52] Im Mittelpunkt dieser gesamten Bewegung steht das »Als«, das Heidegger zwar in erster Linie an der Aristotelischen Analyse des »logos apophanti-

---

[46] *Die Grundbegriffe der Metaphysik*, S. 528.
[47] Ebd., S. 529.
[48] Im Sinne des »Transzendentalen« »für jedes Seiende« wie Heidegger es im (oben zitierten) § 43 von *Sein und Zeit* angeführt hatte.
[49] *Die Grundbegriffe der Metaphysik*, S. 529f.
[50] »Noch mehr«, da Heidegger hier ganz besonders den Gedanken einer ermöglichenden *Verdoppelung* hervorkehrt, während er im § 53 von *Sein und Zeit* gerade die Art betont hatte, wie die Ermöglichung *gewiss* werden kann.
[51] *Die Grundbegriffe der Metaphysik*, S. 510f.
[52] Ebd., S. 513f.

kos« orientiert, das zugleich aber auch (und sogar vorrangig) Fichtes »Als« (qua Prinzip der Ermöglichung) widerspiegelt – wodurch die Behauptung, »die Aufhellung des Wesens des ›Als‹ geh[e] zusammen mit der Frage nach dem Wesen des ›Ist‹, des Seins«,[53] ihren klaren Sinn erhält. Die »gemeinsame Wurzel« des »Als« und des Seins muss insofern in der *Ermöglichung* gesucht werden, als diese ein Prinzip der Aneignung, das Sein und ein Prinzip der Legitimation (Fichte), bzw. die Notwendigkeit, das Sein und die vorlogische Konstellation eines Ganzen (Heidegger) zusammenhält. Durch diese ergreifende Vertiefung des Bezugs von Notwendigkeit, Sein und Wissenslegitimation, macht diese Analyse des »Grundgeschehens« einen Höhepunkt der Herausstellung des Erbes der Klassischen Deutschen Philosophie in der Phänomenologie aus.

Zusammenfassend kann gesagt werden, dass es in diesem Kapitel darum ging, Argumente für die These zu liefern, dass der Rückgriff auf wirkungsmächtige Ausarbeitungen innerhalb der Klassischen Deutschen Philosophie Licht auf ein »Ungedachtes« in der phänomenologischen Methode zu werfen vermag. Dieses Ungedachte betrifft sowohl das genaue Verständnis des Begriffs des Transzendentalen als auch den Bezug zwischen dem (weitgefächerten) Begriff der »Möglichkeit« und dem der transzendentalen »Subjektivität«. Drei Probleme waren hierbei für diese Überlegungen maßgeblich: Wie kann die anschauliche Evidenz ein legitimierendes Vermögen aufweisen? Was ist der Seinssinn des Phänomens in der Haltung der Epoché? Wie lassen sich die (erkenntnistheoretische) Frage nach den »Rechtsquellen« der Erkenntnis mit der (ontologischen) Frage nach der seinsspezifischen Grundlage des transzendental Konstituierten verbinden? Diese Fragen liefen schließlich auf das Problem hinaus, welcher Status dem Feld der transzendentalen »Subjektivität« im Gegensatz zum konkreten »Ich« zukommt. Eines der Ergebnisse dieser Untersuchung legt nahe, dass erstere in der Tat ein »*Feld*« darstellt, während letzteres eher einen »*Pol*« der intentionalen Korrelation *innerhalb* dieses Feldes ausmacht. Die Antworten auf diese Fragen wurden nicht von einem einzigen Autor gegeben (und konnten dies auch gar nicht) – und zwar weder in der Klassischen Deutschen Philosophie noch in der Phänomenologie. Sie brachten jeweils die Begriffe einer (»genetischen« bzw. »phänomenologischen«)

---

[53] *Die Grundbegriffe der Metaphysik*, S. 484.

»Konstruktion«, eines »wechselseitigen Bedingungsverhältnisses« im Mittelpunkt einer »neuen Ontologie« und einer »Ermöglichung«, d. h. der als »ermöglichende Verdoppelung« verstandenen »Reflexion der Reflexion« ins Spiel. Schelling und vor allem Fichte haben hierdurch Wege zu Analysen diesseits der Spaltung von »Erkenntnistheorie« und »Ontologie« eröffnet. Als es darum ging, die Einheit der transzendentalen Phänomenologie hinsichtlich ihrer spekulativen Grundlagen zu reflektieren, haben sich die Phänomenologen (d. h. hier Husserl, Heidegger und Levinas) gleichsam »hinter ihrem Rücken« bzw. unbewusst davon inspirieren lassen.

Kapitel IV
Transzendentale Phänomenologie im Ausgang von der Lebenswelt

Der »transzendentale Idealismus« hat aber auch noch ein anderes Gesicht. Um das deutlich zu machen, ist noch einmal der Rückgang zu Husserl nötig – allerdings zum späten Husserl, der mit seinen engen Verbindungen erst zu Heidegger und dann zu Fink ja selbst bereits »phänomenologieimmanente« Einflüsse und Reaktionen erfahren hatte.

Ausgangspunkt dieses Kapitels ist es – näher betrachtet –, darzulegen, wie Husserl in seiner bedeutenden Spätschrift *Die Krisis der europäischen Wissenschaften und die transzendentale Phänomenologie* (1936) ein Grundmotiv der neuzeitlichen Philosophie entlarvt, an dem sich die Entzündung des jahrtausendealten Streits zwischen Idealismus und Materialismus noch einmal sehr anschaulich nachvollziehen lässt. Dieses Grundmotiv wird Husserl dann anhand seiner – freilich bloß skizzenhaften – Lesart Humes widerlegen, um in diesem letzten Werk noch einmal – nach der »deskriptiven Psychologie« der *Logischen Untersuchungen* und der auf das »transzendentale Ego« zentrierten Phänomenologie der *Ideen I* und der *Cartesianischen Meditationen* – einen möglichen Neuansatz der transzendentalen Phänomenologie zu eröffnen. Diesen Neuansatz verankert er in einer Reihe von Infragestellungen und Paradoxien, die es ausführlich vorzustellen gilt. Es wird hier nicht um eine vertiefte Auseinandersetzung der Phänomenologie Husserls mit dem Empirismus gehen, sondern es soll lediglich aufgezeigt werden, welchen entscheidenden Impuls Husserls (späte) Auffassung der transzendentalen Phänomenologie diesem zu verdanken hat. Am Ende des Kapitels soll schließlich kurz vorgezeichnet werden, wie Husserls kritischer Ansatz positiv weiterentwickelt werden kann. Dies gestattet es dann auch zugleich, den Übergang zum systematischen dritten Teil dieses Essays herzustellen.

Worin besteht laut Husserl das »Grundmotiv« der neuzeitlichen Philosophie und Wissenschaft (seit Descartes, Galilei und Newton)? In der grundlegenden Tendenz dessen, was er den »Objektivismus« nennt. Das Charakteristikum desselben ist, »dass er sich auf dem Boden der durch Erfahrung selbstverständlich vorgegebenen Welt bewegt und nach ihrer ›objektiven Wahrheit‹ fragt, nach dem für sie unbedingt, für jeden Vernünftigen Gültigen, nach dem, was sie an sich ist«.[1] Husserls These lautet, dass hierbei beständig eine *Unterschiebung* bzw. das, was er als eine »*Subreption*« bezeichnet, vollzogen wird. Die neuzeitliche Wissenschaft unterschiebt der natürlichen Lebenswelt ein mathematisches Substrat, das allein den Maßstab für Sein und Geltung des zu Erkennenden liefere. Oder anders gesagt, der Lebenswelt werde ein passendes »Ideenkleid« angemessen, wodurch die tiefe Zusammengehörigkeit von vermeintlich gerechtfertigter Mathematisierung und universaler Vernünftigkeit zum Ausdruck komme. Husserl kritisiert dabei an diesem »Objektivismus« sowohl die unzulässige Inanspruchnahme eines lediglich konstruierten Erkenntnissubstrats als auch – auf der ontologischen Seite – die Ansetzung eines objektiven »Seins an sich«.

Husserl zufolge ist nun bei Hume ein verborgenes Motiv angelegt, das es vermag, den Subreptionsobjektivismus zu vermeiden, ohne darum das Ideal von Wissenschaftlichkeit aufzugeben. Dieses Motiv stellt eine tiefgreifende »Erschütterung« des Objektivismus dar. Es besteht in der *verborgenen* Einsicht, dass das *Bewusstsein* in die Weltkonstitution eingeht. Allerdings wird diese Bewusstseinskonstitution nicht in ihrer positiven Funktion, d. h. in dem Sinne, dass das Bewusstseinsleben als »Seinssinn leistendes« aufgewiesen wird, erfasst, sondern bloß negativ vorgezeichnet: »bei Hume erzeugte die ganze Seele mit ihren ›Impressionen‹ und ›Ideen‹ […] die ganze Welt, die *Welt selbst*, und nicht etwa nur ein Bild [dies ist eine Anspielung auf Descartes' Auffassung einer Erzeugung von »Weltbildern«, A. S.] – aber freilich, dieses Erzeugnis war eine bloße Fiktion«.[2] Husserls Gegenthese lautet dagegen gerade umgekehrt, dass die Erzeugung von »Weltbildern« (Descartes), von »fiktionalen Erzeugnissen« (Hume) mit dem phänomenologischen Anspruch auf Begründung von Objektivität und Erkenntnis *zusammengedacht* werden muss. Die Erschütterung des Objektivismus liegt also darin,

---

1 *Husserliana VI*, S. 70.
2 Ebd., S. 92.

in gewissem Sinne *bildhafte*, demnach keine fiktiven, sondern »fiktionale«, *phantasie*mäßige Leistungen in der Konstitution des Bewusstseins von Welt und Objektivität zu berücksichtigen.³ Hieraus folgen wiederum auch höchst bedeutsame Konsequenzen für die Methode der Phänomenologie, die in diesem Kapitel eingehender erläutert werden sollen. Dass das Bewusstseinsleben je leistendes Leben ist, bedeutet also fundamental, dass folgende drei Grundaspekte, nämlich: 1.) die *Bildhaftigkeit* des phänomenal Seienden, 2.) die reale *Objektivität* und 3.) die *Erkenntnislegitimation* in ihrer grundlegenden Zusammengehörigkeit erkannt werden müssen. Hiermit wird alldem, was in der Folge die »transzendentale Phänomenologie« ausmachen wird, die Grundrichtung angezeigt. Wie stellt sich das genauer dar?

Zunächst ist hierzu Husserls bemerkenswerte Auslegung des »Humeschen Problems« festzuhalten. Kants bekannte Lesart desselben betraf das »Induktionsproblem«, also die Zulässigkeit des Schlusses von Einzelfällen auf ein allgemeingültiges Gesetz. Für Husserl aber ist *nicht dies* das eigentliche »Humesche Problem«, sondern vielmehr das folgende: »Wie ist die *naive Selbstverständlichkeit* der Weltgewissheit, in der wir leben, und zwar sowohl die Gewissheit der *alltäglichen* Welt als die der gelehrten *theoretischen Konstruktionen* aufgrund dieser alltäglichen Welt, zu einer *Verständlichkeit* zu bringen?«⁴ Es geht hierbei um das Verständlichmachen eines *vermeintlich* Selbstverständlichen, was sich aber für den Philosophen als *nicht* selbstverständlich erweist – nämlich die Weltgewissheit. Für Husserl besteht das bedeutende Verdienst des Verfassers des *Treatise of Human Nature* darin, als erster erkannt zu haben, dass die objektiven Wahrheiten des Wissenschaftlers und die objektive Welt selbst »sein eigenes, in ihm selbst gewordenes *Lebensgebilde*«⁵ sind – »*Lebensgebilde*«, die mit der soeben angesprochenen »*Bildhaftigkeit* des phänomenal Seienden« in Zusammenhang gebracht und in der Tat auch zusammengedacht werden müssen. Wenn Husserl betont, dass das »Welträtsel im tiefsten und letzten Sinne, das Rätsel einer Welt, deren Sein *Sein aus subjektiver*

---

3 Diese These, die der Orthodoxie der Husserl'schen Phänomenologie entgegenzustehen scheint, lässt sich über die hier darzulegenden Analysen hinaus auch mit bedeutenden Passagen aus *Husserliana XXIII* erhärten.
4 *Husserliana VI*, S. 99.
5 Ebd.

Leistung ist, und das in der Evidenz, dass eine andere überhaupt nicht denkbar sein kann«, ganz genau »*Humes Problem*«[6] ist, dann wird damit zum Ausdruck gebracht, dass die Frage nach dem »Weltproblem« grundsätzlich nur im Rückgang auf subjektiv zu leistende »Sinngebilde« und deren »bildhaften« Charakter zu beantworten ist.

Diese fundamentale Bedeutung des Zusammenhangs von »Sinngebilden« und positiv zu verstehender »Bildhaftigkeit« des phänomenal Seienden kommt noch stärker zum Vorschein, wenn man hierbei Husserls grundlegende Bestimmung des Begriffs des »Transzendentalen« mit in Betracht zieht. Diese wird im § 26 der *Krisis*-Schrift geliefert. Um voll erfassen zu können, worum es dabei geht, muss dieser Paragraph mit dem vorigen (§ 25) zusammengelesen werden – und auch mit dem § 11 von *Erfahrung und Urteil*, in dem es exakt um die gleiche Problematik geht. Der Begriff des »Transzendentalen« hat die *fundamentale* Bedeutung, der zufolge er den Status der »*verhüllten* Subjektivität«[7] ausmacht, sofern sie, wie gesagt, *Urquelle für die Beantwortung des* »*Welträtsels*« *(also der Weltgewissheit)* ist. Husserls Definition dieses Begriffs lautet folgendermaßen: Das »Wort ›transzendental‹« wird für ein »Motiv« gebraucht, welches »das Motiv des Rückfragens nach der letzten Quelle aller Erkenntnisbildungen, des Sichbesinnens des Erkennenden auf sich selbst und sein erkennendes Leben« ist, »in welchem alle ihm geltenden wissenschaftlichen Gebilde zwecktätig geschehen, als Erwerbe aufbewahrt und frei verfügbar geworden sind und werden«.[8] »Transzendental« verweist also auf jene Motivierung, die das phänomenologisch (bezüglich des »immanent« Gegebenen) und dann auch wissenschaftlich Beschreibbare als »Gebilde« verständlich macht, die auf eine letzte Quelle zurückweisen, nämlich die »fungierenden Leistungen« der transzendentalen Subjektivität, die ihrerseits phänomenologisch (aber in einem anderen Sinne als der rein immanenten Beschreibung) als »aufbewahrte« und somit »frei verfügbare Erwerbe« aufweisbar und analysierbar sind. »Transzendental« heißt nicht: sich auf bloße *Bedingungen* der Möglichkeit der Erkenntnis beziehend, sondern ein phänomenologisches Feld eröffnend, das als »erkennendes Leben« einen so aktiven wie verhüllten

---

6 *Husserliana VI*, S. 100.
7 *Erfahrung und Urteil*, § 11, S. 47.
8 *Husserliana VI*, S. 100f.

Beitrag zur Sinn-*Bildung* (in der Bedeutung von »Sinngebilden und Geltungsgebilden«) überhaupt liefert.

Um jenes Welträtsel nun lösen, um die Frage nach der Weltgewissheit beantworten zu können, führt Husserl in der *Krisis*-Schrift den berühmten Begriff der »Lebenswelt« ein. Was bedeutet er und wie kommen wir zu ihm?

Unter »Lebenswelt« versteht Husserl grob gesagt den vermeintlich selbstverständlichen, nicht eigens zum Thema gemachten Boden unseres Weltbezugs – und zwar sowohl im alltäglichen Denken und Handeln als auch in der wissenschaftlichen oder philosophischen Behandlungsart der Gegenstände. Das Überspringen bzw. achtlose Ignorieren dieses lebensweltlichen Bodens jeder erkenntnishaften Theoretisierung ist der Grund für die Krise der neuzeitlichen objektivistischen Naturwissenschaft. Wie ist nun jener Boden zu gewinnen und was zeichnet ihn grundlegend aus? Und welche Form von Wissenschaftlichkeit kommt der Thematisierung der Lebenswelt zu?

Die Antwort hierauf wird durch ein schon bekanntes methodisches Prinzip geliefert, das Husserl nun die »lebensweltliche Epoché« nennt, die ganz offenbar die »Epoché« und die »Reduktion« zugleich mitumschließt. Aus ihr geht hervor, dass die Lebenswelt, ganz gleich von welcher Perspektive sie betrachtet wird, ihre »allgemeine Struktur« hat. Allerdings ist das »Apriori«, das hier durchscheint, nicht das objektive Apriori der Wissenschaft. Das Apriori der Lebenswelt ist nicht das objektiv-logische Apriori. Letzteres ist auf ersteres »rückbezogen«. »Diese Rückbezogenheit ist die einer Geltungsfundierung« und zwar dank einer »gewisse<n> idealisierende<n> Leistung«. Die Grundaufgabe einer »Wissenschaft der Lebenswelt« besteht dann darin aufzuweisen, »wie das ›objektive‹ in dem ›subjektiv-relativen‹ Apriori der Lebenswelt gründet« und in der lebensweltlichen Evidenz seine »Sinn- und Rechtsquelle« hat. Diese beiden Grundarten des Apriori müssen also prinzipiell voneinander geschieden und die Unterschiebung eines objektiven Apriori unter das lebensweltliche muss in aller Deutlichkeit herausgestellt (und dadurch dann auch unterbunden) werden. Genau diese Scheidung soll die lebensweltliche Epoché ebenso leisten wie auch die Aufweisung des soeben schon angeschnittenen Gründungsverhältnisses. Husserl schreibt: »Nur durch Rekurs auf dieses, in einer eigenen apriorischen Wissenschaft zu entfaltende Apriori können unsere apriorischen Wissenschaften, die objektiv-logischen, eine wirklich radikale, eine ernstlich wissenschaftliche Begründung gewinnen [...].«[9]

Dieses originelle Apriori betrifft ein ganz neues Forschungsfeld. Es geht dabei darum, dass der »Blick frei« werde. Frei wovon? Von der »stärksten Bindung« an die starren Verhältnisse der objektivistischen Auffassung. Und frei wofür? Eben für das lebensweltliche Apriori. Die »totale Umstellung«, die eine radikale Einstellungsänderung bedeutet, setzt *eine* Art des Bezuges an die Stelle eines *anderen*. Die »verborgenste innere Bindung« soll der »in sich absolut geschlossenen und absolut eigenständigen Korrelation«[10] Platz machen. Der Blick wird frei von der Bindung an die *Vorgegebenheit* der Welt für die universale *Korrelation* von Welt und Weltbewusstsein.

Wenn man nun in die Sinn- und Geltungsimplikationen dieses neuen Korrelationsapriori eindringt, dann stellt sich heraus, dass hier eine Unendlichkeit von »immer neuen Phänomenen einer neuen Dimension« ans Licht kommt, die Husserl als »rein *subjektive* Phänomene« kennzeichnet, als »geistige Verläufe«, welche die Funktion üben, »*Sinngestalten* [als »*GestaltBILDUNGEN*«, wie Husserl im selben Zusammenhang sagt, A. S.] *zu konstituieren*«.[11] Es handelt sich in der Tat um eine *neue Dimension*, ein eigenes »Reich«, das »Reich des Subjektiven«. Husserl charakterisiert es so: »Es ist ein Reich eines ganz und gar in sich abgeschlossenen Subjektiven, in seiner Weise seiend, in allem Erfahren, allem Denken, in allem Leben fungierend, also überall unablösbar dabei, und doch nie ins Auge gefasst, nie ergriffen und begriffen.«[12] Dieses Ergreifen und Begreifen ist die Aufgabe der Phänomenologie. Das »Material«, das hierbei zugrunde liegt, sind keine Zeichen, nichts irgendwie Festes oder Unbewegliches. Es ist ein »geistiges Material«, »das sich immer wieder in Wesensnotwendigkeit als geistige Gestalt, als konstituiert erweist [es handelt sich dabei um eine gleichsam unendliche Verschachtelung von Konstitutionen, in denen diese »geistigen Gestalten« in einem unaufhörlichen Werden und Wandel begriffen sind, A. S.], so wie alle neu gewordene Gestalt zum Material zu werden, also für Gestaltbildung zu fungieren berufen ist«.[13] Husserl betont in

---

9 *Husserliana VI*, S. 144.
10 Ebd., S. 154.
11 Ebd., S. 114.
12 Ebd.
13 Ebd.

Phänomenologie im Ausgang von der Lebenswelt

diesem Zusammenhang die Abgrenzung der phänomenologischen Perspektive vom Kantischen Ansatz.

Das ist so zu verstehen, dass bei Kant der Rückgriff auf transzendentale (»subjektive«) Bedingungen immer nur Antworten auf »Ad-hoc-Probleme« liefern sollte (wie zum Beispiel: was ist die apriorische Bedingung von Affiziert-Sein?), die transzendentale Subjektivität aber keinesfalls als ein »Reich« oder »Forschungsfeld« angesehen wurde, das eine eigene Erfahrung notwendig macht und von dort aus gleichsam beschritten und erforscht werden kann. Ganz anders in der Phänomenologie. Wenn Husserl hierbei von »geistigem Material« spricht, dann in dem Sinne, dass es sich hier *nicht* um rein *logische* (also gewissermaßen »tote«) Bedingungen handelt, sondern die Sinnbildung ihr eigenes »Leben« hat, »beseelt« von der transzendentalen Subjektivität.

Welt – verstanden als Lebenswelt, als »ständig für uns im Wandel der Gegebenheitsweisen seiende Welt« – ist hierbei *Einheit* (= »Einheit des Sinn- und Geltungszusammenhangs«) einer »geistigen Gestalt«, als ein »Sinngebilde« – als »Gebilde einer universalen letztfungierenden Subjektivität«.[14] Diese Einheit entspricht dem, was Husserl an anderer Stelle die »anonyme Subjektivität« nennt. Husserl denkt hier zwei Aspekte zusammen. Einerseits einen Einheitssinn, der »durch alle Systemversuche der gesamten Geschichte der Philosophie hindurchgeht«[15] und dabei auch die Idee der Wissenschaft als »Universalphilosophie« bestimmt; andererseits einen Einheitssinn, der in jeder konkreten phänomenologischen Analyse dem phänomenologisch zu Analysierenden Sinn und Geltung verleiht. Jeder Sinn eines Phänomens weist hierbei auf die anonyme, letztfungierende transzendentale Subjektivität zurück. Wichtig ist dabei, dass hier eine *weltkonstituierende Leistung* vollzogen wird (dass also ohne die Zurückverweisung auf die Lebenswelt jener Einheitssinn niemals gestiftet werden kann) – und dass die anonyme Subjektivität »sich selbst als menschliche, als Bestand der Welt, objektiviert« (näheres dazu siehe unten). Weltkonstitution und Selbstobjektivierung der Subjektivität – das sind die beiden Grundparameter für die Sicherstellung der Einheit des Seins- und Geltungssinnes, auf den es der Phänomenologe der Lebenswelt grundsätzlich abgesehen hat.

---

14 *Husserliana VI*, S. 115.
15 Ebd.

Bevor endgültig erklärt werden kann, wie der Zugang zur Lebenswelt sichergestellt wird, ist noch eine weitere wichtige Bemerkung hinzuzufügen. Es geht Husserl einerseits um die Aufklärung der *Geltungs*gründe der objektiven Wissenschaft (und dabei spezifisch um die erkenntnistheoretische Frage nach den Bedingungen der Möglichkeit der Gültigkeit von Wissen und Erkenntnis überhaupt); und andererseits um die Herausstellung des *Seins*sinnes der Lebenswelt. Wie hängen diese beiden Problemstränge zusammen? Husserl äußert sich diesbezüglich völlig unzweideutig: »eine explizite Aufklärung der objektiven Geltung und der ganzen Aufgabe der Wissenschaft« »fordert offenbar«, »dass zunächst zurückgefragt wird auf die vorgegebene Welt«. Was versteht er dabei unter »vorgegebener Welt«? Es handelt sich um die »*als seiend* allgemeinsam vorgegebene, [die] anschauliche Lebensumwelt«.[16] Mit anderen (vereinfachten) Worten, und das ist hier zentral (und vielleicht auf den ersten Blick befremdlich): Geltung, so lautet die ausgesprochene »Forderung«, soll auf Sein zurückgeführt werden.

– An dieser Stelle sollte kurz innegehalten werden. Es handelt sich um eine klassische Frage, die seit Leibniz, Hume und Kant bis hin zum Neukantianismus (Rickerts zum Beispiel) im Mittelpunkt jeder Erkenntnislehre steht. Es ist die Frage nach »Genese« und »Geltung«, bzw. »Entstehung« und »Rechtfertigung« der Erkenntnis. Traditionell[17] wird zwischen zwei Perspektiven, wodurch eine nicht zu überwindende *Grenze* festgelegt wird, unterschieden: eines ist es, die *psychologische Entstehungsgeschichte* der Erkenntnis zu erzählen (Kant sprach hier von einer »physiologischen Ableitung«), ein anderes ist es, ihre *Gültigkeit* zu *rechtfertigen*. Nun sind aber in der Philosophiegeschichte mindestens zwei maßgebliche Überschreitungen dieser Grenze vollzogen worden: nämlich bei Fichte und eben bei Husserl.

Erste Überschreitung (bei Fichte): Das, was die Gültigkeit rechtfertigt, schwebt nicht ohne Sein im logischen Raum, sondern muss sich in seinem spezifisch gleichsam proto-ontologischen Seinsgehalt »intellektuell anschauen« lassen. Hierbei muss zwischen dem abgesetzten »toten« Sein, das in der Bewusstseinsspaltung das Korrelat zu Denken und Bewusstsein ist, und dem »lebendigen Sein«

---
[16] *Husserliana VI*, S. 123.
[17] Siehe zum Beispiel I. Kant, *Kritik der reinen Vernunft*, A 86–87.

der höchsten Erkenntnisquelle selbst unterschieden werden. Das »lebendige Sein« ist das des Transzendentalen selbst.

Husserls Ansatz (= zweite Überschreitung) ist ein anderer. Er fragt sich nicht, welches »Sein« (hierbei natürlich ganz im Gegensatz zum Standpunkts Kants) dem Transzendentalen zugeschrieben werden muss, damit die Erkenntnisdeduktion zu einem überzeugenden Abschluss gebracht und endgültig gerechtfertigt werden kann – denn in diesem Sinne geht für ihn Sein sehr wohl ins Transzendentale ein (in Schellings *System des transzendentalen Idealismus* wird eine noch extremere Position vertreten, da für Schelling in dieses Sein dann auch noch der konkrete Inhalt *des jeweils zu Erkennenden selbst* einfließen muss) –, vielmehr knüpft Husserl die transzendentale Erkenntnislegitimation von vornherein an ein zugrundeliegendes, vorgegebenes Sein. Dabei darf dieses »Anknüpfen an« aber nicht missverstanden werden: Wir haben hier nicht *zuerst* ein Sein und *dann* eine erkenntnislegitimierende Funktion, die diesem zugesprochen wird, sondern beides ist *gleichursprünglich*. Und zwar vereint in der Lebenswelt, die folgerichtig als »Boden«, »Quelle« und »Ursprung« der Erkenntnis aufgefasst wird.[18] – Fassen wir also Husserls Einsicht zusammen: »Genese« in der Phänomenologie bezieht sich auf keine faktische (psychologische) Entstehung, sondern Husserl nimmt für sich in Anspruch, die von der von Windelband und Rickert begründeten Badischen Schule des Neukantianismus aufgeworfene *Geltungs*debatte in die *Seins*problematik hineinzunehmen. Husserl schließt demzufolge sowohl an seine eigene Wahrheitsauffassung in der *6. Logischen Untersuchung* als auch an Heideggers These, Wahrheit sei ein welterschließendes Existenzial des Daseins, an. In der *Krisis*-Schrift kommt ein Grundmotiv der Phänomenologie Husserls *und* Heideggers sozusagen zu einem krönenden Abschluss. Dass das problematisch ist, dass hier eine Herausforderung an die Logik und Argumentationstheorie vorliegt, ist nicht von der Hand zu weisen, macht aber gerade den originellen, denkwürdigen Ansatz Husserls aus. –

Auf welche zwei Arten kann nun die Lebenswelt grundlegend zum Thema gemacht werden – nicht im beschränkten Rahmen ei-

---

[18] Ob angesichts ihres unterschiedlichen Ausgangspunktes beide Verfahrensweisen tatsächlich auseinanderliegen oder ob in Anbetracht ihres sehr ähnlichen Resultats hier nicht doch – radikal zu Ende gedacht – dieselbe Form eines transzendentalen Idealismus vorliegt, bleibt dabei offen.

ner Ontologie, sondern in einem weiteren Rahmen, der letztlich auf die Herausstellung des universalen Korrelationsapriori aus ist? Hierbei sind zwei »Vollzugsweisen des Lebens« möglich, die unser »Wachsein für« (die Welt oder die Dinge *in* der Welt) kennzeichnen: Entweder die Vollzugsweise des »Geradehin auf gegebene Objekte« oder jene, die sich auf das »Wie der Gegebenheitsweisen« richtet. Letztere stellt eine »Wandlung des thematischen Bewusstseins von der Welt« dar. Im ersten Fall sind uns die Welt und die Objekte »überhaupt vorgegeben«, »geradehin« bewusst; im zweiten werden sie uns dagegen in subjektiven Erscheinungs- und Gegebenheitsweisen bewusst.

Entscheidend ist dabei, dass der Blick in dieser Umwandlung der Ausrichtung auf *Synthesen* gerichtet wird, die in ihrer Gesamtheit eine »*synthetische Totalität*« ausmachen. In dieser wird uns das »universale *leistende* Leben« »zu eigen«, in dem die »ständig vorgegebene Welt« zustande kommt. Und in ihr wird ursprünglich entdeckbar, »dass und wie Welt als Korrelat einer erforschbaren Universalität synthetisch verbundener *Leistungen* ihren *Seinssinn* und ihre *Seinsgeltung* in der Totalität ihrer ontischen Strukturen gewinnt«.[19] Die Geltung wird *in* den ontischen Strukturen gewonnen – das weist natürlich zurück auf das soeben in den Blick Genommene: nämlich auf das Hineintauchen in jene ursprünglich konstituierende Stufe, wo »Geltung« und »Sein« (noch) nicht auseinandergetreten sind.

In einem nächsten Schritt muss dann zur Befragung des Sinns dieser »›Vorgegebenheit‹ der Welt« übergegangen werden. Diese hat in der natürlichen Einstellung keinerlei Bewandtnis, sie wird nie eigens zum Thema. Die »ständige Wirklichkeit« der Welt ist so selbstverständlich, dass keinerlei Notwendigkeit eines Aufmerkens darauf besteht. Anders in der transzendentalen Einstellung, die durch die besagte »Interessenwendung« gekennzeichnet ist. In der genuin phänomenologischen Einstellung bricht das Problem der »Vorgegebenheit der Welt« allererst auf. Das erinnert an Descartes' gnoseologistischen Gestus: Erst durch den (ebenfalls einen erkenntnismäßigen Richtungswechsel ausmachenden) Rückbezug auf das selbstgewisse Ego stellte sich bei ihm überhaupt erst das Problem der »Realität der Außenwelt« in deren »Prekarität«. Nur mit dem Unterschied, dass bei Husserl hier kein *Problem* vorliegt, für das mit Artefakten

---

[19] *Husserliana VI*, S. 148.

wie der »veracitas Dei« mühsam eine Lösung herbeigeführt werden soll, sondern es in dieser Interessenwendung selbst liegt, den Sinn jener Vorgegebenheit zu erfassen. Bei Descartes wird die Welt problematisch *trotz* bzw. *aufgrund* der Aufweisung eines Archimedischen Punkts jeglicher Erkenntnisbegründung im selbstgewissen Ego cogito; bei Husserl dagegen muss umgekehrt die Frage nach der Vorgegebenheit der Welt aufbrechen, *damit* die Erkenntnisfrage beantwortet werden kann. Und diese Antwort fällt so aus, dass nicht – wie bei Descartes – das Sein auf das Cogitans gegründet (auf diesen Sachverhalt hatte bereits Fichte am Ende des § 1 der *Grundlage der gesammten Wissenschaftslehre* von 1794/95 aufmerksam gemacht), sondern das Bewusstsein des *Seins* der Welt *in* der synthetischen Verbindung der *Geltungs*modi zustande gebracht wird. Das Sein liegt nicht der Geltung *gegenüber*, sondern reduziert sich auf dieselbe, geht *in* ihr auf, bzw. *unmittelbar* daraus hervor.

Peu à peu konkretisiert sich daher die Idee einer »Wissenschaft der Lebenswelt«. Sie (als völlig »*neue* Wissenschaft« »von den letzten Gründen«, aus seiend auf »letzte Sinngebung«) wird von dem »universalen Wie der Vorgegebenheit der Welt« handeln müssen. Dies macht laut Husserl »ein in sich geschlossenes Universum einer eigenen theoretisch und konsequent innegehaltenen Forschung« aus, welche die »Alleinheit der letztlich fungierend-leistenden Subjektivität« (die ihrerseits eben dem Sein der Welt Rechnung tragen soll) zum Thema hat.

Nachdem die – für die *Widerlegung* des die neuzeitliche Wissenschaft und Philosophie kennzeichnenden Grundmotivs des Objektivismus – maßgeblichen Charakteristiken der transzendentalen Sinnbildung – nämlich der Korrelationismus, das lebensweltliche Apriori und die Seinsgeltung – näher bestimmt wurden, sollen nun fünf in der *Krisis*-Schrift entwickelte, grundlegende Infrage-Stellungen bzw. Schwierigkeiten der Phänomenologie vorgestellt werden, die neue Perspektiven eröffnen. Kritisiert werden sollen dabei jeweils: der grundlegende Horizont der Erkenntnislegitimation, die Anschaulichkeit als Prinzip aller Prinzipien, die primordiale Rolle der gegenwärtigenden Wahrnehmung, die Deskription als phänomenologische Grundmethode und die Vormachtstellung des konstituierenden Ego.

1.) Das transzendentale Verständlichmachen

Im § 49 der *Krisis* nimmt Husserl sich vor, den Begriff der »ursprünglichen Sinnbildung« zu erläutern. Dabei werden systematisch sehr bedeutsame Erkenntnisse gewonnen. Zunächst ist nämlich höchst bemerkenswert, dass Husserl der Phänomenologie praktisch eine völlig *neue Grundaufgabe* zuschreibt. Während es ihm in den Texten aus den zwanziger Jahren noch explizit um »radikale Erkenntnis*legitimation*« ging (die Phänomenologie, als »strenge Wissenschaft« verstanden, macht sich ja eben die radikale Erkenntnisbegründung zur vordergründigen Aufgabe), wird diesbezüglich nun ein neuer Begriff eingeführt, nämlich der Begriff der »*Verständlichmachung*«. Phänomenologie *begründet* nicht Erkenntnis, im Sinne einer Letzt*fundierung*, sondern Phänomenologie produziert *Verständlichkeit* – und das war ja schon im Begriff der »Intelligibilisierung« in der vierten phänomenologischen These der Einleitung angeklungen und im zweiten Kapitel fortgesetzt worden. Hierfür ist eben der Begriff der »*Sinnbildung*« zentral, der nun im Herzen der Intentionalität angesiedelt wird: Wenn die – die Grundeigenschaft des Bewusstseins ausdrückende – *Intentionalität* (sich nämlich auf einen Gegenstand zu beziehen) die ganze Phänomenologie umspannt, wie es ja in den *Ideen I* hieß,[20] so vertritt Husserl in der *Krisis*-Schrift nun in der Tat die nähere Auffassung, dass sie »der Titel für das *allein wirkliche und echte Erklären*« sei, nämlich für das »Verständlichmachen«.[21] Und dieses heißt, »transzendental verständlich [zu] machen« (darauf wird noch einmal zurückzukommen sein), was wiederum bedeutet, auf »die intentionalen Ursprünge und Einheiten der *Sinnbildung* zurück[zu]führen«.[22] Der phänomenologische »Ursprungsbegriff« verweist laut Husserl in der *Krisis* darauf, um das noch einmal zu betonen und ganz genau festzuhalten, dass die *Sinnbildung* im Zentrum der Auffassung eines *transzendentalen Verständlichmachens* steht.[23]

---

[20] *Husserliana III/1*, S. 337.
[21] *Husserliana VI*, S. 171.
[22] Ebd.
[23] Dabei bleibt es freilich dabei, wie Husserl bereits in einer Vorlesung von 1919 festgestellt hat, dass eine Verständlichmachung je auch eine »Sichtlichmachung« ist, *Natur und Geist*, Husserliana Materialienbände, Band IV, Dordrecht, Kluwer, 2002, S. 68. Und damit wird umgekehrt auch zum Ausdruck gebracht, dass das »transzendentale Verständlichmachen« keine späte

Dabei wird eine Dimension der »Vergemeinschaftung« und der »Intersubjektivität« betont, die eine mögliche Erklärung impliziert, welche von Husserl zwar nicht ausdrücklich geliefert wird, aber dem Ganzen eine gewisse Kohärenz zu verleihen vermag. Es scheint auf den ersten Blick problematisch zu sein, wenn Husserl behauptet, dass es sich in alledem um eine »vielstufige intentionale Gesamtleistung der *jeweiligen* Subjektivität« – allerdings »nicht der *vereinzelten*«, sondern um »das Ganze der im Leisten vergemeinschafteten Intersubjektivität« – handelt:[24] Denn wie ist dabei die »*jeweilige*« Subjektivität als eine »*nicht vereinzelte*« zu verstehen? Damit kann offenbar nur gemeint sein, dass »Subjektivität« ipso facto *Inter*subjektivität bedeutet. Aber weshalb dann überhaupt noch die Rede von »Subjektivität«? Dies lässt sich vielleicht folgendermaßen erläutern.

In die Verstehensproblematik, die die Sinnbildung wesenhaft kennzeichnet, spielt die Idee hinein, dass »wir« [!] dabei »in einen dunklen Horizont zurückgeleitet werden«.[25] Das verlangt nach einer zweifachen Erklärung – nämlich bezgl. des »Uns« (oder »Wir«) und der »Dunkelheit« des Horizontes.

Es findet in der Aufklärung der Sinnbildung eine Zurückleitung statt. Husserl betont, wie gesagt, ausdrücklich, dass »wir« es sind, die hier zurückgeleitet werden. Wer ist nun aber dieses »Wir«? Ist das einfach der phänomenologische »Betrachter«, der, die Epoché vollziehend, immer weiter in die Tiefen der Konstitutionsproblematik eintaucht bzw. dort hineingezogen wird? Es scheint eindeutig, dass, *wenn* Husserl genau einen solchen Standpunkt verträte (was auch nicht völlig unmöglich ist), dies in eine Unverständlichkeit mündete. Denn das, was sich hier vollzieht, ist nicht einfach eine vertiefte Beschreibung seitens eines »unbeteiligt« Betrachtenden und eben Beschreibenden. Was hier vielmehr abläuft, ist, wie Husserl es selbst sagt, als ein »Zusammenfungieren« der »Sinnbildung mit Sinnbildung«[26] zu verstehen. Und dieses vollzieht sich (das ist der zweite Punkt) in einem »dunklen Horizont«, also gerade nicht in der Helle der Betrachtung, sondern gleichsam *in* der selbstreflexiven Dimension der Sinnbildung und *als* dieselbe! Wir haben es hier in

---

Einsicht Husserls ist, sondern in gewisser Weise sein ganzes Werk durchherrscht. Ich danke Marco Cavallaro für den Hinweis auf diese Textstelle.
[24] *Husserliana VI*, S. 170.
[25] Ebd.
[26] Ebd., S. 171.

der Tat mit einer Zurück-leitung zu tun, aber gerade nicht mit einer Reduktion auf eine transzendentale Subjektivität im Sinne eines vereinzelten Subjektes, sondern – und *so* lässt sich hier jene »Intersubjektivität« verstehen – auf eine der Beschreibung nicht zugängliche Horizonthaftigkeit (im Sinne einer *Dimension*) der *Sinnbildung*, die sich diesseits des phänomenologisch betrachtenden Subjekts vollzieht. Man müsste hier terminologisch trennen, um der gesonderten Sachlage präzise Rechnung zu tragen. Phänomenologische *Reduktion* heißt: Re-kon-duktion (also Zurück-führung) auf transzendentale Subjektivität. Dabei haben wir es *vertieft* mit einer Zurückleitung auf der Sinnbildung selbst *inne*wohnende Prozesse (»Fungierungen«) zu tun, die als »intersubjektiv« angesehen werden können (und von Husserl auch als solche bezeichnet werden), wobei das »inter« aber eine »Zwischenhaftigkeit« ausmacht, die sich als ein »Unter« bzw. »In« im Sinne eines »Diesseits« darstellt. »Intersubjektivität« bezeichnet nicht eine irgendwie transsubjektive Dimension, die ein Subjekt mit einem anderen »vergemeinschaftete«, sondern eine sozusagen »untersubjektive« Dimension (»inter« bedeutet im Lateinischen nicht nur »zwischen«, sondern auch »unter«), die »uns« in die genuine Dimension (in den »dunklen Horizont«) der Sinnbildung *hinein*führt – wobei »wir« uns hierin gleichsam »auflösen«, weil die Sinnbildungsfungierungen »anonym« verlaufen. Und für diese spezifische Hineinführung, *die den Subjektivitätsbegriff* wenn nicht unterminiert, so zumindest radikal ändert, wäre dann eben auch eine terminologische Spezifizierung angebracht, um das Zurückführen zur transzendentalen Subjektivität dank der und durch die *Reduktion* von der *Hineinführung in* die präsubjektive (dabei aber eben auch im angeführten Sinne intersubjektive) Sinnbildung deutlich zu trennen. Man könnte hierfür den Begriff einer »transzendentalen *In*duktion« vorschlagen, der mehrere Vorteile böte – aber das führte über den Husserl'schen Rahmen hinaus, wenngleich all das hierin auch ganz deutlich angelegt ist. Die transzendentale Induktion vervollständigt die phänomenologische Methode in diesem höchstwichtigen Punkt; ein solcher Begriff ist aber, um hier jedes Missverständnis auszuschließen, bei Husserl selbst *nicht* zu finden. Soviel also jedenfalls zur neuen Grundaufgabe der Phänomenologie als »Sinnbildung«, die sich als ein transzendentales Verständlichmachen darstellt und auch den Subjektivitätsbegriff, wie angezeigt, in Richtung einer zugrundeliegenden Anonymität und Präsubjektivität neu präzisiert.

Dieser Gegensatz von anfänglicher Aufklärung und tieferer Analyse tritt dann auch wieder auf, wenn Husserl auf den Weltbegriff und dessen Aufklärung zurückkommt. Er merkt dazu an, dass sich die Wahrnehmungswelt bloß als »Schicht« erweist, die insbesondere nur durch den Zeitmodus »Gegenwart« gekennzeichnet ist. Eine »tiefere Analyse« lässt dann hervorscheinen, dass das Jetzt über einen retentionalen und protentionalen Horizont verfügt. Und in Entsprechung zum gerade erwähnten »dunklen Horizont« schreibt Husserl: »Diese ersten Vorgestalten von Zeitigung und Zeit [er könnte hier auch wie auf der folgenden Seite von »Gebilden der Sinnbildung« sprechen, A. S.] halten sich aber ganz im Verborgenen.«[27] Bemerkenswert ist, dass Husserl auch hier andeutet, aber nicht vollends explizit klarstellt, dass es einen architektonischen Unterschied zwischen dem »rein Subjektive<n> in seinem eigenen in sich geschlossenen und reinen Zusammenhang als Intentionalität« einerseits und der anonymen genuinen »Fungierung«, bzw. der »Seinssinn-bildene<n> Funktion« andererseits gibt[28]. Telos all dessen ist die »Einheit eines Sinnes«, auf die »das unendliche Ganze in seiner Unendlichkeit strömender Bewegung« gerichtet ist, wodurch sich – und hierin äußert sich die teleologische Ausrichtung Husserls – »die Probleme der Totalität als die einer universalen Vernunft« eröffnen. Das alles ist aber nur verständlich im Horizont dieser »universalen Form der Sinnbildung«.[29]

2.) Hinterfragung der anschaulichen Evidenz als
   »Prinzip aller Prinzipien«
Eine zweite Kritik betrifft das »Prinzip aller Prinzipien« aus dem § 24 der *Ideen I*, wonach »jede originär gebende Anschauung eine Rechtsquelle der Erkenntnis sei« und »alles, was sich uns in der ›Intuition‹ originär [...] darbietet, einfach hinzunehmen sei, als was es sich gibt, aber auch nur in den Schranken, in denen es sich da gibt«.[30] Husserl stellt hier nämlich eindeutig den Unterschied zwischen der Sphäre der Anschaulichkeit (für welche allein jenes »Prinzip aller Prinzipien« gültig sein kann) und der Sphäre der »*unanschaulichen* Bewusstseinsweisen und ihre<r> Zurückbezogenheit auf *Vermög-*

---
[27] *Husserliana VI*, S. 171.
[28] Ebd., S. 172.
[29] Ebd., S. 173.
[30] *Husserliana III/1*, S. 51.

*lichkeiten der Anschauung«*³¹ heraus, die selbstverständlich eine *andere* Aufweisungsart als die deskriptiv-anschauliche zur Voraussetzung haben muss – nämlich keine deskriptive, sondern eine »konstruktive«, was Husserl aber nicht explizit herausstellt. Jedenfalls ist es höchst bemerkenswert, dass er in diesem Zusammenhang das »Prinzip aller Prinzipien« auf Gegebenheitsweisen ausdehnt, die ganz offenbar nicht mehr die evidente Anschauung zur unbedingten Voraussetzung haben.

Darüber hinaus liefert Husserl auch noch wertvolle Hinweise zur Deutung der Dreiheit Ego – cogitatio – cogitatum. Diese müssen als drei Intentionalitätsweisen verstanden werden, nämlich als Richtung *auf* Etwas, Erscheinung *von* Etwas und Etwas *als* das, was Einheit im gegenständlich Erscheinenden ist und woraufhin durch die Erscheinungen hindurch die Intention des Ichpols geht. Der Cartesianische Ansatz geht vom Ego aus und zum cogitatum über. Der Ansatz über die Lebenswelt hingegen verläuft in umgekehrter Richtung und weist drei unterschiedliche Bezugsformen auf. Ausgegangen wird (in einer reflexionslosen »Verschossenheit«) von der »schlicht gegebenen Lebenswelt«, »bruchlos in purer Seinsgewissheit (also zweifellos)«. Diese Lebenswelt wird dann in einer ersten Reflexionsstufe »Index, Leitfaden für die Rückfrage nach den Mannigfaltigkeiten der Erscheinungsweisen und ihren intentionalen Strukturen«.³²
In einer zweiten Reflexionsstufe führt die Blickrichtung dann auf den Ichpol und das, was dessen Identität ausmacht. Dies impliziert insofern eine andere Akzentuierung der Phänomenologie in diesem Neuansatz der *Krisis*-Schrift gegenüber früheren Ansätzen (etwa in den *Cartesianischen Meditationen*), als hierdurch der entscheidende Aspekt des »Rückfragens« erneut betont wird. Aus einer daran anschließenden Anmerkung zur Intersubjektivität geht allerdings hervor, dass damit (im Gegensatz zum obigen Ansatz) eine vergemeinschaftete »Sozialität« gemeint ist – auch wenn die spezifische Räumlichkeit (die durch die Redeweise vom »›Raum‹ aller Ichsubjekte« zum Ausdruck kommt) wiederum ein Hinweis dafür ist, dass hiermit auch jene Dimension der Intersubjektivität (im Sinne der »Untersubjektivität«) mitklingt, von der oben die Rede war und der eben nicht-anschauliche Gegebenheitsweisen innewohnen.

---

31 *Husserliana VI*, S. 173.
32 *Husserliana VI*, S. 175.

Phänomenologie im Ausgang von der Lebenswelt

3.) Die grundlegende Rolle nicht-gegenwärtigender Bewusstseinsmodi

Diese Kritik an der anschaulichen Evidenz strahlt dann auch auf die (vermeintlich vorherrschende) Rolle der gegenwärtigenden Wahrnehmung in der Sinnbildung aus. Husserl spricht es rundheraus aus: Jede erfahrbare Gegebenheit baut sich nicht ausschließlich (wie in verschiedenen früheren Texten behauptet) auf setzende Wahrnehmung auf, sondern wird genauso durch »Implikation[en] von nicht-aktuellen Erscheinungsmannigfaltigkeiten«[33] bewegt. Hiermit sind nicht nur horizonthafte Wahrnehmungspotentialitäten gemeint (so wie sie im vorigen Kapitel eingehend behandelt wurden), sondern insbesondere eine Form von »Darstellungen«, die noch eine tiefere Bedeutung haben.

Husserl betont, dass das Bewusstsein eines daseienden Etwas in der Tat Erlebnisse von »Darstellungen von« mit sich führt. Das »Von« bezeichnet dabei das universale *Korrelations*-Apriori. Die Korrelation betrifft die Untrennbarkeit von »Sein« und »Darstellung«, ohne die »wir überhaupt keine Dinge, keine Welt der Erfahrung gegeben hätten.«[34] Dabei macht Husserl nun auf einen wichtigen Punkt aufmerksam. Einerseits ist der Ausgangspunkt der phänomenologischen Beschreibung das (ruhende, »qualitativ unverändert gegebene«) *Ding*, der *Körper*, die entsprechende *Wahrnehmung*, und zwar in der *Gegenwart*. Zugleich aber treten alle »verschiedenen Modi der *Vergegenwärtigung* in die universale Thematik ein, die uns hier beschäftigt: nämlich konsequent und ausschließlich die Welt nach dem *Wie* ihrer Gegebenheitsweisen, ihrer offenen oder implizierten ›Intentionalitäten‹ zu befragen, von denen wir uns im Aufweisen doch immer wieder sagen müssen, dass [und das ist hier entscheidend, A.S.] *ohne sie Objekte und Welt nicht für uns da wären; dass* jene vielmehr für uns nur mit dem Sinn und dem Seinsmodus sind, in welchem sie ständig aus diesen subjektiven *Leistungen* entspringen bzw. entsprungen sind.«[35] Das objektive Dasein – das muss ausdrücklich hervorgehoben werden – beruht also auf den verschiedenen Modi der *Vergegenwärtigung*! Auch wenn Husserl den Modus der »Wiedererinnerung« in den Vordergrund stellt, ist offensichtlich, dass hier auch die Modi der »Einbildung«

---
33 *Husserliana VI*, S. 162.
34 Ebd.
35 Ebd., S. 163.

bzw. »Phantasie« miteinzubeziehen sind – wodurch also *bereits bei Husserl* zumindest eine Infragestellung des Vorrangs der *objektivierenden,* doxischen Thematisierung angelegt ist. Es ist absolut essenziell, diesen Zusammenhang der Grundlage des universalen Korrelationsapriori mit dem »Wie der Gegebenheitsweisen«, der Rolle der *Vergegenwärtigungs*modi überhaupt, im Auge zu haben und zu behalten.[36]

4.) Das Ungenügen der phänomenologischen Deskription
Wie kann nun die »methodische Sicherung« der Korrelationsproblematik geleistet werden? Dieses Problem hängt mit der in der *Krisis*-Schrift in den Vordergrund gerückten »Besinnung hinsichtlich des *Bodens* letzter Voraussetzungen«[37] zusammen. Husserl weist darauf hin, dass in Wirklichkeit zwischen zwei »Böden« unterschieden werden muss, nämlich zwischen dem Boden der objektiven und dem der transzendentalen Erkenntnis. Dabei ergibt sich dann folgende methodologische Schwierigkeit.

Diese betrifft das, was Husserl als Problem einer »doppelten Wahrheit« bezeichnet – nämlich die der objektiven Wissenschaft und die (zugrundeliegende) der transzendentalphilosophischen Perspektive. Trotz der »Befremdlichkeit« redet Husserl dieser Idee einer differenzierten Wahrheit eindeutig das Wort. Siehe hierzu den berühmten Satz: »Die Philosophie als universale *objektive* Wissenschaft […] ist gar nicht universale Wissenschaft.«[38] Zu glauben, dem universalen Charakter des Wissens liege die Objektivität zugrunde, ist der Grundirrtum. Jene Universalität kann ihm nur dann zukommen,

---

[36] In diesem Zusammenhang steht auch ein berühmtes Selbstzeugnis Husserls, das die Entdeckung und Bedeutung des Korrelationsapriori folgendermaßen beschreibt: »Der erste Durchbruch dieses universalen Korrelationsapriori von Erfahrungsgegenstand und Gegebenheitsweisen (während der Ausarbeitung meiner ›Logischen Untersuchungen‹ ungefähr im Jahre 1898) erschütterte mich so tief, dass seitdem meine gesamte Lebensarbeit von dieser Aufgabe einer systematischen Ausarbeitung dieses Korrelationsapriori beherrscht war. Der weitere Gang der Besinnungen des Textes wird es verständlich machen, wie die Einbeziehung der menschlichen Subjektivität in die Korrelationsproblematik notwendig eine radikale Sinnverwandlung dieser ganzen Problematik erzwingen und schließlich zur phänomenologischen Reduktion auf die absolute transzendentale Subjektivität führen musste.« (*Husserliana VI*, S. 169 f.)
[37] Ebd., S. 178.
[38] Ebd., S. 179.

wenn es die »Blindheit« gegen das »transzendental konstituierende volle konkrete Sein und Leben«[39] aufgibt. Dementsprechend wird dann aber nicht nur die Anschauung als Grundprinzip in Frage gestellt, sondern es wird auch ganz deutlich, dass gleiches – wenn man sich nun der ursprünglichen, archaischen Sphäre der Sinnbildung zuwendet – für die deskriptive Methode gelten muss. Man kann diesbezüglich die Wichtigkeit folgenden Satzes aus Husserls vielleicht bedeutendstem programmatischen Werk nicht genug betonen: Es kann »eine ›deskriptive‹ Wissenschaft vom transzendentalen Sein und Leben [...] nicht geben«.[40] Husserl spricht der Phänomenologie das Vermögen ab, auf der konstitutiv tiefsten Ebene deskriptiv verfahren zu können – weshalb eben gewissermaßen ein anderer Wahrheitsbegriff in Anspruch genommen werden muss als jener der objektiven Naturwissenschaft. Daher spricht er in diesem Zusammenhang von einer genuinen Form des »Erforschens«[41] – allerdings geht er nicht weiter, als dieses mit der »eidetischen Methode« in Verbindung zu setzen. Da das aber schon von der statisch-deskriptiven Phänomenologie galt, ist das alles Andere als zufriedenstellend. Wie eine fundierte, wirklich überzeugende Alternative zur phänomenologischen Deskription aussehen muss, wird an dieser Stelle nicht gesagt. In diesem Punkt kann und muss über Husserl hinausgegangen werden. Wie das geschehen könnte, wird in den Kapiteln V und VI dargelegt.

5.) Paradoxie der Bewusstseinsvernichtung

Husserl kommt schließlich noch zu einer weiteren Schwierigkeit, die er selbst als die vielleicht ernsteste ansieht. Sie betrifft den Status der weltkonstituierenden Subjektivität und lässt sich folgendermaßen umreißen.

Die ursprünglich weltkonstituierende Subjektivität ist selbst ein Teil der Welt. Wenn diese Weltkonstitution nun aber eine radikale ist, verschlingt dann nicht der Subjektbestand die Welt und dadurch das Subjekt sich selbst? Wir haben also folgendes Dilemma: Entweder hält man an der *Weltteilhabe* des Subjekts fest, dann ist die Konstitution keine *radikale*. Oder diese Konstitution wird tatsächlich in ihrer ganzen *Radikalität* gefasst, dann kommt es zu einer

---

[39] Ebd.
[40] Ebd., S. 181.
[41] Ebd., S. 182.

Vernichtung der – auf vermeintlich unvermeidliche und nicht reduzierbare Weise – *weltzugehörigen* Subjektivität. Es gäbe hier eine interessante Lösung – die einer Selbstvernichtung des Ich, die dann zu einer anonymen Sinnbildung hinführte. (Man muss betonen, wie leicht hier wiederum an einen von Husserl herausgestellten Punkt anzuschließen wäre, ohne dass Husserl das selbst freilich vollziehen würde.) Das hat Husserl hier aber nicht im Sinn. Sein Ansatz geht vielmehr dahin, dass er die positiv auszubildende Spannung zwischen »der Macht der Selbstverständlichkeit der natürlichen objektiven Einstellung« und der »Einstellung des ›uninteressierten Betrachters‹« betont. Wie lässt sich diese Spannung zwischen der doxischen Einstellung und der die Doxa auflösenden transzendentalen Einstellung konstruktiv nutzen? Wie ist es möglich, dass das Subjekt zugleich Subjekt *in* der Welt und Subjekt *für* die Welt ist? Wie kann Licht in das Dunkel dieser »Nicht-Selbstverständlichkeit der Selbstverständlichkeit«[42] kommen? Die Naivität der Logik, jedes Apriori und jeder philosophischen Beweisführung[43] hilft uns laut Husserl jedenfalls nicht weiter.

Er sieht den zu begehenden Lösungsweg darin, dass die anfänglich bodenlose transzendentale Phänomenologie sich ihren Boden – wie in der Einleitung bereits angekündigt – aus eigener Kraft selbst schaffen müsse.[44] Damit ist offenbar gemeint, dass die Phänomenologie sich doch auf eine welthaft »nichtige« Subjektivität stützt. Und der hierzu entwickelte Vorschlag der »Auflösung der Paradoxie« scheint das auch zu bestätigen.

Wie wird also das Problem jener »Selbstverschlingung des Subjekts« gelöst? Zwei Stufen müssen unterschieden werden (denen zwei Arten der Epoché bzw. der Reduktion entsprechen – eine erste Reduktion auf die »subjektiven Gegebenheitsweisen« und eine zweite »Reduktion auf das transzendentale Ego«[45]): zwei »Reflexionsstufen«, auf denen jeweils eine besondere Art der Korrelation wirksam ist. Auf der ersten Reflexionsstufe ist das die Korrelation von »Gegenstandspol« und »Gegebenheitsweisen«. Auf der zweiten jene von fungierendem Ich und dem in dessen jeweiligen Sinn- und Geltungsleistungen Konstituierten. Das fungierende Ich ist dabei

---

[42] *Husserliana VI*, S. 184.
[43] Ebd., S. 185.
[44] Ebd.
[45] Ebd., S. 190.

Phänomenologie im Ausgang von der Lebenswelt 129

aber kein natürlich-weltliches, sondern ein vorweltlich-intersubjektives (und damit auch nur »äquivok«[46] ein Ich). Da ausdrücklich von der »Vergemeinschaftung« die Rede ist, kann es sich nicht um die Idee einer »Intersubjektivität« als diesseitiger »Untersubjektivität« handeln, von der oben die Rede war.

Die Auflösung wird dann so bewerkstelligt, dass Husserl auf der tieferen der beiden Stufen (d. h. auf der konstitutiv tiefsten) von einem dezidiert weltlosen, also *je in seiner genetisierenden Funktion sich gebenden* Ich ausgeht, das durch eine »einzigartige philosophische Einsamkeit«[47] ausgezeichnet ist, die von ihm als »methodische Grunderfordernis« »für eine wirklich radikale Philosophie« angesehen wird und das Ich eben in seiner nicht verlierbaren »Einzigkeit und persönliche<n> Undeklinierbarkeit«[48] bestimmt. Dies macht die sogenannte »›innere‹ Methode«[49] der Phänomenologie aus. Von hier aus zeichnet Husserl den Weg nach, der bereits in der fünften der *Cartesianischen Meditationen* ausführlich dargestellt wurde:[50] 1.) Konstitution der primordialen Sphäre, aus der alles auf andere Ichlichkeit Bezogene ausgeschlossen wird (dank einer entsprechenden auf die Eigenheitssphäre ausgerichteten Epoché[51]); 2.) Fremdwahrnehmung durch Ent-fremdung (in Analogie zur »Selbstzeitigung durch Ent-Gegenwärtigung«); 3.) Selbstobjektivation des transzendentalen Ich im Menschen. Die Spannung von doxischer und nicht-doxischer (transzendentaler) Einstellung, von weltzugehörigem und nicht-weltzugehörigem transzendental-konstituierenden Ich, wird also augenscheinlich auf jene von absolut einzigem (Ur-)Ich und Intersubjektivität, die dann ihrerseits für Weltlichkeit und Objektivität konstitutiv ist, *verlagert*. Husserl scheint sich hier im wörtlichen Sinne auf einem sichereren Boden zu fühlen, als das in der Auseinandersetzung zwischen anonymer Sinnbildung und verweltlichter Subjektivität der Fall wäre.

Halten wir also fest: Das Grundproblem dieser gesamten Analyse – nämlich zu erweisen, wie es möglich ist, sich des lebensweltlichen Bodens ursprünglich zu versichern, um dadurch die empiris-

---

[46] *Husserliana VI*, S. 188.
[47] Ebd., S. 187f.
[48] Ebd., S. 188.
[49] Ebd., S. 193.
[50] Ebd., S. 189, Z. 2 – S. 190, Z. 7. Die entsprechenden Paragraphen in der fünften der *Cartesianischen Meditationen* sind: §§ 44–47; §§ 49–54; §§ 45, 57.
[51] Siehe den § 44 der fünften der *Cartesianischen Meditationen*.

tische »Erschütterung« des Objektivismus radikal zu fassen – wird in Eins mit der Frage, wie das Ich zugleich weltzugehörig und weltkonstitutiv sein kann, gelöst. Die Lösung besteht in dem Aufweis der konstitutiven Funktion des zweifachen Bezugs von primordial reduziertem Ich zu Fremd-Ich und transzendentalem Ich zu weltlich objektiviertem Ich. Transzendental aufgewiesene Fremderfahrung und Selbstobjektivation des transzendentalen Ich machen für Husserl also jene zwei Schritte der zu leistenden »Auflösung der Paradoxie« aus.

Es soll hier jetzt ein kurzer Kommentar eingeschoben werden, der zwar über Husserls Text hinausgeht, zugleich aber zur Erläuterung der an ihn anschließenden Diskussion dienen kann. Die Grundfrage war: Wie muss das transzendentale Ich verstanden werden, damit die Paradoxie, dass es irgendwie an der Welt teilhat und als konstituierendes auch diesseits der Einschreibung in die Welt aufzufassen ist, gelöst werden kann? Bei Heidegger verwandelt sich die Problematik um in die Frage: Was ist das »Wohin« der ursprünglichen Extatizität des Daseins? Seine Antwort wird lauten: die Welt. Während Heidegger von einem Daseinsbegriff *ausgeht*, ist Husserls Verfahrensweise vielmehr die, dass auf den Sinn des transzendentalen Ich *zurückgefragt* wird. Phänomenologie zu betreiben heißt für Husserl, etwas transzendental verständlich zu machen im Sinne von: auf Sinn und Geltung hin zurückzufragen. Wir sehen hier also einen Gegensatz zwischen Husserl und Heidegger: nämlich bezüglich des *Denkansatzes* überhaupt. Es gibt aber noch einen zweiten Gegensatz, denn *Levinas'* Antwort auf Heidegger lautet: Das »Wohin« des ursprünglichen Hinausgehens des Daseins aus sich selbst ist nicht die *Welt*, sondern der *Andere* (die Alterität). Wenn bei Husserl nun die Frage des Bezugs von transzendentalem Ich und Welt auf die *Intersubjektivität* hinausläuft, wirft diese Lösung noch ein anderes Licht auf Levinas' Position (und nähert sich dieser an). Anders als bei Heidegger, der den Bezug zur Welt jenem zum Anderen vorschaltet, hat nämlich auch bei Husserl die *Intersubjektivität* eine ursprünglich konstituierende Funktion (was eben Levinas' Standpunkt auch auf der theoretischen Seite in einem neuen Licht zu erscheinen gestattet).[52]

---

[52] Das Verhältnis Husserls zu Heidegger entbehrt, wenn man die verschiedenen Aspekte alle in Betracht zieht, nicht einer gewissen Zweideutigkeit: Auf der einen Seite nähert sich der späte Husserl Heidegger insofern an, als er, wie gezeigt, die Erkenntnislegitimation hinter die Verständlichmachung

Dieser fundamentale Unterschied zwischen Husserl und Heidegger hinsichtlich der methodischen Verfahrensweise steht auch im letzten Punkt dieses Kapitels thematisch im Zentrum – allerdings wird er deutlich ausgeweitet und verallgemeinert.

Es wurde gerade gesagt, dass Phänomenologie zu betreiben heißt: transzendental verständlich zu machen, inwiefern auf Sinn und Geltung hin zurückgefragt wird. Das wird auch in Husserls vielleicht berühmtestem Zitat aus der *Krisis*-Schrift deutlich: »Es gilt nicht, Objektivität zu sichern, sondern sie zu verstehen«.[53] Damit bringt Husserl zum Ausdruck, dass es *nicht* die Aufgabe der Phänomenologie ist, zu erklären, wie die Welt inhaltlich bestimmt ist. Die Phänomenologie tritt somit *nicht* mit den Naturwissenschaften in Konkurrenz, wenn es etwa darum geht zu verstehen, woraus die materiellen Elemente der Welt bestehen oder sonst irgendwie Bestimmtheiten für die Erkenntnis gewonnen werden können. »Deduzieren ist nicht erklären«[54] – das bedeutet: In ihrer eigenen Herangehensweise *können* (und *wollen*) die Naturwissenschaften gar nicht Sinnaufklärung betreiben, da sie auf die inhaltliche Bestimmung des Seienden und seiner Grundstrukturen aus sind. Umgekehrt, müsste man hinzufügen, ist erklären aber auch kein Deduzieren. Das heißt: Gerade weil die Wissenschaften auf Erkenntnisbestimmung und -erweiterung aus sind, können sie nicht das leisten, was sich die Phänomenologie vornimmt: nämlich Sinn und Geltung des zu Erkennenden zu liefern. Und zwar in und durch das Ego: »Das ego ist im Einsatz der Epoché apodiktisch gegeben, aber als ›stumme Konkretion‹ gegeben. Sie muss zur Auslegung, zur Aussprache gebracht werden, und zwar in systematischer, vom Weltphänomen aus zurückfragender intentionaler ›Analyse‹«.[55] Dies hat dann auch erkenntnistheoretische Konsequenzen. Phänomenologische Erkenntnislehre hat nichts mit »Epistemologie« zu tun: Die transzendentale Erkenntnislehre geht nicht auf objektive Erkenntnis, sondern auf Erkenntnis der Erkenntnis, das heißt auf ein Verständlichmachen von Erkennt-

---

des Erkennens zurückstellt; auf der anderen Seite besteht aber auch ein eindeutiger Gegensatz zwischen Heideggers vorgängigem Ansetzen einer ontologischen Daseinsstruktur und Husserls Zurückfragen auf Sinn und Seinsgeltung der genetisierenden transzendentalen Subjektivität.
[53] *Husserliana VI*, S. 193.
[54] Ebd.
[55] *Husserliana VI*, S. 191.

nis überhaupt. Husserl bewahrt in dieser Hinsicht ganz eindeutig das Kantische Erbe.

Aber gerade dieses Zurückgreifen auf das Ego ist auch das Fragliche und Problematische am Ende des Wegs in die phänomenologische Transzendentalphilosophie von der Lebenswelt aus. Die Eröffnung der Problematik der Sinnbildung geht durch die neuerliche Zentrierung auf das Ego und seine Aufklärung durch die Aufweisung seiner intersubjektiven Vermittlung auch schon wieder verloren. Genau das, was Husserl Descartes vorgeworfen hatte, nämlich an der Schwelle der Transzendentalphilosophie zu stehen, vor dem entscheidenden Schritt aber zurückzuweichen, trifft im Grunde auch auf Husserl zu – wenn man das vom Gesichtspunkt der Entwicklung der nachhusserlschen Phänomenologie aus betrachtet und die Bedeutung der Sinnbildung konsequenter, als Husserl das getan hat, in den Vordergrund stellt.

Fassen wir jetzt noch einmal zusammen, welche neuen methodologischen und systematischen Einsichten sich für die Phänomenologie aus dem radikalisierten Verständnis der Art und Weise ergeben, wie, laut Husserl, der Empirismus des 18. Jahrhunderts das Grundmotiv der neueren Wissenschaft und Erkenntnisphilosophie – nämlich den »Objektivismus« – zur Erschütterung gebracht hat.

Jene Erschütterung eröffnete (insbesondere bei Hume) eine Spannung zwischen der Bildung »fiktionaler Erzeugnisse« einerseits, um dem Sein des Erscheinenden gerecht werden zu können, und der Notwendigkeit, der Weltgewissheit zu entsprechen, andererseits. Daraus ergab sich, dass die Konstitution von Sinngebilden mit der notwendigen Ansetzung der Lebenswelt in Zusammenhang zu setzen war. Aus einer Reihe von kritischen Ansätzen – an der Rolle der Erkenntnislegitimation, der Anschaulichkeit, der Gegenwärtigung, der Deskription, der Paradoxie der Bewusstseinsvernichtung – ergab sich für Husserl eine tiefer liegende Spannung: nämlich die zwischen doxischer und transzendentaler Einstellung. Anstatt nun aber die durch Hume eröffnete neue Perspektive – jene der transzendentalen Sinnbildung, die in einem nicht deskriptiven, transzendentalen Verständlichmachen besteht, in dem die nicht anschaulichen und nicht gegenwärtigenden Bewusstseinsleistungen stark gemacht werden müssen – zu verfolgen und zu vertiefen, welche die anonymen Sinnbildungsprozesse diesseits jeden Ichpols in den Mittelpunkt der Analysen rücken würde, hat Husserl es vorgezogen, sich

Phänomenologie im Ausgang von der Lebenswelt 133

auf die Rolle einer »vergemeinschaftenden Intersubjektivität« zurückzuverlegen. Diese vertane Gelegenheit ist für den Vorwurf des Subjektivismus und des Solipsismus, der ihm immer wieder gemacht wurde und auch weiterhin gemacht wird, hauptverantwortlich. Sehen wir nun zu, wie das in den letzten beiden Kapiteln gleichwohl vorscheinende Projekt eines neuen »transzendentalen Idealismus« – der jedoch stärker gemacht und genauer begründet werden muss und nicht in der Gegenüberstellung von transzendentalem Idealismus der *Erkenntnislegitimation* und transzendentalem Idealismus der *Sinnbildung* verharren darf – sich in der gegenwärtigen philosophischen Diskussion behaupten kann und muss.

**Die Phänomenologie
und die Frage nach der Realität**

Kapitel V
Die transzendentale Phänomenologie der Sinnbildung und der »spekulative Realismus«

Es mag der Causa der Phänomenologie nicht abträglich sein, dass sie dank des »neuen Realismus« heute wieder etwas mehr in den Vordergrund der Debatte gerückt wird. Was gegenüber diesem eher irrelevanten Umstand ungleich bedeutsamer ist – sofern dieser »neue Realismus«, zumindest in einer seiner wirkungsmächtigsten Ausprägungen als »spekulativem Realismus«[1] bei Quentin Meillassoux, sowohl ein Denken des »Prinzips« als auch des »Absoluten« zu sein beansprucht[2] – ist, dass seine bevorzugte Auseinandersetzung mit der Phänomenologie diese ebenfalls dazu nötigt, auf jene systematisch zentralen Fragen vertieft einzugehen. Die vom »spekulativen Realismus« behauptete und verteidigte philosophische Relevanz des spekulativen Denkens ist ein weiterer Grund dafür – neben anderen Gründen, wie bereits in Kapitel III dargelegt –, dass auch die Phänomenologie sich vor die Aufgabe gestellt sieht, sich der Legitimität der philosophischen Spekulation bewusst zu werden und dazu Stellung zu beziehen.

---

[1] Siehe insbesondere Q. Meillassoux, *Nach der Endlichkeit*, Berlin, Diaphanes, 2008 und »Metaphysik, Spekulation, Korrelation«, in *Realismus Jetzt*, A. Avanessian (Hg.), Berlin, Merve, 2013. Auch Markus Gabriel hat in seiner Ausarbeitung eines »Neuen Realismus« in M. Gabriel, *Sinn und Existenz. Eine realistische Ontologie*, Berlin, Suhrkamp, stw, 2016, eine sehr beachtenswerte Diskussion mit der Phänomenologie angestoßen. Siehe hierzu *Eine Diskussion mit Markus Gabriel. Phänomenologische Positionen zum Neuen Realismus*, P. Gaitsch, S. Lehmann, P. Schmidt (Hg.), Wien/Berlin, Turia + Kant, 2017.
[2] Meillassoux, »Metaphysik, Spekulation, Korrelation«, S. 23. Ich werde mich zunächst dieser Studie zuwenden, die nach dem Erscheinen von *Nach der Endlichkeit* Meillassoux Position noch einmal präzise darstellt und prägnant zusammenfasst.

Meillassouxs eigenes spekulatives Projekt besteht in der Rehabilitierung eines Denkens des Absoluten, das er aus dem Rahmen des zeitgenössischen »Korrelationismus«, für den in seinen Augen die Phänomenologie[3] exemplarisch sein soll, herauslösen will. Unter »Korrelationismus« versteht er die Idee, dass der Zugang zu jeglichem Sein durch das Denken vermittelt ist und Sein außerhalb der Zugänglichkeit durch das Denken nicht sinnvoll behandelt werden kann. Dabei bindet er dieses Denken – einer naturalistischen Auffassungsart gemäß – an real existierende Denksubjekte. Dreh- und Angelpunkt ist für ihn dabei das Problem der sogenannten »Anzestralität«, d. h. der Möglichkeit, wohlfundierte naturwissenschaftliche Aussagen über den Zustand des Universums und der Erde vor dem erstmaligen Auftreten des Lebens auf ihr zu formulieren. Diese Rolle der Anzestralität ist für ihn deswegen so bedeutsam, weil anzestrale Aussagen das Modell dafür liefern sollen, Aussagen über ein »Ansich« treffen zu können, das eben über den korrelationistischen Rahmen hinausweist.

Meillassouxs Hauptthese bezüglich der Phänomenologie geht über dieses spezifische Problem aber noch deutlich hinaus. Sie besagt, dass die phänomenologische Variante des Korrelationismus »ein Modell der wichtigsten zeitgenössischen Entabsolutierungen (désabsolutions) des Denkens«[4] ausmache. Damit wird behauptet, dass die Phänomenologie nicht nur jegliches Denken des Absoluten ablehne, sondern – Meillassoux nimmt sich vor, dies im Detail auseinanderzulegen – auch die theoretischen Mittel bereithalte, mit denen dies zu begründen sei. Der Korrelationismus stelle demnach eine Absage an das spekulative Denken dar, sofern er keinen ernstzunehmenden Begriff von »Absolutem« und »Prinzip« mehr vertrete. Der Grund für die Kritik am Korrelationismus besteht somit in einem philosophisch-systematischen Anspruch, den Meillassoux in der Phänomenologie nicht mehr befriedigt sieht. Es wird von diesem Standpunkt aus verständlich, weshalb er letztere dazu aufruft, »zum Beispiel in Form eines spekulativen Idealismus«,[5] auf die hier angeprangerten Defizite – in Bezug auf das »Prinzip« und das

---

[3] In diesem Kapitel wird somit eingehend (und über die Debatte mit Meillassoux hinaus) auf die dritte phänomenologische These der Einleitung eingegangen.
[4] Ebd., S. 24.
[5] Ebd., S. 28.

»Absolute« – zu antworten und sich in die spekulativen Höhen zu erheben, die bei Descartes, Kant, Fichte und Hegel erreicht wurden und allein in der Lage seien, den philosophischen Sachproblemen Genüge zu tun.

Dieses Kapitel ist in vier Abschnitte unterteilt. Zunächst wird gezeigt, weshalb das »Argument der Anzestralität« den phänomenologischen Standpunkt verfehlt und damit in seinem systematischen Anspruch, den phänomenologischen Korrelationismus zu widerlegen, scheitert. Nichtsdestoweniger enthält die darauf aufbauende und von Meillassoux hervorgehobene »Antinomie der Anzestralität« ein weiteres Argument, das für den Phänomenologen deutlich fruchtbarer ist. Dieses soll in einem zweiten Schritt näher untersucht werden. Drittens wird noch ein zusätzliches Argument herangezogen, das Meillassouxs Standpunkt in ein neues Licht rückt und die Auseinandersetzung mit dem phänomenologischen Korrelationismus weit weniger epigonal erscheinen lässt, als er das selbst behauptet. In einem letzten Abschnitt soll dann auf Meillassouxs Herausforderung der Phänomenologie mit dem Entwurf eines phänomenologischen spekulativen Idealismus geantwortet werden.

Zunächst geht es also darum, nachzuzeichnen, weshalb es das »Argument der Anzestralität« – vom phänomenologischen Standpunkt aus betrachtet – nicht vermag, den phänomenologischen Korrelationismus zu erschüttern. Dies lässt sich anhand verschiedener Argumentationsstrategien Meillassouxs nachweisen, die alle auf den gleichen Grundfehler hinauslaufen.

Meillassoux verfährt zunächst so, dass er an den Korrelationismus die Frage richtet, wie seiner Auffassung nach anzestrale Aussagen überhaupt zustandekommen. Aus seiner Sicht lautet dessen Antwort, dass die anzestrale Vergangenheit von der Gegenwart aus im Rückgang auf ihre Möglichkeit »*retrojiziert*« werde.[6] Wenn auch die Idee einer solchen »Retrojektion« nicht unzutreffend ist, stellt Meillassoux die Lage dennoch unzutreffend dar. Erstens behaup-

---

[6] Siehe hierzu insbesondere L. Tengelyis Ausführungen – im Rahmen seiner Überlegungen zu einem »methodologischen Transzendentalismus der Phänomenologie« in *Welt und Unendlichkeit*, Freiburg/München, Alber, 2014 – bezüglich Husserls Idee einer »rückwärts« gerichteten Konstitution, die insbesondere im Band XXXVI der *Husserliana*, welcher den Titel *Transzendentaler Idealismus* trägt, entwickelt wurde.

tet der phänomenologische Korrelationist nicht, »dass die anzestrale Vergangenheit nicht an sich, unabhängig von uns existiert haben kann«.[7] Denn sie kann durchaus existiert haben – unabhängig von uns *empirischen Menschen*. Der folgende von Meillassoux übrigens selbst zitierte Auszug aus Kants *Kritik der reinen Vernunft*, der auch für den Phänomenologen maßgeblich ist, behauptet ausdrücklich:

So kann man sagen: die wirklichen Dinge der vergangenen Zeit sind in dem transzendentalen Gegenstande der Erfahrung gegeben; sie sind aber für mich nur Gegenstände und in der vergangenen Zeit wirklich, so fern als ich mir vorstelle, daß eine regressive Reihe möglicher Wahrnehmungen (es sei am Leitfaden der Geschichte, oder an den Fußstapfen der Ursachen und Wirkungen), nach empirischen Gesetzen, mit einem Worte, der Weltlauf auf eine verflossene Zeitreihe als Bedingung der gegenwärtigen Zeit führt, welche alsdenn doch nur in dem Zusammenhange einer möglichen Erfahrung und nicht an sich selbst als wirklich vorgestellt wird, so, daß alle von undenklicher Zeit her vor meinem Dasein verflossene Begebenheiten doch nichts andres bedeuten, als die Möglichkeit der Verlängerung der Kette der Erfahrung, von der gegenwärtigen Wahrnehmung an, aufwärts zu den Bedingungen, welche diese der Zeit nach bestimmen.[8]

Entscheidend hierbei ist, dass die Vergangenheit sich lediglich in eine »*mögliche* Erfahrung«, und zwar mithilfe der sie bestimmenden und ihrer Möglichkeit nicht widersprechenden »*Bedingungen*«, einschreiben muss. Genauso wie niemand das Rauschen der Blätter eines Wäldchens auf einer einsamen Insel aktuell wahrzunehmen vermag, dies aber nicht dem tatsächlichen Vorkommen dieses Rauschens widerspricht und sich auch transzendental-idealistisch bzw. phänomenologisch begreiflich machen lässt, ist auch die Berechtigung anzestraler Aussagen bezüglich einer anzestralen Vergangenheit nicht an einen »aktuellen« oder »real existierenden« Zeugen gebunden, sondern muss lediglich den Bedingungen der Möglichkeit einer möglichen Erfahrung entsprechen.

---

[7] Meillassoux, »Metaphysik, Spekulation, Korrelation«, S. 29.
[8] I. Kant, *Kritik der reinen Vernunft*, 2. Hauptstück. Die Antinomie der reinen Vernunft, 6. Abschnitt. Der transzendentale Idealismus, als Schlüssel zur Auflösung der kosmologischen Dialektik, A 495 / B 523. Zitiert von Meillassoux, a.a.O., S. 30.

Genauso unzutreffend ist auch Meillassouxs zweite Behauptung, der Phänomenologe »konstruiere« »eine Anzestralität vor unserer Existenz«.[9] Wenn unter »Konstruktion« verstanden wird, dass aus einer Abfolge von Gedanken reales Sein herausgeklaubt würde, dann entspricht eine solche Kennzeichnung einfach nicht der inhaltlichen und argumentativen Sachlage. Der phänomenologische Begriff der »Intentionalität« beschreibt und analysiert je, wie irgendein intentionales Objekt »vermeint«, also intentional – und das heißt *als Objekt* und nicht als mentales Gedankending – anvisiert wird. Dabei wird kein Sein »konstruiert«, sondern es wird jeweils Sein(ssinn) transzendental *verständlich* gemacht. Das gilt nun genauso für einen gegenwärtigen Gegenstand wie für einen nicht gegenwärtigen. Und auch hierbei unterscheidet sich das Rauschen der Blätter auf einer einsamen Insel nicht von der anzestralen Vergangenheit.

Nun ist es nicht so, dass Meillassoux diese Argumente nicht bekannt wären. Dennoch antwortet er nicht überzeugend auf den oben dargelegten Einwand. Sehen wir also zu, wie sich sein Standpunkt im Sinne eben dieses grundsätzlichen Einwandes dekonstruieren lässt.

Dem gesamten Gedankengang Meillassouxs liegt die Auffassung zugrunde, wonach der Korrelationismus außerstande sei, »die notwendige Grundlage freizulegen«, um die »reziproke Relation von Subjekt und Welt jenseits ihrer Instanziierung in einer Gemeinschaft sterblicher Individuen zu hypostasieren«.[10] Dies impliziert aber, dass laut Meillassouxs Auffassung die noetisch-noematische Korrelation in der Phänomenologie stets an den als lebendig, empirisch vorkommend gedachten Menschen gekoppelt sei. An anderer Stelle betont er im gleichen Sinne, dass eine Entkopplung beider auch gar »keinen Sinn« habe, da transzendentales Bewusstsein »außerhalb [seiner] Inkarnation in Körpern nicht existieren«[11] könne. Um diese These zu erhärten, setzt er in seiner kritischen Argumentation noch einmal neu an – und zwar insbesondere auch deshalb, weil sich die Dinge laut eigener Aussage als »komplizierter« darstellen als das, was sich in seiner oben kurz nachgezeichneten Schilderung des Standpunkts des phänomenologischen Korrelationismus herauskristallisierte. Drei Aspekte werden dabei betont:

---

[9] Meillassoux, »Metaphysik, Spekulation, Korrelation«, S. 29.
[10] Ebd., S. 28.
[11] Ebd., S. 35.

1.) Zunächst könne man – in Meillassouxs Augen – nicht einfach die »subjektivierte« Vergangenheit, wie er sie nennt (also die Vergangenheit, die von konkreten Individuen bezeugt wurde), mit der »anzestralen« Vergangenheit auf die gleiche Stufe stellen. Hauptgrund hierfür sei, dass die anzestrale Vergangenheit niemals (für ein Subjekt) gegenwärtig gewesen sei, während gerade das für die de jure bezeugbare Vergangenheit gelte. Die subjektiv bezeugbare Vergangenheit habe existiert, während die anzestrale Vergangenheit *nicht* existiert habe – zumindest bis zu ihrer »nachträglichen« Rekonstitution durch ein Subjekt. Ein solcherart Konstituiertes könne aber laut Meillassoux gar nicht als eine »Vergangenheit« bezeichnet werden. Die »Absurditäten« bzw. »Paradoxe«, die Meillassoux hier sieht,[12] sind allerdings lediglich der Ignoranz gegenüber dem Sachverhalt geschuldet, dass die phänomenologischen Analysen sich nicht auf die gleiche Weise auf das »Reale« beziehen, wie die Naturwissenschaften dies tun. Und dabei kann insbesondere nicht argumentativ in Anspruch genommen werden, dass das phänomenologische Subjekt nicht in der anzestralen Vergangenheit anwesend gewesen sei – denn dies wird ja *prinzipiell* von den Phänomenologen ausgeschlossen und kann deshalb innerhalb dieses spezifischen Arguments Meillassouxs nicht als ein Mangel oder Ungenügen gebrandmarkt werden. Dies wirft dann zwar die berechtigte (von Meillassoux aber gar nicht als Problem herausgestellte) Frage auf, in welchem Verhältnis das phänomenologisch Analysierte (nämlich der »Sinn« der Phänomene) zur Wirklichkeit, auf die sich ja die Naturwissenschaften beziehen, steht – und genau hier stellt sich die Frage nach dem Verhältnis der Phänomenologie zum »Absoluten« (s. u.). Das kann aber keinesfalls dafür herhalten, die Art, wie die Phänomenologie den Bezug zur Anzestralität versteht, als ungültig zu erklären, da hier ein Vorurteil hineinspielt, das gleich explizit herausgestellt werden soll.

2.) Meillassoux behauptet, dass er sich von jeder trivialen Form des »naiven Realismus« unterscheide. Worin besteht genau seine Position? Er meint, unter Berufung darauf, dass ein realistischer Standpunkt die unverzichtbare *Bedingung* für den Sinn aller phänomenologischen Aussagen sei, erweisen zu können, dass die transzendentalphänomenologische Sichtweise per se nicht haltbar sei. Das fußt aber lediglich auf dem Gedanken, dass die *empirische Instanziierung des transzendentalen Subjekts* Voraussetzung des Tran-

[12] Ebd., S. 34.

szendentalen sei. Allerdings – und das ist eben Meillassouxs gerade angesprochenes Vorurteil – ignoriert diese Position die Grundimplikation der phänomenologischen Epoché, der zufolge ja das transzendentale Subjekt gerade *nicht* in seinem realen An-sich-Sein in Anspruch genommen wird.[13] Sobald dieser methodologisch und systematisch entscheidende Aspekt mitberücksichtigt wird, fällt Meillassouxs Auslegung des phänomenologischen Korrelationismus in sich zusammen.

3.) Schließlich vertieft Meillassoux auch noch jene Problematik, die oben schon einmal anhand des Rauschens der Blätter auf einer einsamen Insel veranschaulicht wurde (und für die er selbst das Beispiel eines herabfallenden Kronleuchters in einer verlassenen Wohnung heranzieht), deren Lösungsansatz aber aus denselben Gründen scheitert. Wie wir gesehen haben, enthält dieses Beispiel insofern keine Probleme für den transzendentalen (oder phänomenologischen) Korrelationismus, als das ohne Zeugen ablaufende Geschehnis genauso in eine *mögliche* Erfahrung integriert werden kann wie die Anzestralität. Dem entgegnet Meillassoux aber, dass eine »lückenhafte Gegebenheit« nicht mit der »Lücke der Gegebenheit« verwechselt werden dürfe.[14] Damit will er sagen, dass der Begriff der »Möglichkeit« in dem auf diese Weise aufgefassten Ausdruck einer »möglichen Erfahrung« problematisch sei. Laut Meillassoux gäbe es »kein anderes Mögliches als das, welches in einer *wirklichen* Erfahrung der Welt ›ein Loch bildet‹«.[15] Für Meillassoux ist

---

[13] Die »Epoché« und »Reduktion« bestehen in der Tat gerade *nicht* im Eröffnen einer Sphäre, die eine gleiche Art der Realität hätte wie das objektiv Reale, nur eben unter »subjektiven« Vorzeichen (und beides somit auf der gleichen Zeitreihe zu verorten gestattete). Sie lassen vielmehr eine Seinsneutralität hervorbrechen, die sodann transzendental – und das heißt immer auch: *in ihrem genuinen Seinssinn*, der sich aber nicht auf objektive Realität reduzieren lässt – zu hinterfragen ist. Deshalb ist übrigens auch Markus Gabriel Recht zu geben, wenn er schreibt: »Als ob wir jemals aus dem Flackern des mentalen Bildschirms die Wirklichkeit gewinnen könnten! Wenn das die Epoché wäre, sähe ich keinen Hoffnungsschimmer für die Phänomenologie«, *Eine Diskussion mit Markus Gabriel*, S. 220. Es dürfte aus dem Vorigen klargeworden sein, dass die durch die Epoché eröffnete phänomenologische Sphäre eben kein »realer« – »mentaler« – Bereich ist. Genau darum geht es, wenn Husserl das korrekte Erfassen der »Eigenart transzendentaler Einstellung« anmahnt.
[14] Meillassoux, »Metaphysik, Spekulation, Korrelation«, S. 37.
[15] Ebd.

das Mögliche ein nicht realisiertes potenzielles Wirkliches. Dass das Mögliche auch als ein nicht Wirkliches, das lediglich als ein Möglichkeits*bedingungen* Entsprechendes aufgefasst werden könnte, ist ihm fremd. Der fundamentale Gedanke der *Ermöglichung* hat im spekulativen Realismus kein *jus civitatis*. Ein solches Mögliches kann zwar durchaus eine »Lücke der [historisch nachprüfbaren] Gegebenheit« ausmachen, ist dadurch aber weder un- noch widersinnig – und auch nicht unvermeidlich irreal. Der Sinn der transzendentalen Konstitution besteht eben gerade darin, die Möglichkeitsbedingungen berücksichtigend, mögliche Gegenstandserkenntnis darzulegen und zu erläutern. Hierdurch kann ein »historisch« nicht Wirkliches trotzdem in seiner sinngebenden und wirklichkeits*relevanten* Dimension erfasst werden. Dies setzt aber ein »irrealisierendes« – in Husserls Worten: ein hinsichtlich seines Seinssinnes »eingeklammertes« oder »ausgeschaltetes« – Subjekt voraus, was wiederum impliziert, dass es unerheblich ist, ob das so Konstituierte einen möglichen *wirklichen* Zeugen gehabt hat (oder haben kann) oder auch nicht. Die vermeintlich grundlegende Trennung von »lückenhafter Gegebenheit« und »Lücke der Gegebenheit« ist nur unter der Voraussetzung der realistischen Setzungsart legitim. Der ausschlaggebende Unterschied ist dagegen der, ob etwas lediglich ins Blaue gedacht wird oder den Möglichkeitsbedingungen objektiver Erkenntnis entspricht. Wir haben es hierbei einmal mehr mit einer Auffassung zu tun, die davon zeugt, dass die genuin transzendentale Verfahrensweise in ihrer Eigentümlichkeit nicht ernstgenommen oder schlicht ignoriert wird. Wenn man empirisch Gegebenes bzw. auf der Grundlage einer solchen Gegebenheit und dazu unter Berücksichtigung von mathematischen Modellisierungsversuchen Konstruiertes letztlich als den alleinigen Maßstab dafür ansieht, ob etwas (sinnvoll) »ist« oder nicht, dann ist der vermeintlich spekulative Realismus tatsächlich nicht mehr als eine – freilich etwas höher angelegte – Variante des »naiven Realismus«.

Zusammenfassend kann gesagt werden, dass hier offenbar von Seiten Meillassouxs, was die Kennzeichnung der ursprünglichen Position der Phänomenologie betrifft, zwei Denkfehler begangen werden. Zum einen tritt, wie bereits oben näher erklärt, die Phänomenologie, was die positiven Einzelbestimmungen der Welt angeht, mit den Naturwissenschaften gar nicht in Konkurrenz. In ihr geht es niemals um positive Stellungnahmen bezüglich der Anzestralität. Allenfalls könnte die Frage aufgeworfen werden, welchen Seinssinn die Phänomenologie anzestralen Aussagen zuerkennen könnte. Darauf antwortet sie mit der Konzeption einer »retrojizierenden Konstitution«, die einen völlig anderen Sinn von Subjektivität voraussetzt als jenen, den Meillassoux von ihr hat. In der Tat ist nämlich zum anderen das »Subjekt«, von dem in der Phänomenologie die Rede ist, gar nicht empirisch vorhanden oder daseiend, und somit nicht in eine objektive Zeitreihe eingeschrieben, welche die Anzestralität von dem naturwissenschaftlich zu belegenden Auftreten des »Lebens auf der Erde« trennt. Das »Subjekt« der Phänomenologie – das sei noch einmal betont – unterliegt in Bezug auf seinen Seinssinn wie jedes zu analysierende Phänomen der Methode der »Epoché«, d. h. der Ausschaltung von jeglicher Seinssetzung und -stellungnahme. Es ist daher absurd, das Auftreten dieses Subjekts in der objektiven Zeitreihe verorten zu wollen, da die Annahme der letzteren ja voraussetzt, dass wir es jeweils mit real Existierendem zu tun haben (dies ist eine unausgesprochene Voraussetzung des »spekulativen Realismus«, aber gerade nicht der Phänomenologie; Meillassouxs Position endet somit in diesem Punkt in einer spekulativen Sackgasse).

Soweit also zur Argumentation bezüglich der »Anzestralität«. Sie ist – aus phänomenologischer Perspektive – irrelevant und kann getrost ad acta gelegt werden. Kann dennoch die Kritik Meillassouxs am Korrelationismus für die Phänomenologie fruchtbar gemacht werden? Um darauf antworten zu können, muss die Aufmerksamkeit darauf gelegt werden, wie Meillassoux sein zweites Argument aufbaut.

Laut Meillassoux ergibt sich aus seinen gerade nachvollzogenen Überlegungen folgende »Antinomie der Anzestralität«:[16] Der Realismus enthält einen *Selbstwiderspruch* (denn sobald er etwas über X aussagt, setzt er sich ja zu diesem X in ein *Verhältnis*); andererseits aber *zerstört* der Korrelationismus auch den *Sinn der Wissenschaft*, da er einen Zeitbegriff ins Spiel bringt, der die objektive Zeitreihe unterminiert und damit die wissenschaftliche Erkenntnis unmöglich macht. Lassen wir die Unhaltbarkeit der letzteren »Aporie« einmal dahingestellt und sehen zu, wie sich Meillassoux nun dank seines spekulativen Ansatzes vom Korrelationismus zu »lösen« versucht.

Seine Strategie besteht dabei nicht darin, den anzestralen Sinn

---

16 Ebd., S. 38.

stark zu machen, um den Korrelationismus zu destruieren, sondern vielmehr darin, den pragmatischen Selbstwiderspruch des Realismus so zu vertiefen, dass er dadurch überwunden wird. Ziel ist es zu erweisen, dass es möglich ist, »eine bestimmte Form von *Absolutem*« zu denken, »das nicht von unseren mentalen Kategorien abhängt, da es an sich besteht, ob wir nun existieren, um es zu begreifen, oder nicht«.[17] Somit wäre, das ist die erklärte Absicht des Vorhabens, das Denken von jeder Form des Korrelationismus befreit.

Meillassoux umreißt zu diesem Zweck drei philosophische Grundpositionen – den »Korrelationismus«, den »Subjektivismus« bzw. die »subjektivistische Metaphysik« und den »spekulativen Realismus« (der seine eigene Position darstellt). Um die Spezifizität dieser drei Positionen einsichtig machen zu können, ist es wichtig, zwischen der »Kontingenz«, der »Faktizität« und der »Archi-Faktizität« zu unterscheiden. »Kontingent« ist, der üblichen Definition gemäß, all das, was als andersartig gedacht werden *kann* und in dieser Andersartigkeit auch problemlos *möglich* ist (an der Stelle dieser Erle könnte auch eine Eiche stehen). Die »Faktizität« bezeichnet all jene Tatsachen, die man sich zwar als anders(artig) *vorstellen* kann, ohne allerdings dabei zu wissen, ob dies auch möglich wäre (wir können uns vorstellen, dass die physikalischen Gesetze anders sein könnten, ob das allerdings auch möglich ist, entzieht sich unserer Kenntnis). Die »Archi-Faktizität« schließlich betrifft etwas, was wir uns *unter keinen Umständen* als anders(artig) vorstellen können (und auch der Beweis der Notwendigkeit einer hierunter fallenden Urtatsache ist unmöglich).

Von hier aus kann nun der Sinn der obigen Grundpositionen verständlich gemacht werden. Diese unterscheiden sich durch die Art und Weise, wie sie die Korrelation mit dem Absoluten in Verbindung setzen. Der *Korrelationismus*, der, wie sein Name schon sagt, die Korrelation als unvermeidlich und nicht reduzierbar ansieht, verabsolutiert diese *nicht*, sondern verficht vielmehr die »Entabsolutierung« der Korrelation. Damit ist gemeint, dass das Jenseits der Korrelation so oder so oder aber auch ganz anders sein kann. Hauptvertreter einer solchen Position sei die Phänomenologie. Der Subjektivismus – und hier hat Meillassoux ganz offenbar Hegel im Sinn – vollzieht dagegen eine *Verabsolutierung* der Korrelation. Die Korrelation selbst wird dabei – etwa im Prozess des zu

[17] Ebd.

sich selbst findenden Geistes – als ein Absolutes aufgefasst. Diese beiden Positionen stehen in schroffem Gegensatz zueinander. Um der Verabsolutierungstendenz des Subjektivismus entgehen zu können, müsse der Korrelationismus nun auf ein zusätzliches Argument zurückgreifen – das der »Archi-Faktizität der Korrelation«. Hierdurch vermag er zu bewerkstelligen, dass das »Notwendig-Werden [des Korrelats] als Struktur alles Seienden« unterbunden wird.[18] Der spekulative Realismus schließlich verneint sowohl die Korrelation als auch die darauf aufbauende Verabsolutierung derselben. Seine Verfahrensweise besteht in der Verabsolutierung eben jener Archi-Faktizität der Korrelation. Dadurch wird die »Grundlosigkeit (*irraison*)« ontologisiert und das Prinzip des spekulativen Realismus – das »Faktualitätsprinzip« – aufgestellt, das die »Notwendigkeit der Kontingenz« zum Ausdruck bringt. Der spekulative Realismus verabsolutiert die Kontingenz der Korrelation und behauptet, dass allein die Kontingenz das Absolute sei. Der den Korrelationismus ausmachenden Entabsolutierung der Korrelation entgehe man dabei insofern, als gezeigt werde, »dass in demselben Maße, wie das Argument des korrelationalen Zirkels implizit die Korrelation verabsolutieren musste [= subjektivistische Metaphysik], um den Realisten zurückzuweisen, das Argument der Faktizität der Korrelation implizit die Faktizität verabsolutieren muss [= spekulativer Realismus], um den Subjektivisten zurückzuweisen«.[19]

Das mutet alles ziemlich kombinatorisch an. Eine Kombinatorik bezeichnet eine Kombination verschiedener Möglichkeiten, die formal und mechanisch betrachtet werden,[20] um dann zum Beispiel dank des Ausschließens aller unhaltbaren Positionen die übrig bleibende Lösung festzuhalten. Die *phänomenologische* Herangehensweise besteht dagegen darin, die Sachproblematik je aus dem *phänomenalen Gehalt* zu schöpfen. Allein hieran ist anzuknüpfen, damit dem spekulativen Realismus ein spekulativer Idealismus bzw. Transzendentalismus entgegengesetzt werden kann.

---

[18] Ebd., S. 44.
[19] Ebd., S. 52.
[20] Ein anderes Beispiel hierfür stellt die Vorgehensweise von P. Descola in seinem Buch *Jenseits von Natur und Kultur* dar, wo die verschiedenen möglichen »Ontologien« der Menschheit auf der Kombinatorik der verschiedenen möglichen Verhältnisse von »Intentionalität« und »Körperlichkeit« beruhen sollen.

Bevor diese Aufgabe in Angriff genommen wird, muss aber noch auf einen weiteren wichtigen Punkt hingewiesen werden. Meillassoux hatte nämlich bereits an einer entscheidenden Stelle von *Nach der Endlichkeit* eine Denkposition entwickelt, die offensichtlich in eine andere Richtung weist. Mit ihr versucht er die (vermeintliche) Gegenposition gegen den endgültigen Standpunkt des Korrelationisten festzulegen, sofern dieser ja die Entabsolutierung jedes Anders-Sein-Könnens dadurch verteidigt, dass aus seiner Sichtweise alle Möglichkeiten jeweils gleich denkbar bleiben. Meillassouxs Antwort hierauf besteht in dem Argument (das man das »Argument der Verabsolutierung« nennen könnte), dass jede Entabsolutierung wiederum eine Verabsolutierung mit sich bringe. Er führt das in der bedeutsamsten Passage seines Buches, nämlich am Schlusspunkt seiner gesamten Argumentation, in folgenden Worten aus:

Wenn Sie [Meillassoux wendet sich hier persönlich an den Korrelationisten, A. S.] behaupten, dass Ihr Skeptizismus gegenüber jeglicher Erkenntnis auf einem *Argument* und nicht einem bloßen Glauben oder einer bloßen Meinung beruht – dann müssen Sie zugeben, dass der Nerv eines solchen Argumentes *denkbar* ist. Nun ist aber der Nerv Ihrer Argumentation, dass wir zum Nicht-Sein-Können/Anders-Sein-Können aller Dinge, uns selbst und die Welt mit inbegriffen, gelangen *können*. Zu sagen, dass man dies denken kann, heißt aber, noch einmal, zu sagen, dass man die Absolutheit des Möglichen eines jeden Dings denken *kann*. Sie können das *An-sich* und *Für-uns* nur um diesen Preis unterscheiden, weil dieser Unterschied auf der Denkbarkeit des möglichen Anders-Seins des Absoluten im Verhältnis zum Gegebenen beruht. Ihr allgemeines Instrument der Entabsolutierung funktioniert nur dann, wenn eingeräumt wird, dass das, was der spekulative Philosoph als absolut in Betracht zieht, als ein Absolutes *tatsächlich denkbar* ist. Besser: als Absolutes *tatsächlich* GEDACHT wird – *von Ihnen* gedacht –, da *es Ihnen* im entgegengesetzten Fall *niemals in den Sinn gekommen wäre, kein subjektiver Idealist zu sein* oder kein spekulativer Idealist. [...] Ihr Gedankenexperiment zieht daher seine gefährliche Kraft aus der tiefen Wahrheit, die hier impliziert ist: Sie haben nichts weniger als ein Absolutes, das einzig wahre, »berührt«, und mit seiner Hilfe haben Sie alle falschen Absolutheiten der Metaphysik – sowohl jene des Realismus als auch jene des Idealismus – zerstört. [...]
Anders gesagt, ich kann das Grundlose [irraison] – welches die immer gleiche und indifferente Möglichkeit aller Dinge ist – nicht als *allein auf*

das Denken bezogen denken: Nur wenn ich das Grundlose als absolut denke, kann ich alle dogmatischen Optionen entabsolutieren.[21]

Worauf stützt sich dieses Argument? Auf das als absolut gedachte Grundlose – allerdings sofern es auf einem »*tatsächlichen* Denken« beruht! Sehr bemerkenswert dabei ist, dass Meillassoux dies als eine Absage an das »ontologische Argument« ansieht, während man guten Grund hat, sich zu fragen, ob hier nicht vielmehr genau das Gegenteil, nämlich ein Wiedererstarken dieses Arguments – freilich unter neuen Vorzeichen, nämlich unter Berücksichtigung der Kantischen (bzw. vielmehr Fichte'schen) Revolution der Denkungsart – statthat. Meillassouxs *Kritik* am ontologischen Argument besteht darin, dass er die Erweisbarkeit eines absoluten An-sichs verwirft – dies allerdings im Namen, wie nun ersichtlich wird, eines »tatsächlichen« Denkens, das nicht abstrakt als »pures Gedachtes«, sondern in seiner konkreten Instanziierung erfasst wird. In Wirklichkeit ergeben sich hier zwei Optionen. Meillassoux schreibt: Die (korrelationistische) Entabsolutierung funktioniere nur dann, wenn das vom spekulativen Philosophen als absolut in Betracht Gezogene »als ein Absolutes *tatsächlich denkbar* ist«, »[b]esser: als Absolutes *tatsächlich gedacht* wird«. Dies ist aber nicht das Gleiche! Ist das tatsächliche Gedacht-Werden des Absoluten wirklich »besser« als dessen tatsächliche (Fichte würde sagen »energische«, »energisch vollzogene«) Denk*bar*keit? Hier scheiden sich die Geister von »spekulativem Realismus« und »spekulativem Idealismus«. Die Anbindung an ein »tatsächliches« Denken würde von einem phänomenologischen spekulativen Idealismus keineswegs vollzogen – wohl aber an seine *notwendige* Denkbarkeit,[22] welche nicht nur die *Korrelativität zu einer transzendentalen Subjektivität* zum Ausdruck bringt, sondern sogar einen *Seinsbezug* herstellt. Das Wiedererstarken des

---

[21] Meillassoux, *Nach der Endlichkeit*, Berlin, Diaphanes, 2008, S. 84 f.; *Après la finitude*, Paris, Seuil, 2006, S. 80 f. (v. Vf. leicht modifizierte Übersetzung).
[22] Damit soll aber nicht zum Ausdruck gebracht werden, dass es Wirkliches nur insofern geben kann, als es den vorgängigen Bedingungen der Denkbarkeit entspricht. Denn es gibt natürlich Wirkliches, das vor dessen Verwirklichung weder denkbar noch möglich war – Traumatisches beispielsweise, der ganze Bereich des »Transpossiblen« (Maldiney) usw. Gemeint ist vielmehr, dass ein Seinsgrund gelegt wird, der aller transzendentalen »Konstitution« und ontologischen »Fundierung« vorausliegt. Ich komme hierauf weiter unten ausführlicher zurück.

»ontologischen Arguments« im transzendentalen Gewande besteht dabei genau darin, dass hier nicht ein *absolutes Sein* erwiesen wird, sondern das notwendige Sein des »tatsächlichen Denkens«, das dem als absolut gedachten Grundlosen zugrundeliegt. Man könnte das als den unabdingbaren subjektiven Rückbezug, der sich in seiner Notwendigkeit offenbart, bezeichnen (wobei jene »Subjektivität« freilich in ihrer *Anonymität* begriffen werden muss).[23] Wie dem auch sei, ganz gleich, welche ontologische Gewichtung man dem »tatsächlichen Gedacht-Werden« zuerkennt: Es ist doch ganz offensichtlich, dass wir es im Herzen des spekulativen Realismus mit einem anti-realistischen Moment zu tun haben, denn wie kann von »Denkbarkeit« und »tatsächlichem Gedacht-Werden« gesprochen werden, wenn nicht im Gesichtskreis der Korrelation von Gedachtem und Denken? Es wäre den verschiedenen Kritikern des »spekulativen Realismus« darin Recht zu geben, dass diese Position in ihrem tiefsten Innern offenbar selbst auch einen korrelationistischen Standpunkt impliziert.

Meillassouxs Ansatz, der sich freilich als ein *nicht*-korrelationistischer versteht, stellt, wie bereits betont, eine Herausforderung an die Phänomenologie dar, nämlich einen »spekulativen Idealismus« vom Gesichtspunkt der Phänomenologie aus – also gleichsam einen »phänomenologischen spekulativen Idealismus« bzw. »spekulativen Transzendentalismus« – dar- und auseinanderzulegen. Dies muss so geschehen, dass dieser, wie gesagt, nicht von *außen*, auf der Grundlage von metaphysischen Voraussetzungen und Grundentscheidungen entworfen wird (etwa mit dem Zweck, das Projekt einer mathematischen Beschreibung des anzestralen Universums zu verfolgen), sondern sich ganz am phänomenologischen *Gehalt* orientiert, sozusagen von »innen« her entwickelt wird. Es muss darum gehen, den Status der Wohlbegründetheit der Korrelation zu befragen – und zwar so, dass nicht äußere Entscheidungen den Weg bestimmen, sondern dass das »Diesseits« der Korrelation, d. h. die

---

[23] In seiner fundamentalen Denkfigur der »kategorischen Hypothetizität« hatte Fichte bereits 1804 diese Einsicht zum Ausdruck gebracht, als er in dem energischen Denken des Absoluten eine Seinssetzung ausgemacht hatte, die er gerade als *Rehabilitierung* des ontologischen Arguments (nun aber eben im Kontext der Transzendentalphilosophie) aufgefasst hatte, welche ihrerseits jene Ontologisierung vom absoluten An-sich auf den anonymen Denkvollzug – und somit in die (Seins-Denken-)*Korrelation* – verlagert hatte.

Präphänomenalität, die Präimmanenz, vertieft wird. Das umschreibt eine Form von (phänomenologischer) »Metaphysik«, allerdings nicht in Richtung des »Meta-«, sondern des »Hypo-«, weshalb der Ausdruck »korrelationistische Hypophysik« zutreffend wäre. Das Hauptanliegen derselben besteht nun gerade in der Aufstellung eines phänomenologischen spekulativen Idealismus (bzw. Korrelationismus), wodurch die oben skizzierte Aufgabe einer Verwirklichung der »Grundlegungsidee der Phänomenologie« positiv angegangen werden kann. Hierfür ist die Aufstellung eines transzendentalen Strukturmodells erforderlich, das man als »transzendentale Matrix des Korrelationismus« bezeichnen könnte. Worin bestehen die Grundmotive, die dieses der phänomenologischen Sachhaltigkeit entnommene Theoriemodell grundlegend bestimmen?

Das erste Grundmotiv für die Herausarbeitung einer solchen »transzendentalen Matrix des Korrelationismus« besteht einsichtigerweise darin, die *phänomenologische Korrelation* selbst reflexiv zum Thema zu machen. Was ist die phänomenologische Korrelation von ihrem Grundansatz her? Wie ist dabei insbesondere das Wesen des Korrelationsverhältnisses beschaffen? Hieraus folgt auch das zweite Motiv, welches das Prinzip des *Verständlich-Machens phänomenologischer Erkenntnis* und damit das *Wesen der Sinnbildung* überhaupt ein für alle Mal zum phänomenologischen Phänomen machen soll. Schließlich (und das wird das dritte Motiv sein) gilt es, sich Klarheit über das Wesen der *phänomenologischen Reflexion* zu verschaffen.

Korrelativität (Korrelation), Signifikativität (Sinn) und Reflexivität (Reflexion) – das sind also die drei Hauptbegriffe, die in ihrer Zusammengehörigkeit und in ihrem gegenseitigen Verweisen aufeinander die transzendentale Matrix des Korrelationismus durchwalten. *Der folgende Entwurf entwickelt sich demnach entlang des spezifischen Gehalts bzw. der genuinen Sachhaltigkeit eines Phänomenbestands, der eben die sinnhafte und reflexive Strukturiertheit der phänomenologischen Korrelativität umfasst und diese als ein eigenes phänomenologisches Phänomen sichtbar werden lässt.* Dass das bislang nicht unternommen wurde, lässt sich womöglich auf Merleau-Pontys Diktum, dass es je eine »Vorbereitung der Phänomenologie in der natürlichen Einstellung«[24] gebe, zurückführen.

---

[24] M. Merleau-Ponty, *Signes*, »Le philosophe et son ombre«, Paris, Gallimard, 1960, S. 267.

Das trifft in der Tat auf jedes Phänomen zu – nur eben nicht auf die durch Korrelation, Sinn und Reflexion gekennzeichnete transzendentale Matrix des Korrelationismus, die der reflexiven (»kehrigen«, d. h. den gegenseitigen Verweis von »natürlicher« und »transzendentaler Einstellung« dennoch stets mitmeinenden) Blick*umwendung* innerhalb der transzendentalphänomenologischen »Einstellung« strukturell zugrundeliegt.

Zunächst gilt es, den Grundrahmen der phänomenologischen Korrelation eigens zum Thema zu machen. Der Name für die phänomenologische Korrelation lautet, wie schon mehrmals betont: »Intentionalität«. Damit ist gemeint, dass Bewusstsein je Bewusstsein *von* etwas ist und umgekehrt, aber damit aufs Engste verbunden, jedes Etwas sich in einen intentionalen Bezug einschreibt. Wenn damit nun aber *nicht* lediglich eine *Verdoppelung* des Gegebenen in einer Bewusstseinsmodalität und auch nicht das (im Grunde völlig kontingente) aktuelle Bewussthaben einer Gegebenheit gemeint sein soll und verständlich gemacht werden kann, wie insbesondere die Sinnbildung und die erkenntnismäßige Konstitution möglich ist, dann muss die Grundeigenschaft dessen, wodurch jeweils der *Gegenstandsbezug* hergestellt wird, aufgewiesen werden. Eine solche Grundeigenschaft kann – in einer Annäherung an die Heidegger'sche Vertiefung des Husserl'schen Intentionalitätsbegriffs – das »horizonteröffnende In-den-Vorgriff-Nehmen« genannt werden. Die phänomenologische Korrelation bezeichnet nie eine lediglich statische oder mechanische Bezughaftigkeit, und sie reduziert sich auch nicht auf »aktintentionale« *Bewusstseins*bezüge. Sie bringt vielmehr zum Ausdruck, dass jede Gegebenheit von »Etwas« in einen horizontmäßigen Rahmen von Verstehenshaftigkeit eingeschrieben ist.[25] Diese ist bei weitem nicht notwendigerweise »transparent«. Sie kann unbewusst sein oder sonst irgendeine Modalität von aktueller Nichtbewussthaftigkeit ausmachen. Entscheidend ist lediglich, dass dem An-sich-Sein eine Perspektive entgegengesetzt wird, die das Sein als offen *für* Bewusst-Sein erweist (wofür auch Husserls »signitive Intentionen« stehen, auch wenn dabei der be-

---

[25] Mittels der Begriffe des »Aufnehmens« und des »Zulassens« hat Günter Figal den Vorschlag unterbreitet, die spezifisch *räumliche* Dimension jeder phänomenologischen Bezughaftigkeit ins Visier zu nehmen, G. Figal, *Unscheinbarkeit. Der Raum der Phänomenologie*, Tübingen, Mohr Siebeck, 2015, S. 50ff.

schränkte Rahmen der »Aktintentionalität« gemäß dem gerade Skizzierten überschritten werden muss).

Was wird nun in der Korrelation horizonteröffnend in den »Vorgriff« genommen? Der Vorgriff ist je ein solcher auf *Sinnerscheinung* und *Sinnordnung*.[26] Sinn bezeichnet dabei je Sinnhaftigkeit als »Sinn von« etwas,[27] nämlich etwas *Erscheinendem*. Das ist sozusagen die Kehrseite davon, dass das Etwas sich stets in die Korrelation einschreibt: Der Gegenstand wird nicht in seiner »Materialität« verstanden, sondern als Sinn, wobei der Sinn aber keine gesonderte »Schicht« ist, die dem Ansich des Objekts gegenüberstünde, sondern eben Sinn(erscheinung) desselben. Sinnbezüglichkeit und Erscheinungshaftigkeit verweisen folglich je aufeinander.

Dieser gegenseitige Bezug setzt aber eine eigentümliche (Selbst-)Reflexivität voraus. Entscheidend ist dabei, und das muss ausdrücklich betont werden, diese nicht – vom Subjekt aus – als reflexiven Rückgang auf ... aufzufassen. Um hier hinein gelangen zu können, muss sich die in Kapitel IV eingeführte »transzendentale Induktion« vollziehen.[28] Diese bezeichnet im wörtlichen Sinne die »*Einführung*« *in die selbstreflexive Prozessualität der Sinnbildung*.[29] Sie

---

[26] »Die *intentionale Analyse* stellt nicht nur vorkommende Gegebenheiten des Bewusstseins fest, sondern *greift zuerst vor in die innere Sinnordnung des Bewusstseins*. Dieser Vorgriff ist das konstruktive Moment der phänomenologischen Intentionalanalyse. Er ermöglicht erst [...] die vom philosophischen Problem des Bezugs von Sein und Wissen bewegte Intentionalanalytik«, E. Fink, »Das Problem der Phänomenologie Edmund Husserls«, S. 205.
[27] »Es ist die Grundeinsicht einer intentionalen Auslegung des Bewusstseins, dass alles Bewusstseinsleben [...] eine *Sinneinheit* in sich trägt, die jede theoretische Erfassung des Bewusstseins leiten muss«, ebd., S. 203.
[28] Der Begriff der »Induktion« hat in den mathematischen Wissenschaften und in den Naturwissenschaften eine große Bedeutungsvielfalt. In der hier zur Anwendung kommenden Auffassungsweise werden – freilich sehr aus der Ferne – Anleihen aus dem physikalischen bzw. biologisch-genetischen Gebrauch (nämlich das *erzeugende* bzw. *auslösende* Moment) und aus dem mathematischen Gebrauch gemacht (der im Fall zur »strukturellen Induktion« ein eigenes *konstruktives* Beweisverfahren bezeichnet, das mittels eines »*Erzeugungssystems*« zu einer Lösung kommt, ohne dem philosophischen Induktionsproblem zu verfallen).
[29] Hierbei handelt es sich um eine »Bewegung«, auf die M. Richir zum ersten Mal in seiner wegweisenden Studie »Le Rien enroulé – Esquisse d'une pensée de la phénoménalisation« (*Textures 70/7.8*, Brüssel, 1970, S. 3–24) hingewiesen hat. Man könnte in diesem Zusammenhang auch, wie Richir es

ermöglicht es, die Schwelle der deskriptiven Verfahrensweise dahingehend zu überschreiten, dass nicht mehr der *Phänomenologe* die phänomenologische Analyse vollzieht, sondern die reflexive Grenzstruktur der Phänomenalität und das, was sie ermöglicht, sich gleichsam »*selbst*« reflektiert.[30] Es handelt sich hierbei um eine *spezifische Performanz der phänomenologisch relevanten Reflexionsform*,[31] die bereits in je eigenen Ausgestaltungen in früheren, vor-phänomenologischen Ansätzen zum Ausdruck kam (in Platons Selbstgespräch der »Seele«, in Spinozas Selbst-Denken des »Gedankens«, in Hegels Selbstbewegung des »Begriffes« usw.) und die, wie schon betont, *in ihrer spezifischen Phänomenalisierung und »Phänomenalität« eigens zum Thema der phänomenologischen Analyse gemacht werden muss*. Drei Stufen der transzendentalen Induktion sind näher zu unterscheiden. Auf der ersten Stufe wird lediglich der Übergang zur Selbstreflexivität vollzogen, sie stellt sozusagen die Eingangspforte in dieselbe dar. Auf der zweiten Stufe findet die Selbstreflexion des eingangs zugänglich Gewordenen statt. Und auf der dritten Stufe kommt es dann zur *verinnerlichenden* Selbstreflexion dessen, was sich auf der zweiten Stufe ergeben hat. Jeder dieser drei Stufen entspricht dabei also jeweils eine eigene Reflexionsform.

selbst tut, den Bezug zu Heideggers Gedanken einer »transitiven« (im Sinne einer »transzendierenden«) »entbergende[n] Überkommnis« herstellen, in bzw. dank derer »Sein« »sich zeigt«, »Die onto-theo-logische Verfassung der Metaphysik« (1956/57), *Identität und Differenz*, HGA 11, F. W. v. Herrmann (Hg.), Frankfurt a. M., Klostermann, 2006, S. 71. (Richir geht im Übrigen so weit zu sagen, dass Heideggers »Kehre« genau darin bestehe, dass »man niemals *Herr* des Verhältnisses vom Denken zum Denken der Phänomenalisierung« sei, sondern »vielmehr das *Umgekehrte*« statthabe: »Die Phänomenalisierung regelt ihr Verhältnis zum Denken«, »Le rien enroulé«, a.a.O., S. 23.)
[30] In seinem Text von 1786, »Was heißt: Sich im Denken orientieren?«, wundert Kant sich darüber, dass der Spinozismus davon sprechen könne, es gäbe »Gedanken, die doch selbst denken« – was er als die Auffassung von einem »Akzidens« versteht, »das doch zugleich für sich als Subjekt« existiere (*Theorie-Werkausgabe*, Band V, W. Weischedel (Hg.), Frankfurt am Main, Suhrkamp, 1968, S. 279). Einem solchen realistischen Fehlschluss (dem ja auch Meillassoux unterliegt) – und dem hier die Annahme entspräche, der selbstreflexiven Struktur der Sinnbildung werde ein subjektiver Träger untergeschoben – setzt der phänomenologische spekulative Idealismus eine *phänomenologische Reflexionsform* entgegen, die jener selbstreflexiven Struktur der Sinnbildung gerade ihren phänomenalen Boden bereitet.
[31] Diese äußert sich auch darin, dass sie in der *Gleichsetzung der präimmanenten Sphäre mit der selbstreflexiven Struktur der Sinnbildung* besteht.

Die transzendentale Phänomenologie der Sinnbildung 155

Es wurde gerade dargelegt, dass die erste Grundeigenschaft der Korrelation ihr horizonteröffnendes In-den-Vorgriff-Nehmen ausmacht. Eine *erste (Selbst-)Reflexion* auf dieses wird dabei gemäß der vorigen Unterscheidung a.) auf die *Bewusstseinsstruktur*, b.) auf die horizonteröffnende Vor(be)grifflichkeit, d. h. den *Entwurf auf Sinn* und c.) auf den – zunächst allerdings inhaltslosen – Begriff der *Erkenntnisverständlichmachung* gehen. Da dies, wie gesagt, eine erste Reflexion darstellt, gelangen wir hier zur ersten Ebene der transzendentalen Verständlichmachung dessen, was Korrelation, Sinn und Reflexion und ihre gegenseitige Verflechtung möglich macht. a.) Der Subjekt-Objekt-Korrelation liegt eine eigentümliche *Struktur* zugrunde; b.) der Vorgriff auf Sinn vollzieht sich auf der Grundlage eines *Sinnentwurfs*; und c.) die *Verständlichmachung der Erkenntnis* entwirft zunächst einen Begriff derselben, der dem zu suchenden Erkenntnisprinzip selbst entgegengesetzt ist. Hierbei bricht dann eine dreifache Dualität auf: a.) die von *Subjekt* und *Objekt* (welche die originäre *Bewusstseinsspaltung* ausmacht), b.) von *entworfenem Sinn* und *sich gebendem Sinn* (denn auf den Sinnentwurf »antwortet« je ein »Sich-Geben« von Sinn, an dem sich die »Richtigkeit« des Entwurfs progressiv und anhand unaufhörlicher »Korrekturen« verifizieren lässt) und c.) von *Urbild* und *Abbild* des Prinzips jener Verständlichmachung der Erkenntnis.[32]

Eine *zweite (Selbst-)Reflexion* eröffnet sodann dementsprechend die zweite Ebene der transzendentalen Matrix der Korrelation. Diese zweite (Selbst-)Reflexion nimmt sich nicht mehr all jene Implikationen des horizonteröffnenden In-den-Vorgriff-Nehmens vor, sondern reflektiert nun jeweils die drei sich darin bekundenden Dualitäten.

a.) Wenn dabei zunächst der *Bewusstseinsbezug* selbstreflexiv betrachtet wird, d. h. wenn Bewusstsein zu Bewusstsein *von* Bewusstsein wird, dann ergibt sich dadurch *Selbst*bewusstsein. Das bedeutet nicht, dass – wie etwa bei Hegel – Selbstbewusstsein die »Wahrheit« des Bewusstseins sei (und dieses jenes voraussetzte), sondern dass das Selbstbewusstsein sich allererst im Reflexionsprozess und in seiner Genese aufhellen lässt.

---

[32] Das, worauf der Entwurf der Fassung des Erkenntnisprinzips abzielt, ist dessen »Urbild«; das worin es zuerst – in seinem bloßen *Entwurfs*charakter – gefasst wird, sein »Abbild«.

b.) Aus der Selbstreflexion der Dualität von entworfenem und sich gebendem Sinn erfolgt dann die Einsicht, dass der *Wahrheitsmaßstab* immer weiter hinausverlagert wird und sich nicht endgültig anlegen lässt. (Dem entspricht auch Husserls späte Einsicht, dass die sogenannten »erfüllenden Intentionen« keinen Anspruch auf Endgültigkeit haben und sich ebenfalls revidieren lassen.) Mit anderen Worten, wir stoßen auf eine »hermeneutische Wahrheit«, die nicht in »letzten Wahrheiten« mündet, sondern die Konsequenzen aus der hermeneutischen Einsicht ziehen, dass Wahrheit je nur im immer neu zu realisierenden Wahrheits*vollzug* angesetzt werden kann.

c.) Schließlich wird auch das Verhältnis von »Abbild« und »Urbild« des Erkenntnisprinzips reflektiert, der zunächst entworfene leere Begriff desselben wird also mit dem zu Konstruierenden in Beziehung gesetzt. Was ergibt sich aus dieser Reflexion? Das entworfene bloße Abbild ist nicht die Urquelle der Erkenntnisaufklärung selbst, sondern nur ein ihr gegenüberstehender Begriff davon. Letzterer »begreift sich« in dieser Reflexion *als* ein bloßer Begriff. Um zur tiefsten Quelle selbst zu gelangen, muss daher das soeben Entworfene, lediglich Vorgestellte, *sofern es eben nur ein solches abstraktes Abbild ist*, gleichsam vernichtet werden. Hierdurch wird ein neues Moment ausgebildet: keine – im ersten Schritt unvermeidlich – hin projizierte bloße Erscheinung, sondern ein genetisch durch Vernichtung des zunächst projizierten Abbildes und Aufscheinen der urbildlichen Erkenntnisquelle selbst erzeugtes reflexives Verfahren. Worin besteht dieses Moment – wenn es kein rein formales sein soll? Eben gerade im gleichzeitigen *Entwerfen* und *Vernichten*. Letzteres kann als »*Plastizität*« bezeichnet werden, da hiermit genau diese zweifache Bedeutung eines entwerfenden Vernichtens bzw. eines vernichtenden Entwerfens zum Ausdruck gebracht wird.

Die Verfahrensweise der »transzendentalen Induktion« kommt schließlich insofern in ausgezeichneter Weise in der *dritten (Selbst-) Reflexion* zum Tragen, als die hier sich vollziehende Selbstreflexion keine Reflexion mehr *über* ein Gegebenes, sondern *verinnerlichende* Selbstreflexion ist, die das letztursprüngliche Register der generativen Matrix der Sinnbildung eröffnet.

a.) Die verinnerlichende Selbstreflexion des *Selbstbewusstseins* eröffnet eine Sphäre *diesseits* der Subjekt-Objekt-Spaltung wie auch diesseits des reflexiven Selbstbezugs im und durch das Selbst-

Die transzendentale Phänomenologie der Sinnbildung 157

bewusstsein. Auf der Grundlage von Husserls Ansätzen etwa in den *Bernauer Manuskripten* (1917/18) ließe sie sich als »präphänomenale« bzw. »präimmanente« Sphäre der phänomenologischen Konstitution bezeichnen. Sie macht gewissermaßen die »choratische Sphäre« der transzendentalen Induktion aus, d. h. innerhalb ihrer wird jenes urtranszendentale Feld der Sinnbildung zugänglich, das sich dann in zwei weiteren Hinsichten noch genauer ausgestaltet.

b.) Es ergab sich aus der vorigen (Selbst-)Reflexion über die zweite Dualität (jener von entworfenem und sich gebendem Sinn), dass wir auf eine Art »hermeneutische Wahrheit« stießen, die eine Absage an jegliche Form von »letzten Wahrheiten« zu implizieren schien. Dies trifft auch zu, sofern man ein vorausgesetztes Gegebenes als Maßstab der Erkenntnis ansetzte. Das Fehlen eines solchen Maßstabes heißt aber nicht, dass nicht doch ein eigener phänomenologischer Wahrheitsbegriff nutzbar zu machen wäre, der sowohl die Klippe des »naiven Realismus« als auch die des Relativismus zu umschiffen gestattet. Eben einen solchen eröffnet die verinnerlichende Selbstreflexion der oben skizzierten »hermeneutischen Wahrheit«. Diese Selbstreflexion stellt nicht einen erneuten »Bedeutungsentwurf« bzw. eine erneute »Interpretation« dar, der (die) in mannigfachen weiteren Entwürfen oder Interpretationen überstiegen werden könnte, sondern sie macht den ureigenen Begriff einer phänomenologischen, genetisierenden »Konstruktion« aus. Es ist dies ein Konstruieren in das Offene der präphänomenalen Sphäre, das nur in der Konstruktion selbst deren Triftigkeit wie auch deren eigene Gesetzmäßigkeit offenbart. Diese Sphäre der phänomenologisch-genetisierenden Konstruktivität macht den ureigenen Begriff der »Generativität« bzw. »generativen Wahrheit« aus. Als Beispiele hierfür seien genannt: Platons »*exaiphnes*« als Umschlagspunkt von Ruhe und Bewegtsein im *Parmenides*; Fichtes Idee einer »genetischen Konstruktion« in der *Wissenschaftslehre von 1804/II*; Hegels »absolutes Wissen« am Ende der *Phänomenologie des Geistes*; Heideggers Analyse des Vorlaufens in die »Möglichkeit als die der Unmöglichkeit der Existenz überhaupt«, die allererst jede existenzielle Möglichkeit für das menschliche Dasein eröffnet (im § 53 von *Sein und Zeit*); Husserls phänomenologische Konstruktion des »Urprozesses« der ursprünglichen phänomenologischen Zeitlichkeit in den *Bernauer Manuskripten*.

c.) Auch der selbstreflexive Nachvollzug der Urquelle der Erkenntnisaufklärung macht schließlich diese dritte verinnerlichende

Selbstreflexion notwendig. Das sich aus der bisher vollzogenen Selbstreflexion Ergebende verweist, wie gezeigt, auf eine zweifache entgegengesetzte vorsubjektive und »plastische« »Tätigkeit« eines *Setzens* und *Vernichtens*. Diese ist aber selbstverständlich keine rein mechanische »Tätigkeit«, sondern lässt sich in jener verinnerlichenden Selbstreflexion erfassen. Jedes Aufheben ist ein Aufheben eines zunächst Gesetzten – und daher ein von ihm Abhängiges. Die zweite (aus)bildende Vollzugsweise hatte sich daraus ergeben, dass das bloße Abbild sich als ein solches begriff und infolgedessen vernichtete. Die jetzt vollzogene verinnerlichende Reflexion geht nun noch einen Schritt weiter. Sie begreift sich nicht bloß als reflektierende, sondern als das Reflektieren in seiner Reflexionsgesetzmäßigkeit erschließende. Letztere besteht im »Ermöglichen«, in einer eigenartigen Verdoppelung, die das Transzendentale originär bestimmt und das Möglich-Machen reflexiv als Möglich-Machen des Möglich-Machens *selbst* durchsichtig macht – im vorliegenden Fall: die Plastizität, deren Selbstreflexion nichts Anderes als die Ermöglichung ergibt. Diese Reflexionsgesetzlichkeit drückt zudem – zusammen mit der Verstehensermöglichung – eine auf diese selbst bezogene *Seins*ermöglichung aus. Woher stammt diese »Seinsermöglichung«? Und vor allem: Weshalb tritt diese »durch« die Verstehensermöglichung hervor? Zu ersterem ist zu sagen, dass, wenn die Verstehensermöglichung rein reflexiv wäre und auf einer rein erkenntnismäßigen Basis beruhte, ihr Ermöglichungscharakter abstrakt bliebe und auf einer bloßen Behauptung beruhte. Letzteres erklärt sich dadurch, dass die Ermöglichung diesseits der Spaltung von Erkenntnistheorie und Ontologie angelegt ist und diese allererst ermöglicht. Die ermöglichende Verdoppelung ist somit ebenfalls eine produktiverzeugende Vernichtung – *Vernichtung* jeder erfahrbaren Positivität eines Bedingenden und *Erzeugung* einerseits dieses Bedingenden selbst und andererseits eines hieraus hervorgehenden ontologischen »Überschusses«, der dem hierdurch Erzeugten (nämlich der gesuchten Grundlage der Verständnisaufklärung) seine Seinsgrundlage bietet. Und genau das wurde gewissermaßen schon von Meillassoux aufgedeckt;[33] nur hatte er nicht die offenbaren »korrelationistischen«

---

[33] Gleiches gilt auch für Hegel im ersten Unterabschnitt des ersten Kapitels des ersten Abschnittes des ersten Buchs der *Großen Logik* (»Sein«), sofern jener im Zusammenhang mit dem Ende des Vorbegriffs des ersten Teils der *Kleinen Logik* (§ 78) betrachtet wird – nur mit dem Unterschied, dass Hegel

Die transzendentale Phänomenologie der Sinnbildung 159

Konsequenzen daraus gezogen, wie das oben in der Diskussion mit ihm bereits dargelegt wurde.³⁴

Die transzendentale Matrix des Korrelationismus beschränkt sich nicht auf lediglich postulierte Erkenntnisformen, wie das etwa im Kantischen Transzendentalismus der Fall ist, sondern bringt das reflexible »Grundprinzip« der Ermöglichung des Verstehens zum Ausdruck; und in eins damit offenbart sich jene Seinsgrundlage, die das Seinsfundament jeder Sinnerscheinung ausmacht. Denn »sich reflektierendes Reflektieren« oder »Sich-Erfassen als Sich-Erfassen« heißt nicht, dass hier einfach ein wiederholter (Reflexions-)Akt vorliegt, sondern dass im energischen (reflexiblen) Sich-Erfassen der Reflexion *Sein* hervorspringt.³⁵ Sein ist Reflexion der Reflexion – aber nicht im Sinne einer verstandesmäßigen Rückbindung oder Zurückwendung auf Reflexion, sondern als »reflexible« (Fichte), d. h. die Reflexionsgesetzlichkeit zum Vorschein bringende und das Sein selbst allererst herausspringen lassende Reflexion. Dieses Sein ist »Grund« aller Realität; es ist nicht vorgängig gegeben oder vorausgesetzt, sondern genetisch konstruierter, reflexibel genetisierter »Träger der Realität«. Diese transzendentale Matrix des Korrelationismus lässt sich in folgender Tafel veranschaulichen und festhalten:

---

diese Inanspruchnahme eines »reinen Seins« durch den freien Entschluss, »rein denken zu wollen«, lediglich aufstellt. Selbstverständlich wird diese faktische Aufstellung in der weiteren Folge der *Logik* genetisiert – aber diese Genetisierung ist eben anderer Art als im *phänomenologischen* spekulativen Idealismus, da es sich in letzterem um ein »offenes System« (Fink) handelt, das von keiner dialektischen Methode durchherrscht wird.

³⁴ An anderer Stelle habe ich diese beiden Erzeugungsverfahren jeweils als die »transzendentale Reflexibilität« und als die »transzendierende Reflexibilität« bezeichnet, siehe *Wirklichkeitsbilder*, a.a.O., S. 103 ff. Bezüglich des zweiten Punktes, auf den ich im folgenden Kapitel noch einmal vertiefend zurückkommen werde, wäre zu überlegen, ob hierdurch – aber auf eine andere, nicht-metaphysische Weise – das »ontologische Argument« der philosophischen Tradition (bei Anselm und insbesondere bei Descartes) auch an dieser Grenze der Phänomenologie nicht doch wieder Einzug hält und ob es sich hierbei nicht – Kantisch ausgedrückt – um den höchsten *phänomenologisch-spekulativen* Grundsatz der synthetischen Urteile a priori handeln könnte.

³⁵ Richir spricht in diesem Zusammenhang vom »Hervorquellen« des je Seienden aus der »Doppelbewegung der Phänomenalisierung«, »Le rien enroulé«, a.a.O., S. 9 f.

	Korrelation	Sinn	Reflexion (= Urphänomen der Sinnbildung)
1. Reflexionsstufe	Horizonteröffnendes In-den-Vorgriff-Nehmen des Subjekt-Objekt-Verhältnisses	Entworfener Sinn – sich gebender Sinn	Abbild-Urbild des in der Erkenntnis-verständlichmachung aufzuweisenden Erkenntnis- und Seinsprinzips
2. Reflexionsstufe	Selbstbewusstsein	Hermeneutische Wahrheit	Plastizität (vernichtend-erzeugender Prozess)
3. Reflexionsstufe	Präimmanenz	Generativität	Transzendentale und transzendierende Reflexibilität

Meillassouxs an die Phänomenologie gerichtete Aufforderung, sich ihres eigenen spekulativen Idealismus nicht nur bewusst zu werden, sondern diesen auch zu begründen, mündet in der Herausarbeitung der »Reflexibilität« als »*Prinzips*« des phänomenologischen spekulativen Idealismus. Wird hierin auch ein »*Absolutes*« gedacht? In der Tat. Meillassouxs »Absolutes« ist das über den Korrelationismus hinausliegende »Hyper-Chaos«, das mathematisch bestimmbar sei. Grundresultat des phänomenologischen spekulativen Idealismus ist es, dass der hierin gültige Seinsbegriff allenfalls für das objektiv messbare Wirkliche zutrifft. Sein *eigenes* »Absolutes« ist das *Sein* – allerdings mit der Einschränkung, dass *Sein gerade nicht objektive Wirklichkeit ist*. Welcher Seinsbegriff geht also im phänomenologischen spekulativen Idealismus auf?

Dazu ist zunächst eine kurze Vorbemerkung zum Seinsbegriff in der Phänomenologie überhaupt und bei Heidegger im Besonderen nötig. Heideggers berühmte Stellungnahme zum Sein in *Sein und Zeit* lautet: »Sein des Seienden« ist das, was »Sinn und Grund« dessen, »was sich zunächst und zumeist zeigt«, »ausmacht«.[36] »Sinn und Grund« von etwas »ausmachen« scheint aber eine *Bestimmung* von etwas zu sein. Wie kann diese Bestimmung vom *Sein* gelten, sofern doch jedes »Denken«, »Bestimmen« usw. des Seins dieses ipso facto ontifiziert, also zu einem bloßen *Seienden* macht? Dem offenbaren

---

[36] M. Heidegger, *Sein und Zeit* (HGA 2), F. W. v. Herrmann (Hg.), Frankfurt am Main, Klostermann, 1977, S. 35.

Die transzendentale Phänomenologie der Sinnbildung 161

Widerspruch kann man nur so entgehen, dass verständlich gemacht werden muss, inwiefern »Sinn und Grund von etwas ausmachen« zu jenen sehr spezifischen – genuin *transzendentalen*[37] – »Bestimmungen« gehört, die sich vom Sein aussagen lassen, *ohne dieses darum zu ontifizieren*. Solche »Bestimmungen« gibt es, in Heideggers späterer Philosophie treten derer noch andere auf. Entscheidend ist hier, dass sich in den letzten drei Kapiteln solche »Bestimmungen« des Seins herauskristallisiert haben, die es nun gestatten, den Seinsbegriff der transzendentalen Phänomenologie, soweit sie ihre spekulativen Grundlagen durchsichtig zu machen sucht (und also diesseits der Unterscheidung von *sachhaltigem Sein* [= das Sein in Husserls »regionalen Ontologien«] und verschiedentlich auslegbarem *Dass-Sein* angesiedelt ist), als ihr »Absolutes« zu fassen und darzustellen.

Diese drei *Grundbestimmungen des Seins* sind: 1.) Das »*vorgängige* Sein« oder »*Vor-Sein*«. Um den Seinsbegriff fassen zu können, und insbesondere um es hier nicht bei einer lediglich gegenüberstellenden Aufzählung belassen zu müssen, muss dem Sein inniglich (und diesseits der Spaltung von »Ontologie« und »Erkenntnistheorie«) eine Offenheitsdimension zukommen, die den verschiedenen Seinsauffassungen ihre »zeitliche« und »verortende« Einschreibung gestattet. Das »vorgängige Sein« oder »Vor-Sein« bezeichnet diese präimmanente Offenheitsdimension, die es ermöglicht, jene *transzendentalen* Seinsaspekte in den Seinsbegriff hineinzunehmen, die über das »objektive« Sein hinausgehen. Anders ausgedrückt: Das »Vor-Sein« bezeichnet den ontologischen Status der transzendentalen Apriorizität, sofern diese die Ermöglichungsdimension des je Erfahrbaren umfasst. Das »Vor-Sein« ist der Name für die Seinsdimension der transzendentalen Fungierungsleistungen diesseits jedes Erscheinens und Sich-Zeigens. 2.) Die zweite Seinsbestimmung ist der *ontologische* »*Überschuss*« der transzendierenden Reflexibilität.[38] Dieser »Überschuss« – der sich freilich je im Rahmen der transzendental-phänomenologischen *Sinnbildung* dartut, und also nicht materiell bzw. empiristisch aufgefasst werden darf – hat zwei Bedeutungen. Auf der einen Seite macht er die Gleichsetzung von

---

[37] Zu Heideggers Beitrag zur Transzendentalphilosophie siehe v. Vf. *Hinaus. Entwürfe einer phänomenologischen Metaphysik und Anthropologie*, Würzburg, Königshausen & Neumann, 2011, S. 77 ff.
[38] Dieser hier an der zweiten Stelle angeführten Grundbestimmung des Seins kommt eine *zentrale* Rolle innerhalb der Fassung des Seinsbegriffs im phänomenologischen spekulativen Idealismus zu.

»Sein« und »Reflexion der Reflexion« verständlich und stellt insofern den »Träger der Realität« dar, als eine *absolute* transzendentale Seinsbestimmung in die Erkenntnislegitimation eingehen muss, um zu verhindern, dass die transzendentale Leistung abstrakt-formal bleibt; eine »absolute« und keine »empirisch-konkrete« (wodurch sich übrigens der Streit zwischen Fichte und Schelling, so wie er in ihrem Briefwechsel ausgefochten wurde, schlichten lässt[39]), da es sich hier ja um die *Seinsgrundlage* und nicht um inhaltliche Bestimmungen von Seiendem handelt. Auf der anderen Seite aber verzweigt sich, spaltet sich ab bzw. zersplittert sich diese Funktion eines »Tragens der Realität« im Sein jedes *einzelnen* (und vereinzelten) Seienden – Richir spricht in diesem Zusammenhang von »Schaum«, »Seinsfunken«, »-spänen« und »-schlacken«,[40] die ontologisch-genetisch und in Form von »Absätzen« (wie Fichte sagen würde) aus der »Doppelbewegung der Phänomenalisierung« bzw. dem »reflexiblen Transzendieren« gleichsam ausgestoßen werden. In dieser zweifachen Bedeutung des »Seinsüberschusses« besteht der Kern einer phänomenologischen Ontologie. 3.) Die dritte Seinsbestimmung schließlich wurde von Levinas (siehe Kapitel III) als »Seins*fundierung*« innerhalb des »wechselseitigen Bedingungsverhältnisses von Konstituierendem und Konstituiertem« gefasst. Sie schreibt jede Konstitution in das besagte »Sinn-und-Grund-Ausmachen« ein und macht es möglich, dass dank der transzendierenden Reflexibilität nun auch die konkreten ontologischen Bestimmungen (komplementär zur transzendentalen Konstitution und sich auf den »Realitätsträger« stützend) verständlich gemacht werden können. Das »Absolute« des phänomenologischen spekulativen Idealismus ist somit »Sein« als »vorgängige, fundierende Überschüssigkeit«.

---

[39] Die (transzendental-phänomenologische) Auflösung dieses berühmten Streites könnte so verstanden werden, dass einerseits Schelling darin Recht zu geben ist, dass allein das Herausstellen der operativen Funktion des *Seins* in der transzendentalen Konstitution diese ihres transzendentalen Vermögens überhaupt zu *versichern* vermag; dass andererseits aber auch Fichte darin Recht gegeben werden muss, dass dieses Sein nicht ein solches *äußerer empirischer Bestimmungen* sein darf, um hier nicht in eine realistische petitio principii zu verfallen. Wenn Sein hier also nicht als *bestimmtes* Sein, sondern rein als »Träger der Realität« aufgefasst wird, lassen sich beide Standpunkte miteinander vereinbaren (auch wenn Schellings gegen Fichtes »Formalismus« gerichtete Kritik dadurch in ihrem Grundansatz nicht aufgehoben wird).
[40] M. Richir, »Le rien enroulé«, S. 9–11.

Kapitel VI
Der Sinn der Realität

> Problem im philosophischen Sinne ist kein Wissensausstand in einer Erkenntnisbahn, sondern die *Bildung* eines Wissensausstandes, [...] Problem ist hier die Fragwürdigkeit des Selbstverständlichen.[1]

In diesem letzten Kapitel soll die Frage nach Sinn und Status der »Realität« in phänomenologischer Hinsicht noch einmal explizit aufgeworfen und behandelt werden. Dabei wird dieses Problem zunächst von einer anderen Perspektive als dem vorigen Ansatz aus skizziert, um dann – auch wieder in Anknüpfung an die Ausführungen des vorhergehenden Kapitels (insbesondere in der Bezugnahme zum »Urphänomen der Sinnbildung«) – den Realitätsbegriff noch stärker zu konturieren, als das in der Auseinandersetzung mit dem »spekulativen Realismus« geleistet werden konnte.

Wenn von »Realität« die Rede ist, dann sind je zwei Grundvoraussetzungen mitgegeben, die scheinbar in einem paradoxen Verhältnis zueinander stehen: Auf der einen Seite ist »Realität« immer *für* jemanden. Bevor über die Möglichkeit von Realität »überhaupt« oder »an sich« entschieden werden kann, ist zunächst offensichtlich, dass Realität sich in eine wie auch immer geartete Hinsichtnahme einschreibt. Auf der anderen Seite reduziert sich »Realität« aber auch gerade nicht auf einen individuellen Standpunkt,[2] sondern verweist

---

1 E. Fink, »Das Problem der Phänomenologie Edmund Husserls«, S. 181 f.
2 Günter Figal fasst das in den folgenden Worten treffend zusammen: »[...] nicht durch die Bezugnahme auf etwas ist etwas real, sondern es zeigt sich als real in der Bezugnahme. Zwar weiß man ohne die Möglichkeit, auf Reales Bezug zu nehmen, nicht, was Reales ist. Aber die Realität des Realen kommt nicht aus dem Bezug und nicht aus diesem Wissen«, *Unscheinbarkeit*, S. 1.

je auf ein »Mehr« gegenüber dem jeweiligen »Sein-für …«, welches »Mehr« die verschiedenen möglichen Zugangsweisen zum Realen gleichsam versammelt und erst möglich macht, dass es *Sein*-für … überhaupt gibt. Dabei soll freilich nicht eine mehr oder weniger willkürliche Standpunktnahme (nach der zumeist nur das sei, was sein *solle*) mit der hier gemeinten Perspektivität verwechselt werden. Wir haben es in alledem vielmehr mit der Rätselhaftigkeit zu tun, dass überhaupt etwas »erscheint«. Wie ist es möglich, dass Äußeres, zunächst Unbekanntes, mir gegeben, vertraut und ggf. auch erkannt werden kann? Diesseits der Frage nach der inhaltlichen »Sachhaltigkeit« von Realität – »Realität« stammt ja von »res« (lat. »Sache«) her – stellt sich also die gewissermaßen vorgängige Frage, wie überhaupt etwas erscheinend sich bekunden und zugänglich werden kann, oder (um mit Fichte zu sprechen) was jedes »Ich« mit jeglichem »Nicht-Ich« *vermittelt*.

Zwei Punkte sind hierbei ganz wesentlich. Einerseits soll die Frage aufgeworfen werden, wie dieses »Zwischen« zwischen perspektivhaftem »Für-*mich*-Sein« und jenem »Mehr«, das Realität nicht auf meine Wahrnehmungen, Gedanken, Einbildungen oder Vorstellungen reduziert, genau aufgefasst werden kann. Es geht hier also, das sei noch einmal betont, nicht um konkrete Bestimmungen, die »Realität« mit Gehalt oder Inhalt versähen, sondern um das ursprüngliche Wohin jedes meiner Bewusstseinsbezüge, noch bevor etwas Bestimmtes anvisiert wurde und sogar noch bevor wir von »Welt« (Heidegger), »Anderem« (Levinas) oder Ähnlichem sprechen können. Andererseits bleibt dabei, wie gesagt, eine grundlegende Hinsichtnahme maßgeblich. Aber auch diese findet zunächst auf einer ganz ursprünglichen Ebene statt, noch vor jeder transparent und bewusst vorliegenden Bezüglichkeit und auch vor jeder unbewussten Welthabe. Diese anonyme (präsubjektive) Dimension wurde von Heidegger, wie das ja schon in Kapitel II ausführlich behandelt wurde, als »ontologische Beschaffenheit« unseres Daseins bezeichnet. Damit ist gemeint, dass es in der Konstitution des Seins des Daseins liegt, Welt je so oder so zu entwerfen und auszulegen. Wie sind nun diese beiden Grundvoraussetzungen von »Realität« und unserem »Verständnis« von ihr genau beschaffen, d. h. wie hängen jenes »Zwischen« und diese Bestimmung, die jeden Weltentwurf gleichsam »färbt«, zusammen? Um das näher zu beleuchten, soll in einem ersten Schritt der phänomenologische Korrelationismus noch einmal von einer anderen Perspektive aus beleuchtet werden.

Der Sinn der Realität 165

Anstatt – wie zuvor – von einer Begriffsdefinition des »Korrelationismus« auszugehen, soll nun erst einmal ein Blick auf die historiographische Entwicklung dieses Begriffs geworfen werden.

Philosophie- und in einem gewissen Sinn auch kulturgeschichtlich reicht die Idee des Korrelationismus bis ins späte 18. Jahrhundert zurück. Prominent zum Ausdruck gebracht wurde sie bei Kant, genauer: in seinem philosophischen Grundgestus, den er als »kopernikanische Revolution« bezeichnet hatte. Damit ist gemeint, dass jede Erkenntnis – sei sie naturwissenschaftlich oder philosophisch – sich nicht unbeteiligt und von außen auf eine für sich selbst bestehende Realität beziehen und somit das Erkenntnissubjekt dieser gegenüber auch nicht als »durchsichtig« oder »äußerlich« ansehen kann, sondern dass in der erkenntnismäßigen Bestimmung der objektiven Gegebenheit das erkennende Subjekt fundamental *in Bezug* zu derselben steht und in diese sogar konstitutiv mit eingeht. Wenngleich die Phänomenologie philosophiegeschichtlich den Anschluss an den transzendentalphilosophischen Ansatz Kants herstellt, so deutet sich bereits bei letzterem gerade in Bezug auf die Korrelationismus-Problematik ein Bruch an. Dieser lässt sich folgendermaßen charakterisieren:

Kant hält jedem – wie er es nennt – »dogmatischen« Versuch, das An-sich-Sein einer bewusstseins- und subjekttranszendenten Wirklichkeit in seiner rationalen Gesetzmäßigkeit darzustellen, seinen eigenen »transzendentalen« und »phänomenistischen« Ansatz entgegen. Was ist hierunter zu verstehen? Dieser Ansatz geht auf Humes Induktionsproblem zurück, d. h. (um nach Husserls Auslegung [siehe Kapitel IV] wieder auf die allgemein übliche Lesart zurückzukommen) auf dessen Feststellung, dass es unmöglich ist, von empirischen Einzelfällen ausgehend die Allgemeingültigkeit der sie bestimmenden Gesetzmäßigkeit darzulegen. Konsequent gedacht, läuft das auf ein Bestreiten jeglicher allgemeinen Erkenntnis(haftigkeit) und damit Wissenschaft(lichkeit), d. h. auf einen radikalen Skeptizismus hinaus. Der »transzendentale« und »phänomenistische« »Korrelationismus« ist Kants Antwort auf den epistemischen Skeptizismus. Wie fällt diese Antwort genau aus?

Wenn die Möglichkeit der Erkenntnis voraussetzt, dass das Erkennen (und das Erkannte) eine notwendige und allgemeingültige Dimension haben muss, wenn zugleich aber Hume mit der Problematik der induktiven Schlüsse doch einen wunden Punkt der Erkenntnistheorie getroffen hat, da eben diese Notwendigkeit und

Allgemeingültigkeit dem zu Erfahrenden nicht empirisch zu entnehmen ist, dann kann die Erkenntnis laut Kant nur so »gerettet« werden, dass diese Notwendigkeit und Allgemeingültigkeit irgendwie dem Erkenntnis*subjekt* entnommen sein muss. Der Korrelationismus Kants ist insofern »transzendental«, als das Erkenntnissubjekt die Bedingungen der Möglichkeit dafür bereithält, dass in das zu Erkennende Notwendigkeit und Allgemeinheit »hineingelegt« wird. Und er ist insofern »phänomenistisch«, als das dergestalt Erkannte kein an sich Seiendes, sondern eine durch die unhintergehbare Subjekt-Objekt-Korrelation gekennzeichnete »Erscheinung« bzw. »Phänomen« (d. h. kein Schein!) ist.

Wie gesagt, kann nun aber im transzendentalen Ansatz Kants durchaus ein Bruch mit der Korrelationismus-Problematik erkannt werden. Dieser Bruch betrifft das, was man als die hieraus resultierende »ontologische Prekarität der Realität« bezeichnen könnte. Wenn der Erkenntnis nur so Rechnung getragen werden kann, dass das Erkannte an subjektive Erkenntnisbedingungen gebunden ist und wenn dadurch dem Sein an sich eine Absage erteilt werden muss, dann bedeutet das, dass die »Objektivität« nur durch das Prisma der *Erkenntnis* gesichert ist. Ob den Phänomenen aber auch *außerhalb* dieses erkenntnistheoretischen Rahmens ihr Sein so zukommt, wie es erscheint, bleibt unausgemacht. Mit anderen Worten, Realität wird in ihrem Sein prekär.[3]

Um die Problematik der »Realität« und den ursprünglichen Bezug zu jeglichem »Realen« noch genauer fassen zu können, ist es darüber hinaus nicht weniger hilfreich, auch die Diskussion von Heidegger und Descartes vor Augen zu haben. Von einer etwas anderen Perspektive ausgehend, gelangt man dann nämlich zu einem ganz ähnlichen Ergebnis.

Auch in Descartes' metaphysischen Besinnungen wurde die Realitätsproblematik bereits ganz eng an dessen Auffassung der grundlegenden Rolle der *Erkenntnis* für das Verständnis des Bezugs zum »*Realen*« angebunden. Das Realitätsproblem stellte sich dabei für ihn so dar, dass zunächst geklärt werden musste, wie sich absolute *Zweifellosigkeit* bezüglich des welthaft Gegebenen begründen ließ. Descartes' – aus der phänomenologischen Perspektive – erstaunlicher Standpunkt besteht dabei darin, dass *wahrnehmungs*relevante

---

[3] Dies macht den Meillassoux'schen Ausdruck eines »schwachen Korrelationismus« verständlich.

Der Sinn der Realität 167

Aspekte ganz und gar der Bedingung *unerschütterlicher Gewissheit* untergeordnet werden: Wenn etwa eine einzige Sinnestäuschung vorliegt (siehe das berühmte pyrrhonische Beispiel eines in das Meer getauchten Ruders, das als gebrochen *erscheint*, obgleich es völlig gerade ist), dann erweisen sich für Descartes die Sinne als ungeeignet für die Begründung einer möglichen universellen Bezugnahme zur Welt. Um dann aber eine absolut stabile Gewissheit zu gewährleisten, bindet Descartes den Realitätsbezug an die gnoseologische Bedingung unzweifelhafter Erkenntnis an – nämlich an jenes Paradigma der Selbstgewissheit des »Ich bin« in dem »Ich denke«, welches dann die Grundfolie für alle Erkenntnis überhaupt liefern soll. So eröffnet sich das, was man den cartesianischen »Gnoseologismus« nennen könnte. Ein wohlbegründeter, nicht bezweifelbarer Weltbezug macht erkenntnismäßige (bzw. verstandesmäßige, also »intellektuelle«) Gewissheit nötig. Zugleich wird »Realität« selbst problematisch: In der Zurückwendung auf das Ego cogito stellt sich dann nämlich umgekehrt die berühmte Frage nach der »Realität der Außenwelt«. Anders ausgedrückt: Wenn ich mich erst einmal im selbstgewissen »Ich denke« eingenistet habe, dann stellt sich die Frage, wie es möglich ist, diesen gleichen Grad unerschütterlicher Gewissheit auch für das »außerhalb« dieser selbstgewissen Bewusstseinssphäre Befindliche annehmen zu können. Descartes' berühmte Antwort besteht in der Anbindung dieser Gewissheit an die Wahrhaftigkeit Gottes (veracitas Dei).

Dieser Bezug der Eröffnung der Welt zu jener Dimension unerschütterlicher Gewissheit und die korrelative vermeintliche ontologische Zweifelhaftigkeit der realen Außenwelt ist für Heidegger nun aus mindestens drei Gründen zurückzuweisen. Zum einen ist es äußerst fragwürdig, die Gegebenheit der Welt anzuzweifeln. Statt den Standpunkt zu vertreten, dass auch nur die geringste Täuschung (etwa durch die Sinne) die Gegebenheit der Welt in Frage stellt, ist es vielmehr umgekehrt so, dass eine einzelne Täuschung überhaupt nur *auf der Grundlage* der Weltgegebenheit möglich ist. Zum anderen ist nicht von vornherein davon auszugehen, dass *jeder* Weltbezug erkenntnismäßig ausgerichtet ist oder sein muss. Das liegt drittens (eng zusammenhängend mit dem Vorigen) darin begründet, dass der Gnoseologismus unter einer Voraussetzung steht, die ihrerseits den Realitätsbegriff viel zu eng fasst. Diese Voraussetzung besteht darin, dass die angemahnte gnoseologische Perspektive die traditionelle Korrespondenz-Wahrheit impliziert. Wahr ist demnach ein Satz, ein

Gedanke o. ä., wenn er sich an dem bemisst und bemessen lässt, was tatsächlich »ist«. Diese Wahrheitsauffassung geht davon aus, dass Realität bereits gegeben und vorausgesetzt wird – während es doch der eingangs gestellten Frage gemäß gerade darum geht, sie zu erhellen und aufzuklären!

Man muss sich nun klarmachen, was daraus folgt. Einerseits soll das Bewusstsein für die Notwendigkeit geschärft werden, unseren unzweifelhaften, *unmittelbaren* Weltbezug aufzuklären; andererseits wird jedem gnoseologisch-intellektualistischen Ansatz eine Absage erteilt. Sehen wir nun zu, wie der phänomenologische Korrelationismus dem gerecht zu werden versucht.

Man kann vier Grundfiguren des Korrelationismus ausmachen, die für alles Weitere maßgeblich geworden und geblieben sind:

Die erste Grundfigur kommt – laut der bekannten These Konrad Cramers[4] – in Kants Lehre des Urteils bzw. des Urteilens zum Ausdruck. Sie besagt, dass wir es im Urteilen jeweils mit verschiedenen Bestimmungen des »Setzens« zu tun haben: Setzen, Satz, Grundsatz, Gesetz, die unterschiedliche, dabei aber inniglich zusammenhängende Ausdrucksweisen der Tätigkeit des »Urteilens« ausmachen. Der Zusammenhang wird dadurch hergestellt, dass – sofern Urteilen, wie Fichte in genau demselben Zusammenhang betont hat, »ein Handeln des menschlichen Geistes«[5] ist – kein Setzen überhaupt, kein Zurückführen eines Satzes auf einen Grundsatz, kein Urteilen nach einem Gesetz, möglich ist *ohne das Selbstbewusstsein*, das, als »höchster Punkt der Transzendentalphilosophie«, die Erfahrung und Erkenntnis überhaupt letztursprünglich möglich macht. Wenn der »Korrelationismus« also unumgehbar ist, dann liegt das – dieser ersten Grundfigur zufolge – eben im transzendentalen Verständnis des Wesens des Urteilens und in seiner Anbindung an die transzendentale Apperzeption begründet.

Die zweite Grundfigur des Korrelationismus wurde von Fichte herausgearbeitet und betrifft seine Kritik am Verständnis des Seins qua »An-sich-Sein« und die hieraus folgende (in seinen Augen schon bei Kant angelegte) Nichtreduzierbarkeit der Sein-Denken-Korrela-

---

[4] Konrad Cramer: »Kants ›Ich denke‹ und Fichtes ›Ich bin‹«, *Internationales Jahrbuch des Deutschen Idealismus*, Berlin, 2003, S. 57–92.
[5] J. G. Fichte, *Grundlage der gesammten Wissenschaftslehre*, GA I/2, S. 258.

Der Sinn der Realität 169

tion. In einem am Anfang des ersten Kapitels bereits zitierten Auszug aus der *Wissenschaftslehre von 1804/II*[6] kündigt Fichte (zumindest implizit) an, dass das Wesen der Transzendentalphilosophie in der zu erweisenden Wohlbegründetheit liegt, Seiendes sei als korrelativ zu Denken und Bewusstsein aufzufassen; die hierfür anzuführenden Gründe fundieren diese Korrelation sowohl aus der Perspektive der Erkenntnis als auch des Seins – das ist jedenfalls das Programm, dem sich Fichte in jener Fassung der *Wissenschaftslehre* verschrieben hat und auf das hier nicht näher eingegangen werden kann.

Der genuin *phänomenologische* Ansatz besteht dann darin, den »Korrelationismus« aus jeglichem »logischen« Rahmen (sei dieser nun wie bei Kant transzendental deduzierend oder wie bei Fichte synthetisch genetisierend) herauszuführen. Bei Husserl geschieht das in der Form einer bewusstseinstheoretischen intentionalen Analyse, die sich insbesondere (nämlich in der *Krisis*-Schrift) als genetische Aufklärung der Vorgegebenheit der Welt, wodurch sich der originäre intentionale Bezug darstellt, auffassen lässt (dritte Grundfigur), und bei Heidegger durch eine phänomenologisch-ontologische Analytik des Daseins (vierte Grundfigur des Korrelationismus). Dabei läuft Husserls transzendental-phänomenologischer Ansatz darauf hinaus – wie wiederum in der *Krisis*-Schrift, der wir uns also noch einmal zuwenden müssen, deutlich wird –, dem Begriff der *Sinnbildung* höchste Aufmerksamkeit zukommen zu lassen.

Hierfür führt Husserl zwei wesentliche Begriffe ein – den der »Konstitution« und den der »Genese« –, die er eigens definiert. Der Konstitutionsbegriff soll der Art und Weise Rechnung tragen, wie sich (gegenständliche) Einheit in und durch die vielfältige Mannigfaltigkeit von (bewusstseinsmäßigen) Erscheinungsweisen bildet. Hierbei haben wir es mit einer strikten Korrelation von Noesis und Noema, von intentionalen Akten und einheitlichem Gegenstandssinn zu tun. Das kann nun wiederum auf zweierlei Art aufgefasst werden. Man kann einerseits den *Gegenstand* als »Leitfaden« nehmen und zusehen, wie er sich in den entsprechenden Bewusstseinsakten konstituiert. Dieses Verfahren kennzeichnet die sogenannte »*statische* Phänomenologie«. Man kann andererseits aber auch der transzendentalphänomenologischen Genese dieser Konstitution nachgehen – und damit ist dann sowohl die Genese seitens des Ob-

---

6 *Die Wissenschaftslehre 1804²*, GA II, 8, S. 13 f.

jekts (in den entsprechenden »Sedimentationen«) als auch jene des egologischen Bewusstseins-Pols (mit dessen ihm eigenen »Habitualitäten«) selbst gemeint. Wie ist hier aber der (eben die *»genetische* Phänomenologie« charakterisierende) Begriff der »Genese« genau zu verstehen?

Das führt uns zu einer der großen systematischen Schwierigkeiten – aber auch Originalitäten – der Husserl'schen Phänomenologie. Der Genese-Begriff hält sich nämlich in der konstruktiven Spannung zwischen Kants Auffassung des Transzendentalen und jener Strategie von »Aufweisung« und »Bezeugung«, die noch die statische Phänomenologie ausmachte. Mit dem Begriff der »Genese« wird daher wiederum die transzendentalphilosophische Perspektive der Phänomenologie (die Husserl ja selbst als »transzendentalen Idealismus« bezeichnet) deutlich. Schauen wir uns zunächst die beiden Pole dieser »Spannung« näher an.

Bei Kant bestand die revolutionäre Neuerung seines Ansatzes darin, dass er für die Erkenntnislegitimation ein argumentatives Verfahren ins Spiel bringt, das dann später (allerdings nicht von ihm selbst) »transzendentale Argumentation« genannt wurde. Erkenntnis wird dabei so legitimiert, dass aufgewiesen wird, worin ihre *Bedingungen der Möglichkeit* bestehen. Das setzt sich insofern voll und ganz von einem »psychologisch-genetischen« Verfahren ab, als hier keine auf *real erfahrbaren* Bausteinen (Empfindungen, Wahrnehmungen usw.) beruhende Entwicklungen nachgezeichnet werden, sondern Erkenntnis auf der Grundlage dessen, was notwendig *gedacht* werden muss, gerechtfertigt wird. Husserls Ansatz in seiner »statischen Phänomenologie« besteht darin, die psychologisch gereinigten, also rein eidetischen subjektiven Bewusstseinsleistungen zu beschreiben, dank derer sich objektive Erkenntnisse (aber genauso auch nicht erkenntnismäßige Bewusstseinsphänomene) aufweisen lassen und von sich selbst her bezeugen. Durch diese eidetische »Reinigung« der genetischen Leistungen setzt sich Husserl von vornherein ganz klar vom Empirismus ab. Dieses sogenannte »konstitutive« Verfahren besteht dabei – nachdem sich der Verfasser der *Philosophie der Arithmetik*[7] in den 1890er Jahren von Frege noch den Vorwurf des Psychologismus anhören musste – in einer Zwitterlösung zwischen seinem eigenen ersten genetischen Ansatz (wobei

---

[7] E. Husserl, *Philosophie der Arithmetik. Psychologische und logische Untersuchungen*, Halle, Pfeffer, 1891.

Der Sinn der Realität 171

»Genese« freilich noch die traditionelle Bedeutung hatte) und jenem Freges (der in den berühmten Artikeln von 1891–1892 niedergelegt ist). Erst ab ca. 1917 kommt ein neuer Begriff der »Genese« und der »genetischen Phänomenologie« ins Spiel, der in Husserls Augen im Nachhinein seinen Untersuchungen in seinem ersten Werk von 1891 ein gewisses Recht zuschreiben soll, in Wirklichkeit aber eine gänzlich neue Ausarbeitung darstellt.

Der die »genetische Phänomenologie« eigens kennzeichnende »Genese«-Begriff liefert nämlich zugleich (auf Husserl selbst bezogen) eine Genese der »Konstitution«[8] (was also den *statischen* Ansatz überschreitet) und (auf Kant bezogen) eine Genese des »Transzendentalen«. Im Gegensatz zu Fichte und Schelling besteht aber letztere nicht in einer transzendental-logischen Deduktion des Transzendentalen, sondern in dem Versuch, *Bedingung* (in ihrer erkenntnislegitimierenden Leistung) und *Geschichte* (in ihrer ursprünglich zeitlichen Dimension) *zusammenzudenken*: »Indem die Phänomenologie der Genesis dem ursprünglichen Werden im Zeitstrom, das selbst ein ursprünglich konstituierendes Werden ist, und den genetisch fungierenden sogenannten ›Motivationen‹ nachgeht, zeigt sie, wie Bewusstsein aus Bewusstsein wird, wie dabei im Werden sich immerfort auch konstitutive Leistung vollzieht.«[9] Was dabei genetisiert wird, ist sowohl die Geschichte des Objektes als Objektes einer möglichen Erkenntnis als auch jene des subjektiv-ichlichen Korrelats desselben.

Dieses Verfahren ist dem orthodoxen Kantianer genauso fremd wie womöglich dem heutigen Argumentations-Theoretiker. Das liegt daran, dass ein tatsächliches Einlassen in die Phänomenologie zur Voraussetzung hat, die Weise einer ursprünglichen Erfahrbarkeit des Transzendentalen (Husserl spricht in diesem Zusammenhang, wie bereits erwähnt, von einer »transzendentalen Erfahrung«) als notwendig anzusehen und zu begreifen. Das ist deshalb kein »Oxymoron« – und diesbezüglich ist bereits den nachkantischen Ansätzen bei Maimon, Fichte usw. Recht zu geben –, weil der erkenntnistheoretische Anspruch, der sich in der inhaltlichen konkreten Festschreibung der transzendentalen Erkenntnisbedingungen (seien sie ästhetisch oder logisch) ausdrückt, eine Form der Erfahrung nö-

---

[8] *Husserliana XIV*, S. 41 (Juni 1921).
[9] Ebd.

tig macht, welche die Phänomenologie in ihrer ganzen Komplexität und Breite zu untersuchen sich vornimmt.

Um nun zu Husserls entscheidendem Verständnis von Natur und Wesen unseres ursprünglichen Weltbezugs zu gelangen, ist es nötig, auf eine bedeutsame Stelle in seinem Spätwerk hinzuweisen: In den *Cartesianischen Meditationen* wird betont, dass Phänomenologie als »echte Erkenntnistheorie« ausschließlich mit »der systematischen Aufklärung der Erkenntnis*leistung*« zu tun hat, »in der [die Dinge] durch und durch verständlich werden müssen als *intentionale Leistung*. Eben damit aber«, führt Husserl dann weiter aus, »wird jede Art Seiendes, reales und ideales, verständlich als eben *in dieser Leistung konstituiertes* GEBILDE *der transzendentalen Subjektivität*.«[10] Von den *Cartesianischen Meditationen* bis hin zu seinen letzten Schriften und Manuskripten wird Husserl immer öfter und vertiefter erweisen, dass und inwiefern transzendentale Genese eine bildende (nämlich *sinnbildende*) Leistung darstellt. Damit kommen wir noch einmal zum zentralen Begriff der »*Sinnbildung*«.

Diese im phänomenologischen »Leisten« und »Fungieren« sich grundsätzlich bekundende »Sinnbildung« verweist zunächst auf zwei semantisch zusammenhängende Grundaspekte: nämlich auf das »bildend-erzeugende« Moment (im Sinne der gerade auseinandergelegten »Genese«) und auf die »Einbildung« (bzw. »Einbildungskraft«) – dem wird sich dann, wie gleich ausführlicher gezeigt wird, noch ein dritter Grundaspekt hinzugesellen (nämlich der einer genuinen phänomenologischen »Bildlichkeit« qua bildend-schematisierender Prozessualität). Bei Husserl sind diese ersten beiden Grundaspekte schon angelegt – man kann hierzu einerseits auf den Band XXIII der *Husserliana* und andererseits auf seine Ausarbeitungen eben einer »genetischen Phänomenologie« etwa ab dem Jahre 1917 verweisen. Weiterentwickelt und vertieft wurde dies dann bei dem bedeutendsten französischsprachigen Phänomenologen seiner Generation – nämlich Marc Richir. Hierzu nun einige ausführlichere und weiterführende Anmerkungen.

Richirs Grundabsicht in seinem umfangreichen Werk besteht in der Verwirklichung einer »Neugründung« der Phänomenologie. Diese Neugründung sieht Richir deshalb als notwendig an, weil die Phänomenologie sich einerseits wichtige Einsichten (etwa Derridas) zu eigen gemacht hat – nämlich jene in die Unmöglichkeit einer *Fun-*

---

[10] *Husserliana I*, S. 118 (hervorgehoben v. Vf.).

Der Sinn der Realität 173

dierung, in die Absage an das *System* und in die Ablehnung jeglicher Zurückführung auf ein konstituierendes *Subjekt*; und weil sie andererseits aber auch ein Ungenügen darin sieht, die unumgänglich transzendentale Ausrichtung einer neuen »ersten Philosophie« zugunsten der radikalen »Dekonstruktion« völlig aufzugeben. Eine solche Neufundierung muss der Spannung von Verständnislegitimation und Fundierungsunmöglichkeit Rechnung tragen. Ich gebrauche diesen unrichir'schen Begriff einer »Verständnislegitimation« (im Gegensatz zur »Erkenntnislegitimation« – Richir spricht in diesem Zusammenhang an einer Stelle von der die heutige phänomenologische Forschung kennzeichnenden »Befreiung der Aufgaben der Erkenntnis«[11]), um darauf zu verweisen, dass es Richir um das »Vernehmen«, das »Spüren«, das Rechnung-Tragen, kurz: um das Verständlich-Machen der Art, wie der Sinn sich macht und bildet, geht.[12] Anders ausgedrückt, diese Neugründung der Phänomenologie muss sich in der Spannung zwischen Absage an die Priorität der Objektivation und Aufrechterhaltung der Aufklärung von Sinnbildung halten. Richir hat ziemlich lange den »Ort« oder die »Stätte« gesucht, wo genau dies geleistet werden kann. Ganz am Ende des letzten Jahrhunderts stieß er dabei auf Husserls Analysen der »Phantasie« und »Einbildungskraft«. Dies verlieh seinen vorhergehenden Versuchen jenen phänomenologischen »Boden« bzw. jenes »Element« oder »Milieu« des »Schwebens« – um es in den Worten Fichtes zu sagen –, welches seiner von ihm selbst so bezeichneten »instabilen« »Mathesis der Instabilitäten« (hierauf zielt seine Neugründung der Phänomenologie ab) den angemessenen phänomenologischen Rahmen bietet. Was versteht Richir nun aber genau unter »Phantasie«?

Eine der Hauptthesen, die sich in Richirs Werk herauskristallisieren, besagt, dass der ursprüngliche Bezug zum Seienden und Erscheinenden nicht durch die Wahrnehmung, sondern durch die Phantasie – als *freie* Modalität des Einbildens – geleistet wird. Zwei

---

[11] M. Richir, *Phénoménologie et institution symbolique*, Grenoble, J. Millon, 1987, S. 11 f.
[12] In einem bedeutsamen Passus seines Kommentars zu Husserls berühmter Beilage III in *Husserliana VI* (»Die Frage nach dem Ursprung der Geometrie als intentionalhistorisches Problem« (1936)) denkt Richir in genau demselben Zusammenhang die Bedeutungen von »Erfindung« und »Entdeckung« zusammen und erläutert so die Art, wie er selbst den Begriff der »Genese« transzendentalphänomenologisch auffasst (siehe *La crise du sens et la phénoménologie*, Grenoble, J. Millon, 1990, S. 276).

Punkte stehen dabei wesentlich im Vordergrund: Zum einen wird die Phantasie nicht als ein psychisches Vermögen des Erkenntnissubjekts aufgefasst (was aufs Neue einer Zurückführung auf das Erkenntnissubjekt das Wort reden würde), sondern eben als eine Dimension der Sinnbildung, von der dann erst im Nachhinein gesagt werden kann, dass dieser Prozess »mir«, dem »Selbst«, widerfährt; zum anderen betrifft diese These unmittelbar den Status der Realität des Gegebenen bzw. Erscheinenden: »Objektiv« Reales, in der Wahrnehmung sich Gebendes, ist das Ergebnis dessen, was Richir als eine »architektonische Transposition« des phantasiemäßig »Perzipierten« bezeichnet; d. h. »bevor« es überhaupt zur Fixierung in einer objektivierenden Wahrnehmung kommen kann, muss laut Richirs Auffassung das Augenmerk zunächst auf das »Schweben«, »Blinken« und »Schwingen« der proteusartigen (also der sich verflüchtigenden, multiformen, silhouettenhaften) Phantasie-»Vorstellungen« gerichtet werden, in denen die affektiven und sich schematisierenden Abläufe der Sinnbildung ursprünglich gleichsam aufblitzen. Für Richir muss es in der Phänomenologie zwar weiterhin um »Genese« gehen – diese darf aber nicht in die tautologische Struktur einer konstituierenden Subjektivität zurückverlegt, sondern muss eben phantasiemäßig aufgefasst werden, weil seiner Ansicht nach nur so dem überraschenden, nicht antizipierbaren Moment der Sinnbildung Rechnung getragen werden kann.

Nach diesem Versuch einer Klarstellung der Gründe, warum der »Einbildungskraft« und »Phantasie« in der zeitgenössischen phänomenologischen Forschung aufs Neue[13] besondere Aufmerksamkeit zuteilwurde, soll nun noch ein Schritt weiter gegangen werden und auch die genuin »bildende« – im Sinne von: *transzendental-phänomenologische* »Bildlichkeit« stiftende und »bildenden *Vollzug*« aus-

---

[13] Bereits 1936 (*L'imagination*) sowie 1940 (*L'imaginaire*) hatte sich Sartre hierfür in einer phänomenologischen Perspektive interessiert. In der Folge hatte dann Merleau-Ponty (in *Das Sichtbare und das Unsichtbare* und insbesondere in *Das Auge und der Geist*) die »imaginäre Textur des Realen« hervorgehoben. Jüngst bestätigt sich das dann auch bei Nicolas Grimaldi, wenn er etwa schreibt: »Die Wahrnehmung ist bloß ein Absatz des Imaginären«, N. Grimaldi, *Traité de la banalité*, Paris, PUF, 2005, S. 177. Zur Rolle der Imagination in der Phänomenologie siehe darüber hinaus Rudolf Bernet, *Conscience et existence: perspectives phénoménologiques*, Paris, PUF, 2004.

machende[14] – Dimension in ihrer Bedeutung hervorgehoben werden. So kommen wir zum dritten oben angesprochenen Grundaspekt der Sinnbildung, der Husserls Bestimmungen des transzendentalen »Gebildes« noch tiefer fassen und radikalisieren soll. Damit soll einerseits die »Phänomenalität des Phänomens« (also das, was ein Phänomen überhaupt zu einem Phänomen macht) begründet und andererseits der Status der Realität in der phänomenologischen Sichtweise weiter erhellt werden – wobei es insbesondere darum geht zu erläutern, was die Phänomenologie zur Aufklärung der »reflexiven« Struktur der Realität (wie sie schon bei Fichte und Hegel aufschien) beizutragen vermag, da genau dies den *transzendental*-phänomenologischen Bildbegriff bzw. seine korrelative bildende Prozessualität verständlich zu machen gestattet.

Zwei Gesichtspunkte waren bis hierher betont worden. Der Realität sollte Rechnung getragen werden, ohne in das Cartesianische Paradigma des Gnoseologismus zu verfallen. Und die Erkenntnisbegründung sollte einer anderen Verständnisform Platz machen, um auch auf diesem Wege einer einseitigen erkenntnistheoretischen Herangehensweise zu entgehen. Nun wird deutlich, wie beides zusammenläuft. Es fällt bei Richir auf (aber Ähnliches gilt zum Beispiel auch für Levinas), dass die Absage an einen erkenntnislegitimierenden Ansatz nicht bedeutet, nicht doch nach letzten Gründen und Ursprüngen zu suchen – aber, wie gesagt, jenseits einer fundierenden und lediglich erkenntnisbegründenden Perspektive. Im Folgenden soll nun versucht werden, genau diese gewissermaßen paradoxe Situation für die Phänomenologie fruchtbar zu machen. Meine Absicht zielt auf das ab, was ich das »Urphänomen der Sinnbildung[15]« nennen möchte – sofern dieses jene transzendentale Verständlichmachung der Erkenntnis liefern soll, die von Husserl in der *Krisis*-Schrift ausgerufen und gefordert wurde.

Der Sinn des »Urphänomens der Sinnbildung« besteht somit genau darin, die transzendental verständlich zu machende Erkenntnis zu einem genuinen Phänomen der Phänomenologie zu machen. Dieses bringt – das wird durch die besagte »transzendentale Induk-

---

14 »Bild« kann hier also nicht von einem jeweiligen bestimmten »bildenden Prozess« abgelöst werden.
15 Ich nehme hier das, was im vorigen Kapitel in der dritten Spalte der transzendentalen Matrix des Korrelationismus enthalten war, noch einmal neu auf.

tion« deutlich – einen dreifachen »Bild«-Begriff ins Spiel.¹⁶ Weshalb ist hier die Rede von »Bild«? Aufgrund der zweifachen – hier vorzustellenden und zu verteidigenden – These, dass erstens Realität = Bild ist und zweitens das auf seine spekulativen Grundlagen (und das heißt: auf seine intrinsisch reflexive Struktur) hin befragte Phänomen ebenfalls = Bild ist. Das gilt nicht gleich für jedes mögliche Phänomen, sondern für jene Dimension desselben, die allem Verständnis von »Phänomen« und »Phänomenalität« zugrundeliegt. Dieses urtümliche Phänomen macht genau jenes »Urphänomen der Sinnbildung« aus. Letzteres bringt nicht nur »deskriptive«, sondern auch »konstruktive« Momente mit ins Spiel. »Konstruktion« – und das ist in diesem Zusammenhang ein weiterer zentraler Aspekt – bedeutet in der Phänomenologie, sofern sie (wie schon mehrfach betont) einen Teil der phänomenologischen Methode ausmacht, nicht eine »metaphysische« oder »hypothetisch-deduktive« Konstruktion, sondern eine Art der Genetisierung, die das zu Konstruierende so entwirft, dass sich hierdurch die Sinnbildung selbst allererst vollzieht und in ihrer eigenen Gesetzmäßigkeit (welche ganz allein von den jeweiligen Phänomenen abhängt) offenbart. Die phänomenologische Konstruktion setzt also das zu Konstruierende nicht voraus und verfolgt auch keinen teleologischen Ansatz, der seinen Zweck- oder Zielbegriff schon von vornherein festgesetzt hätte, sondern sie nimmt dieses horizonthaft in einen »Vorgriff«, der es dann enthüllt und entbirgt. Sehen wir nun also noch einmal zu, was eine »konstruktive Phänomenologie« bezüglich der verschiedenartigen bildhaften Dimension des »Urphänomens der Sinnbildung« aufzuweisen vermag. Hierfür sind drei Schritte vonnöten, die jeweils einen spezifischen Bildaspekt, bzw. eine bildende Prozessualität innerhalb desselben hervortreten lassen.

Das »Urphänomen der Sinnbildung« stellt die verschiedenen inhaltlichen Aspekte der phänomenologischen Reflexion auf die Reflexion dar. Wie vollzieht sich diese Reflexion? Nicht durch ein vom Phänomenologen statuiertes, frei anwendbares Verfahren. Während die transzendentale *Reduktion* von der vom Phänomenologen zumindest implizit vollzogenen Epoché abhängt und einer Re-kon-

---

¹⁶ Im Folgenden entwickle ich eine vertiefte Überarbeitung von Überlegungen, die ich bereits in anderer Form in *Wirklichkeitsbilder*, Tübingen, Mohr Siebeck, 2015, S. 43 ff., im Rahmen der Analyse des (dort noch so bezeichneten) »Urphänomens« der Erkenntnislegitimation ausgeführt habe.

Der Sinn der Realität 177

duktion auf die transzendentale Subjektivität entspricht, macht die notwendige Reflexion auf die phänomenologische Methode selbst die verinnerlichende Hervorkehrung der reflexionsimmanenten Gesetzlichkeiten aus. Dem ist, wie bereits mehrfach erwähnt, der Begriff einer »transzendentalen Induktion« angemessen, die natürlich nicht mit dem induktiven Verfahren, das von empirisch Gegebenem auf Allgemeines zu schließen meint, verwechselt werden darf. Es handelt sich dabei weder um eine irgendwie radikalisierte Epoché, noch um eine Reduktion zweiten Grades oder zweiter Potenz, sondern um jene Ein-führung in die Sphäre präimmanenter, generativer, konstruktiver Anschaulichkeiten, welche die selbstreflexive Verfahrensweise der sowohl gnoseologischen als auch ontologischen Dimension innerhalb des »Urphänomens der Sinnbildung« verständlich macht.

Die hierzu erforderte phänomenologische Konstruktion des »Urphänomens der Sinnbildung« entwirft in einem ersten Schritt einen zu Anfang noch völlig leeren *Begriff* der angestrebten Erkenntnisaufklärung. Das heißt insbesondere, dass von dieser zunächst nur ein reines *Abbild* (= »erstes Bild« des Urphänomens) des zu Entwerfenden vorliegt.

In einem zweiten Moment dieser phänomenologischen Konstruktion des Urphänomens der phänomenologischen Erkenntnisart vollzieht sich dann eine *Selbstreflexion* des Entworfenen – welche die noch völlig leere »bloße Erscheinung« (jenes »Abbild«) »inhaltlich«, und dabei notwendigerweise phänomenologisch ausweisbar, »erfüllen« wird. Durch diese Selbstreflexion wird deutlich, wie im vorigen Kapitel bereits erläutert, dass das Prinzip der Erkenntnisaufklärung zunächst nur begrifflich und abbildmäßig dargestellt wurde. Das Aufscheinen des Prinzips macht daher eine Selbstvernichtung des Abbildes nötig. Und dadurch ergibt sich in diesem selbstreflexiven Verfahren ein neuer bildender Prozess (bzw. das »zweite Bild« des Urphänomens): ein entwerfendes Vernichten bzw. vernichtendes Entwerfen – eben die »Plastizität«. Diese phänomenologische »Konstruktion« ist insbesondere dadurch ausgezeichnet, dass das in ihr Konstruierte nicht in einem ihm Zugrundeliegenden fundiert ist, sondern letzteres selbst erst durch die Konstruktion zugänglich wird (und »Realität« wird sich dann als nichts Anderes erweisen als die auf diesem Wege zu leistende Bewusstwerdung eines entsprechenden neuen Seinsbegriffs).

Der phänomenologisch konstruierende Nachvollzug der Urquelle der Erkenntnisaufklärung ist aber noch keineswegs abgeschlossen. Der genuine »Gehalt« des Konstruierten ließ sich bis hierher, so könnte man sagen, nur negativ als ein »Ausbilden« auffassen. Die nun zu vollziehende *verinnerlichende* Selbstreflexion offenbart das originäre Reflexionsgesetz. Sie impliziert zugleich – und das ist für die gesamte Seins- bzw. Realitätsproblematik entscheidend – zusammen mit der Verstehensermöglichung eine auf diese selbst bezogene *Seins*ermöglichung, die sich dadurch als Realitätsträger erweist.

Gehen wir zunächst auf jenen Begriff der »Verstehensermöglichung« (innerhalb der »transzendentalen Reflexibilität«) näher ein, wodurch sich die Bedeutung dieses Reflexionsgesetzes bestimmen lässt. Durch das »dritte Bild« des Urphänomens wird ein ganz neues Feld eröffnet: ein Feld des nicht je schon objektiv Gegebenen, sondern des reinen Ermöglichens selbst – also des phänomenologischen Wissens als solchem. Damit nämlich die Konstruktion nicht beim »zweiten Bild«, also bei der bloßen Vernichtung des »ersten Bildes« der phänomenologischen Konstruktion des »Urphänomens«, stehen bleibt oder gar abbricht, macht dieses »dritte Bild« deutlich, dass jedes transzendentale Bedingungsverhältnis *seine eigene ermöglichende Verdoppelung impliziert* – und genau darin besteht eben das *transzendentale Reflexionsgesetz*. In der Ermöglichung wird die Doppelbewegung von Selbstvernichtung und Erzeugung ihrerseits reflektiert (allerdings auf eine neuartige Weise, weil es sich eben um eine *verinnerlichende* »Reflexion« und nicht um einen reflexiven *Rückgang* handelt). So tritt das Urphänomen der Sinnbildung nicht in eine bloße, formale Zirkelhaftigkeit ein, sondern *erhält in einer »generativen Zirkelhaftigkeit« sozusagen seine eigene (freilich »präphänomenale«) »Dichte« und weist sich dadurch »phänomenologisch« aus*.

Und damit können wir jetzt auch (noch einmal) zum Begriff der »Seinsermöglichung« (innerhalb der »transzendierenden Reflexibilität«) kommen. Wie kann sich aus dem transzendentalen Reflexionsgesetz – also der »Reflexibilität« als *ermöglichendem* Möglich-Machen – ein *Seins*begriff ergeben? Und wie kann dieser dazu noch als »Träger der Realität« fungieren? Das *Ermöglichen* kann seiner *transzendentalen Funktion* nur dann gerecht werden, wenn die Erkenntnisermöglichung auch eine Seinsermöglichung ist.[17] Das bedeutet aber nicht, dass das hier veranschlagte »Sein« nur jenes der

---

[17] Diese Perspektive steht offensichtlich im Gegensatz zu den Ansätzen ei-

Der Sinn der Realität 179

Erkenntnis selbst wäre. Es kommt vielmehr im Ermöglichen, das, wie gesagt, diesen Ermöglichungscharakter nur haben kann, wenn es sich auch seinsmäßig ausweist, zu einem ontologischen *Überschuss*, der die Erkenntnis- *und* Seinsgrundlage für die Realität liefert. Oder, anders ausgedrückt, die Reflexibilität ist eben – erkenntnisbezogen – *transzendental*, und – seinsbezogen – *transzendierend*. Das macht also verständlich, wie Sein als »Reflexion der Reflexion« aufzufassen ist.

Die diese phänomenologische Konstruktion vollendende, verinnerlichende Reflexion, die, wie gesagt, auf eine neuartige »Reflexion« verweist, da sie nicht – wie sonst üblich – im Reflexionsakt auf ein dem Reflektierenden unvermeidlich Äußerliches zurückkommt, macht also den letzten Gesichtspunkt des »Urphänomens der Sinnbildung« aus. Deswegen wäre hier wohl der Begriff des »*Einbildens*« der geeignetste – was zugleich darauf verweist, dass hier – in Entsprechung des oben Erarbeiteten – die (transzendentale) Einbildungskraft vorrangig ist. Das »ein-« in »ein-bilden« drückt nämlich implizit eine Innerlichkeit aus. Und dieses Einbilden ist nun nichts Anderes als ein sich als sich reflektierendes Reflektieren.

Fassen wir noch einmal diese phänomenologische Konstruktion des Urphänomens der Sinnbildung prägnant zusammen. Gefordert wird ein Aufklärungsprinzip des phänomenologischen Wissensanspruchs, das nicht faktisch hingestellt werden darf (wie das etwa mit der anschaulichen Evidenz der Fall ist), sondern sich selbst phänomenologisch ausweisen muss – und zwar in einer fortwährenden, nach und nach verinnerlichenden Reflexion. Dieses Prinzip stellt sich zunächst in einem lediglich abbildenden »Begriff« dar – ohne dass man dabei gleich wüsste, was er eigens enthielte. Auf diesen reflektieren wir nun nicht äußerlich, sondern lassen ihn sich vor unseren Augen gleichsam selbst reflektieren. In dieser ersten Selbstreflexion begreift sich das begriffliche Abbild als bloßes Abbild – was dessen Vernichten als Abbild nötig macht. Was bleibt übrig? Nicht *nichts*, sondern die eben beschriebene plastische Doppeltätigkeit eines Entwerfens und Vernichtens. In einer letzten Selbstreflexion, die nun auf keine auf einen Gegenstand gerichtete Tätigkeit (sei diese auch – negativ – eine vernichtende, die ja doch noch, wie schon gesagt, auf das zu Vernichtende bezogen bleibt), sondern auf

nes Jacques Lacan oder Jacques Derrida, die beide auf unterschiedliche Weise Reales als »Unmögliches« auffassen.

das bloße rein innere Reflektieren selbst geht, begreift sich dieses Reflektieren *als* Reflektieren. Die Ermöglichung – in der die Doppelbewegung reflektiert wird – lässt hierdurch das transzendentale Reflexionsgesetz hervortreten. Zugleich, und in dieser scheinbar paradoxen Situation besteht die größte zu bewältigende Schwierigkeit, bricht durch das präzise und energische Begreifen Sein auf – nicht Sein in seiner differenzierten Bestimmtheit, sondern jenes, das diesem »energischen Begreifen« seine ontologische Grundlage, seinen Trägerboden, liefert.

Worin bekundet sich schließlich die Begründung der Phänomenalität als Phänomenalität (also die anfangs angesprochene Möglichkeit von Erscheinung)? Die Phänomenalisierung wird missverstanden, wenn sie als phänomenale Äußerung eines zunächst *nicht* phänomenal Gegebenen aufgefasst wird. Sie ist insofern keine Äußerung, als sie vielmehr – um Heideggers Terminologie aus den *Beiträgen zur Philosophie* und dem *Kunstwerksaufsatz* zu gebrauchen – ein »ausstehendes Innestehen« bzw. eine »ausstehende Inständigkeit« ausdrückt. Das heißt, dass die Frage nicht die ist, wie sich ein Sein (an sich) phänomenal äußert; und genauso wenig, wie ein auf eine andere Weise irgendwie geartetes »Innen« (Bewusstsein, Vorstellung o. ä.) zu einem »Außen« (Außenwelt, äußere Realität usw.) gelangen könnte. Mit dem Aufbrechen der präimmanenten Sphäre und der transzendental induktiv vollzogenen Einführung in die selbstreflexiven bildenden Prozesse der Sinnbildung wird die Paradoxie von dualistischem »Außen« und »Innen«, das auf eine andere Weise dem Dualismus von gnoseologischer und ontologischer Fragestellung entspricht, sozusagen »überwunden«. Das geschieht nicht im Zeichen der Hegel'schen dialektischen Überwindung, sondern der Heidegger'schen Verwindung, sofern diese die Perspektive einer Neugründung der Phänomenologie ankündigt.

Grundsätzlich lässt sich Folgendes für den phänomenologischen Realitätsbegriff festhalten: Der – den eingangs und vorläufig charakterisierten Realitätsbegriff ausmachenden – Gegenüberstellung von »Für-mich-Sein« und »Überschüssigkeit« des Für-mich-Seins liegt ein transzendental-phänomenologisches, anonymes Forschungs*feld* (qua operatives Feld der *Sinnbildung* und aller *Sinngebilde*) zugrunde. Die Sinnbildung ist ihrerseits durch »Genese«, »Einbildung« und »Bildlichkeit« (bzw. bildende Prozessualität) ausgezeichnet, als ein Strukturganzes, welches das generative, die »tran-

Der Sinn der Realität 181

szendentale Induktion« erforderlich machende »Urphänomen der Sinnbildung« aufscheinen lässt. Und dieses bildet eben »Phänomenalität« und »Realität« »aus« bzw., wie gesehen, gleichsam »ein«, was die Überwindung der »Prekarität der Realität« gewährleistet. Phänomenalität muss dabei (in der »vor-subjektiven« Dimension des phänomenologischen Feldes) als »ausstehendes Innestehen«, als »ausstehende Inständigkeit« gefasst werden.

Was ist nun aber Realität? Diese Frage findet offenkundig nur dann eine befriedigende Antwort, wenn gezeigt werden kann, wie sich die augenscheinlich widersprüchlichen Aussagen – »jedes Sein (im Sinne der Seinssetzung[18]) setzt Bezüglichkeit voraus« und »wirkliches Sein geht über Bezüglichkeit hinaus« – miteinander vereinbaren lassen. Jene Antwort macht es nötig, hier noch einmal den Bezug zum Seinsbegriff herzustellen. Sein ist – wie am Ende des vorigen Kapitels herausgestellt wurde – vorgängige, fundierende *Überschüssigkeit*. Als transzendierende Irrealität ist es also kein »*reales* Prädikat«, aber auch kein *reales* »Unterstehen« (keine *reale* Substanzialität), da es gegenüber dem ausstehenden Innestehen eben je »überschüssig« ist. Demgegenüber ist Realität (hier in der »vor-objektiven« Dimension des phänomenologischen Feldes) das, was Sein, ohne dieses selbst anzutasten, an das ausstehende Innestehen notwendig *bindet* – weshalb sie als »Seins-Inständig-Ausständigkeit«, »Onto-eis-ek-stasis« oder auch als »Seinsendoexogeneität« gefasst werden kann. Hierdurch wird in den Realitätsbegriff – über seine rein *epistemische* (an Fallibilität und ontologischen Pluralismus angebundene) Auffassung hinaus – die »Spur« des zweiseitigen Verhältnisses zu Immanenz (Endogeneität) und Transzendenz (Exogeneität) hineingenommen. Real-sein ist kein reines An-sich-sein, auch kein bloßes Für-mich-sein, sondern inständig entdecktes und genetisiertes Außer-sein.

Für diese Deutung der Realität (im phänomenologischen Verstande) gilt, was auch zum »Prinzip« – der »Reflexibilität« – und dem »Absoluten« – den »Grundbestimmungen des Seins« – des phänomenologischen spekulativen Idealismus zu sagen wäre: Es handelt

---

[18] Sein »ist« – hierin ist es unantastbar. Sein ist aber auch notwendig »gesetzt« – was grundsätzlich den Sinn von »Realität« (und deren innere Bezughaftigkeit) ausmacht. Um das transzendental verständlich zu machen, bedarf es der transzendentalen Phänomenologie (bzw. des phänomenologischen spekulativen Idealismus).

sich dabei um Denkansätze, um hinweisende Überlegungen, die gewissermaßen noch am Anfang stehen und selbstverständlich weiterer Analyse und Vertiefung bedürfen.